Ägypten ist seit dem Mittelalter ein kulturelles Zentrum des islamischen Orients. Johanna Pink erzählt anschaulich die Geschichte
des Landes von der Spätantike und der islamischen Eroberung
über die glanzvolle Zeit der Fatimiden sowie die osmanische
und britische Herrschaft bis zur Selbstständigkeit unter Nasser
im 20. Jahrhundert und zum Arabischen Frühling. Ihr besonderes
Augenmerk gilt dabei der Arabisierung und Islamisierung, der
Macht des Militärs und der hart umkämpften gesellschaftlichen
Modernisierung.

Johanna Pink ist Professorin für Islamwissenschaft an der Albert-
Ludwigs-Universität Freiburg.

Johanna Pink

Geschichte Ägyptens

Von der Spätantike
bis zur Gegenwart

C.H.Beck

Mit 24 Abbildungen und 6 Karten

Originalausgabe
© Verlag C.H.Beck oHG, München 2014
Satz, Druck u. Bindung: Druckerei C.H.Beck, Nördlingen
Umschlaggestaltung: malsyteufel, Willich
Umschlagabbildung: Die Kalifengräber in Kairo, um 1927,
Foto: Rudolf Franz Lehnert, © Lehnert & Landrock
Printed in Germany
ISBN 978 3 406 66713 8

www.beck.de

Inhalt

Verzeichnis der Karten

Vorwort

Im Januar und Februar 2011 gingen Millionen Ägypterinnen und Ägypter auf die Straßen, um einen Diktator zum Rücktritt zu zwingen, der in der westlichen Welt bis dahin vor allem als Stabilitätsgarant wahrgenommen worden war. Der Erfolg dieser Aufstände und die ersten, kurzlebigen Schritte Ägyptens in Richtung Demokratie weckten in Europa ein vorher nicht gekanntes Interesse an Gesellschaft, Religion und Kultur des Landes am Nil. Während jedoch das Ägypten der Pharaonen und Pyramiden einer breiteren Öffentlichkeit hinlänglich präsent ist, sind die mehr als zwei Jahrtausende antiker, spätantiker, christlicher und islamischer ägyptischer Geschichte kaum bekannt.

Zwar wurde bald nach Ausbruch des «Arabischen Frühlings» eine Reihe von Büchern vorgelegt, die sich mit der unmittelbaren Vorgeschichte, den Ursachen und Folgen des Umsturzes befassten, aber es fehlt an einer zugänglichen Geschichte Ägyptens in deutscher Sprache, die erklärt, wie das Land zu einem Teil der arabischen und islamischen Welt geworden ist, welche Rolle es in ihr über Jahrhunderte gespielt hat, wie es sich zu einem modernen Nationalstaat entwickelte und welche politischen, gesellschaftlichen, religiösen und kulturellen Spuren diese Geschichte mit ihren zahlreichen Umbrüchen bis heute hinterlassen hat. Diese Lücke möchte das vorliegende Buch schließen. Es will dabei nicht nur den großen Ereignissen und Personen der ägyptischen Geschichte nachgehen, sondern auch soziale und politische Zusammenhänge nachvollziehen, etwa die Situation nichtmuslimischer Religionsgemeinschaften, die Geschlechterverhältnisse oder die Rolle des mächtigen ägyptischen Militärs. Meine Hoffnung ist, dass dadurch ein informatives, facettenreiches Porträt eines in Geschichte wie Gegenwart faszinierenden Landes entstanden ist.

Mehr als zweitausend Jahre Geschichte auf engem Raum darzustellen ist kein leichtes Unterfangen. Es erfordert die Konzentration auf das Wesentliche, manchmal auch eine bewusste Einengung des Fokus. So ist die Beschränkung auf das Territorium des heutigen Ägypten aus historischer Sicht problematisch, wenn auch leichter zu rechtfertigen als bei vielen anderen heute bestehenden Nationalstaaten. Die geographischen Gegebenheiten hatten zur Folge, dass Ägypten in ungefähr den heutigen Grenzen über weite Strecken seiner Geschichte – nicht bruchlos, aber häufig – eine eigenständige politische oder administrative Einheit gebildet hat. Über lange Zeiträume war es jedoch auch Teil von Staatsgebilden, die das heutige Palästina und Syrien, den Osten des heutigen Libyen oder auch den Sudan mit umfassten. Diese Regionen werden in diesem Buch allerdings nur so weit behandelt, wie es unabdingbar ist, um die Ereignisse in Ägypten zu verstehen.

Der Kürze der Darstellung geschuldet ist auch der weitgehende Verzicht auf die Erörterung von Forschungs- und Quellenfragen. Wenn sich auf der Basis des derzeitigen Forschungsstandes und der bislang ausgewerteten Quellen keine sicheren Aussagen treffen lassen, sieht das Buch von Hypothesen oder Spekulationen ab. Das betrifft insbesondere das schwierige Gebiet der Demographie, zu dem sich für die Zeit bis zum 19. Jahrhundert keine verlässlichen Angaben machen lassen.

Ohne die Anregungen und Hinweise zahlreicher Personen wäre dieses Buch nicht in dieser Form zustande gekommen. Zu besonderem Dank bin ich den Kollegen und Studenten der Abteilung für Islamische Studien in deutscher Sprache der Kairoer Azhar-Universität verpflichtet. Mein Besuch an ihrer Abteilung im Frühjahr 2013 hat mir wertvolle Einblicke in die aktuellen politischen Debatten ermöglicht und mich darin bestärkt, dieses Buch zu schreiben. Ich danke außerdem den Kairoer Studentinnen und Studenten, die im Wintersemester 2013/14 an der Universität Freiburg zu Gast waren und mit denen ich in einem intensiven Seminar spannende Diskussionen über Religion und

Politik im heutigen Ägypten führen durfte. Zu danken habe ich auch dem Deutschen Akademischen Austauschdienst (DAAD), der diese Besuche und Gegenbesuche großzügig finanziert hat.

In meinem Umfeld an der Universität Freiburg habe ich viel Ermutigung und Unterstützung erfahren. Besonders danken möchte ich Mohamed Megahed für seine engagierte Mitarbeit bei der Übersetzung des Gedichts von Hesham al-Gakh, das Teil des Epilogs ist, sowie Eva Pereira Borgmeyer für die kritische Durchsicht großer Teile des Manuskripts und die mühsame Erstellung des Index; ebenso Ulrich Nolte vom Verlag C.H.Beck für die sorgfältige, entgegenkommende und konstruktive Betreuung.

Die neueren und neuesten Ereignisse in Ägypten sind innerhalb und außerhalb des Landes Gegenstand heftiger politischer und ideologischer Auseinandersetzungen. Ich habe mich um Distanz bemüht – ein Bestreben, das nie ganz erfolgreich sein kann. So sind an einigen Punkten persönliche Deutungen und Bewertungen unvermeidlich. Es sind meine eigenen Deutungen, die allein in meiner Verantwortung liegen.

Johanna Pink

Das Land am Nil

Vor mindestens achttausend Jahren entstanden auf dem Gebiet des heutigen Ägypten sesshafte Kulturen. Sie profitierten davon, dass der Nil das regenarme Gebiet bewässerte und dass er in jährlichen Fluten fruchtbaren Schlamm über das Land verteilte, der Landwirtschaft möglich machte. Der tonhaltige Schlamm konnte auch zur Herstellung von Lehmziegeln für den Häuserbau verwendet werden. Der Fluss ermöglichte zudem Handel zwischen den Städten, die an seinem Lauf entstanden.

Doch nicht nur der Nil begünstigte Handel und Austausch. Ägypten liegt an der Schnittstelle zwischen Afrika und Asien und ist über das Mittelmeer und die Levante mit Europa verbunden. Es hat mittelbaren Zugang zum Atlantik und zum Indischen Ozean. So war es ein Zentrum für wirtschaftlichen und kulturellen Austausch; es war aber auch immer wieder ein Ziel von Eroberern. Assyrer, Perser, Griechen, Römer, Araber, Berber, Türken, Franzosen und britische Kolonialherren – sie alle haben sich für kürzere oder längere Zeit die Herrschaft über das Land am Nil verschafft.

Schon vor Jahrtausenden machte der Flusslauf als Bindeglied es Herrschern möglich, die Gebiete vom Nildelta bis zu den ersten Katarakten auf Höhe des heutigen Assuan-Staudamms – und bisweilen darüber hinaus – zu vereinen. Somit ist Ägypten eines der wenigen Länder der heutigen arabischen Welt, die eine lange Tradition von Staatlichkeit in ungefähr den heutigen Grenzen aufweisen.

Nicht immer jedoch war Ägypten eine Einheit. Historisch besonders bedeutsam ist der Unterschied zwischen Ober- und Unterägypten, der sich bis heute zum Beispiel in unterschiedlichen

Varianten des gesprochenen Arabisch ausdrückt. Unterägypten umfasst dabei das Nildelta, also das Gebiet vom heutigen Großraum Kairo bis zum Mittelmeer; Oberägypten, der Saʿīd, liegt flussaufwärts davon und grenzt im Süden, in Assuan, an Nubien. Die nubische Minderheit im äußersten Süden des Landes stellt, ebenso wie die Bewohner der Oasen in der Libyschen Wüste und die Beduinen auf dem Sinai, eine Bevölkerungsgruppe mit eigenen Traditionen und Besonderheiten dar. Doch durch jahrhunderte- oder gar jahrtausendelange Interaktion gab es gleichzeitig so viel Vermischung, dass es kaum möglich ist, klare Grenzen zwischen den verschiedenen Gruppen von Ägyptern und zwischen den Gebieten, in denen sie leben, zu ziehen. Das gilt umso mehr für die großen Städte, die zu allen Zeiten Menschen aus dem ganzen Land, aus weiten Teilen des Mittelmeerraums und daran angrenzender Gebiete anzogen. Ägypten war in seiner Geschichte nicht nur ein Objekt der Eroberung, sondern immer auch ein Ziel von Einwanderung.

Seit um die Wende zum 20. Jahrhundert eine erste Staumauer in Assuan gebaut wurde, gibt es in Ägypten keine Nilfluten mehr; doch ein Blick auf Satellitenbilder genügt, um zu sehen, dass der Fluss nach wie vor das Zentrum und die Lebensader des Landes darstellt. Die Bevölkerung konzentriert sich in einem wenige Kilometer breiten Streifen entlang des Flusses, im Delta und im Fayyūmbecken, das mit dem Niltal verbunden ist. Westlich des Nils erstreckt sich die Libysche Wüste, die nur wenige kleine Oasen aufweist; sie geht ohne geographische Grenzen in die Cyrenaika über, den Osten des heutigen Libyen. Östlich des Nils liegt die Arabische Wüste, die bis an die Küste des Roten Meers reicht. Auch der Sinai, der seit der Pharaonenzeit meist zum Einflussbereich Ägyptens gehörte, ist überwiegend von Wüste und kargen Gebirgslandschaften geprägt. Jenseits der Nilregion sind allenfalls einzelne Gebiete an den Küsten und heutzutage auch die Sueskanalregion besiedelt. Somit ist das Land in seinen heutigen Grenzen zwar dreimal so groß wie Deutschland, doch höchstens vier Prozent der Fläche sind bewohnt. Das bedeutet eine sehr

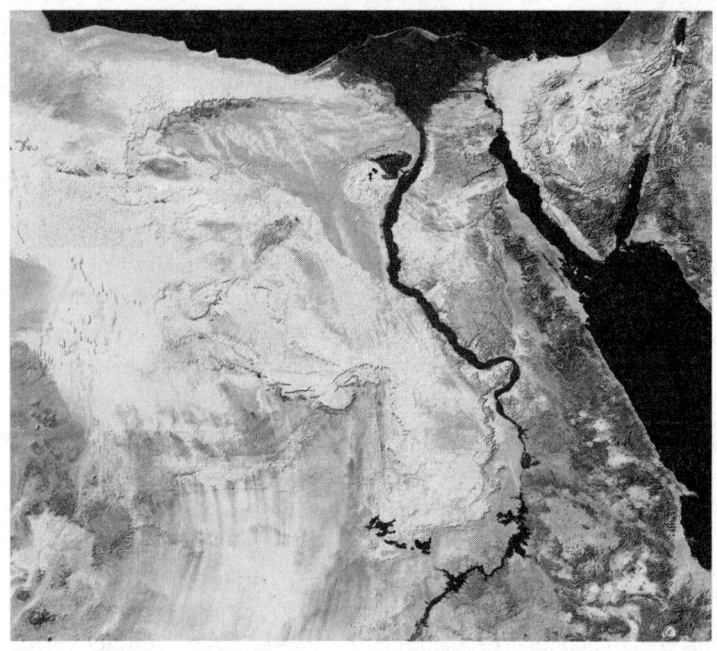

Ägypten aus der Luft betrachtet

hohe Bevölkerungsdichte auf sehr engem Raum – eine Situation, die sich im Zuge des enormen Bevölkerungswachstums seit der Mitte des 20. Jahrhunderts dramatisch verschärft hat. Hatte das Land damals noch ungefähr zwanzig Millionen Einwohner, so sind es heute mehr als achtzig Millionen. Jedes Jahr werden es einige Millionen mehr, und dies trotz eines deutlichen Rückgangs der Geburtenrate um fast die Hälfte seit den siebziger Jahren des 20. Jahrhunderts. Ägypten ist also ein sehr junges Land – ein junges Land mit einer vieltausendjährigen Geschichte.

Erster Teil

Von der Kornkammer Roms zum Kalifat

1. Ägypten als Provinz des Römischen Reiches (30 v. Chr. – 639 n. Chr.)

Als Ägypten um das Jahr 640 von arabisch-muslimischen Truppen erobert wurde, war das Zeitalter der Pyramiden und der pharaonischen Dynastien schon lange vergangen. Das Land war Bestandteil des Oströmischen Reiches und wurde von einer hellenistisch geprägten, christlichen Kultur dominiert.

Nachdem es zwischen dem 6. und dem 4. Jahrhundert v. Chr. zweimal unter persischer Kontrolle gewesen war, marschierte 332 v. Chr. Alexander der Große ein und ersetzte die persische durch eine griechische Herrschaft. In Alexanders Nachfolge etablierte sich in Ägypten die griechisch-stämmige Dynastie der Ptolemäer, die Alexandria zu einem Zentrum hellenistischer Kultur machte. Die Philosophenschule mitsamt ihrer Bibliothek und der Leuchtturm von Alexandria, der zu den sieben Weltwundern gezählt wurde, sicherten der Stadt nachhaltigen Ruhm. Innere Unruhen und dynastische Streitigkeiten schwächten das Ptolemäerreich jedoch im 2. und 1. Jahrhundert v. Chr. zunehmend. Gleichzeitig stieg Rom zur führenden Macht im Mittelmeerraum auf. 30 v. Chr. eroberten römische Truppen schließlich Alexandria; mit Kleopatra starb die letzte Ptolemäerin. Dies war für Ägypten in jeder Hinsicht ein Einschnitt. Die Ptolemäer waren zwar Griechen gewesen, hatten Ägypten aber als autonomen Staat regiert und sich dabei stark an ägyptische Herrschaftstraditionen angepasst; dies hatte in ähnlicher Weise auch für frühere

Eroberer, sofern sie längere Zeit im Land präsent waren, gegolten. Mit der römischen Eroberung wurde Ägypten nun zu einer Provinz an der Peripherie eines Weltreiches und damit für ungefähr ein Jahrtausend an den Rand des politischen Geschehens verbannt.

Ägypten sollte vor allem als Kornkammer Roms dienen und erhielt einen Sonderstatus, der das Land von anderen eroberten Gebieten unterschied. Die Provinz unterstand nicht dem Senat, sondern dem Kaiser persönlich, der sie über einen Präfekten regierte. Augustus führte eine strenge Unterscheidung zwischen Römern, urbanen Griechen und Ägyptern ein. Während die Römer die Herrschaftsschicht bildeten und die Griechen einen vergleichsweise privilegierten Status hatten, lag die Hauptlast der Steuerzahlungen und Agrarabgaben auf den Ägyptern. Das führte zu gravierenden Umbrüchen in der Gesellschaft des Landes. Unter den Ptolemäern hatte es eine ägyptische Elite gegeben, die vor allem mit der Priesterschicht verknüpft war, aber auch großen wirtschaftlichen Einfluss hatte. Diese Elite sprach oft sowohl Demotisch – die damals vorherrschende Form der ägyptischen Sprache – als auch Griechisch und vermischte sich zunehmend mit der städtischen griechischen Bevölkerung. Die Römer ordneten nun alle Ägypter einschließlich der bisherigen ägyptischen Eliten und der griechisch-ägyptischen Familien der ägyptischen Unterschicht zu und erließen eine Reihe von Gesetzen, die einen Statuswechsel durch Heirat, Umzug oder Militärdienst unmöglich machen sollten. Lediglich die griechischen und römischen Bürger der drei Provinzhauptstädte – Alexandria an der Mittelmeerküste, Naukratis im Nildelta und Ptolemais in Oberägypten – durften den privilegierten Schichten angehören. Die neue soziale Rangordnung spiegelte sich auch in der Verwaltung wider: Deren Spitze war römisch; die mittleren Segmente der Regionalverwaltung waren von Griechen besetzt; nur niedere lokale Verwaltungsbeamte waren Ägypter. Für die Bauern, die den größten Teil der Bevölkerung stellten, änderte sich durch die römische Herrschaft zunächst recht wenig. Sie litten allerdings in weit stärkerem Maße als die Stadtbewohner unter der Abgabenlast und der Verpflichtung zu Zwangsarbeit oder Sonderabgaben.

Die ägyptische Priesterschaft wurde von den Römern unter staatliche Kontrolle gestellt. Zwar alimentierte der Staat die Priester, beschränkte aber gleichzeitig ihre Zahl und ihre finanziellen Aktivitäten. Damit schuf er eine Priesterschicht, die durch soziale Isolation und Askese gekennzeichnet war.

Die Religion des Alten Ägypten wurde jedoch keineswegs an den Rand gedrängt; die Römer reglementierten sie zwar, förderten sie aber auch. Sie war mit den römischen Kulten ebenso kompatibel, wie sie sich mit der hellenistischen Religion, Kultur und Philosophie hatte vereinbaren lassen. Es gab zahlreiche wechselseitige Einflüsse zwischen ägyptischen und römisch-griechischen Formen der Anbetung und des religiösen Handelns. Besonders deutlich wurde das am Totenkult: Die Praxis der Mumifizierung blieb bestehen, doch die Mumien wurden mit Totenportraits im römischen Stil versehen. Die Götter des Alten Ägypten waren schon in ptolemäischer Zeit zum Teil mit griechischen Gottheiten verschmolzen, neue Götter waren auf diese Weise entstanden. So breitete sich etwa der im Ptolemäerreich begründete Serapiskult in viele Provinzen des Römischen Reiches aus. Römische Kaiser opferten ägyptischen Göttern und ließen sich zu Pharaonen krönen, um die mit dem Herrscheramt – wenn auch nicht mit der Person des Herrschers selbst – verbundene Göttlichkeit zu erwerben.

Das 2. Jahrhundert brachte erste Unruhen mit sich. Eine messianistische jüdische Revolte von 114 bis 117 hatte die fast vollständige Auslöschung der jüdischen Gemeinde Ägyptens für mindestens ein Jahrhundert zur Folge. Noch investierte Rom jedoch in die Provinz. Ein langer Besuch des Kaisers Hadrian in den Jahren 130 und 131 führte zur Gründung der Stadt Antinoupolis im mittleren Oberägypten, die zur vierten griechischen Polis mit privilegiertem Status für die nichtägyptische Bevölkerung wurde. Wenige Jahre später ordnete Hadrian den Bau einer Straße von Antinoupolis zu den Häfen von Myos Hormos und Berenike am

Roten Meer an, die vor allem dem Gewürzhandel mit Indien dienen sollte. Hadrian investierte auch in ägyptische Tempelanlagen an verschiedenen Kultorten, eine Tätigkeit, die sein Nachfolger Antoninus Pius (138–161) fortsetzte. Er förderte nicht nur den Tempelbau, sondern ließ in Alexandria auch ein neues Hippodrom und neue Stadttore bauen. Es war die letzte Phase umfangreicher römischer Investitionen in Ägypten und auch der letzte Aufschwung ägyptischer Kultorte.

Zu diesem Zeitpunkt, um die Mitte des 2. Jahrhunderts, war die römische Herrschaft über Ägypten stabil, und die Grenzen waren sicher. Römische Legionäre überwachten die Handelswege und die Steuereintreibung. Ägypten war eine wohlhabende Provinz, die eine bedeutende Rolle in der Agrarproduktion und im Überseehandel bis nach Indien spielte; sie wies ein reges kulturelles und wissenschaftliches Leben auf, und ihre religiösen Institutionen florierten. Die Städte, vor allem Alexandria mit seiner Gelehrtenschule und Bibliothek, erlebten in den ersten zwei Jahrhunderten römischer Herrschaft eine Blüte. Das Land hatte um diese Zeit wahrscheinlich etwa fünf Millionen Einwohner; mehr als ein Zehntel von ihnen dürften Sklaven gewesen sein.

Dennoch zeichneten sich gegen Ende des 2. Jahrhunderts immer mehr Schwierigkeiten für die römische Herrschaft ab. Einer der Bereiche, die davon betroffen waren, war die Landwirtschaft – für die ägyptische Wirtschaft der wichtigste Sektor, weit wichtiger als der Handel oder die Steinbrüche und Mineralminen. Aufgrund der hohen Abgaben und Zwangsleistungen, die der ägyptischen Landbevölkerung auferlegt worden waren, war Landflucht ein anhaltendes Problem, das die Verwaltung vergeblich zu unterbinden versuchte. Da trotz der Abwanderung von Bauern die Höhe der pro Dorf festgesetzten Getreideabgaben nicht reduziert wurde, erhöhte sich die Last für die Verbleibenden oft so sehr, dass auch diese in die Landflucht getrieben wurden. So entwickelte sich eine Abwärtsspirale, die zur Verödung ganzer Dörfer führte. Die Vernachlässigung der Flutrückhaltesysteme tat ein Übriges, um zum Niedergang der Landwirtschaft beizutragen.

Das römische Amphitheater in Alexandria stammt aus dem 4. Jahrhundert und ist nach derzeitigem Kenntnisstand das einzige derartige Gebäude in Ägypten. Die Ruine wurde erst 1960 wiederentdeckt.

Die Ernteerträge sanken, und die ägyptischen Kornlieferungen reichten zur Versorgung Roms nicht mehr aus.

In der zweiten Jahrhunderthälfte verschlechterten eine Pestepidemie, sinkendes Exportvolumen und fortschreitende Geldentwertung die Lebensumstände der Ägypter derart, dass es 171 zu einer Bauern- und Priesterrevolte kam, die die Römer erst vier Jahre später niederschlagen konnten.

Dies war ein Vorbote dramatischerer Veränderungen, die Ägypten im 3. Jahrhundert erlebte: Das spätestens seit dem 2. Jahrhundert im Land präsente Christentum gewann immer mehr an Einfluss, die römische Kontrolle über die Provinz geriet ins Wanken, und die Römer investierten immer weniger in das Land. Kleinere Reformen – so im Jahr 212 die Verleihung des römischen Bürgerrechts an fast alle freien Reichsbewohner mitsamt der Etablierung lokaler Stadträte – brachten zu wenig greifbare Änderungen und konnten die zunehmenden wirtschaftlichen Probleme nicht beheben; sie erlegten der ägyptischen Bevölkerung eher noch zusätzliche finanzielle Lasten für die Finanzierung der neuen Institutionen auf.

Die Schwäche der römischen Herrschaft zeigte sich unter anderem darin, dass von Süden her der nubische Stamm der Blemmyer begann, Überfälle auf Oberägypten durchzuführen, die zu einem über Jahrhunderte anhaltenden Problem werden sollten. Die römischen Truppen konnten das Eindringen der Blemmyer nicht effektiv unterbinden; gegen Ende des Jahrhunderts sahen die Römer keine andere Lösung mehr, als die Grenze nordwärts nach Assuan zu verlegen.

Wie das Römische Reich insgesamt war auch die Provinz Ägypten zunehmend von internen politischen Rivalitäten geprägt. Im Jahr 262 verwüsteten die Truppen des Kaisers Gallienus Alexandria, um die Ansprüche von Aemilianus, dem früheren Präfekten der Stadt, abzuwehren. Dabei sollen bis zu zwei Drittel der Bevölkerung umgekommen sein. 270 besetzte dann auch noch Zenobia, die Königin des syrischen Palmyra, Unterägypten; die Römer konnten sie zwar zurückschlagen, doch der Vorfall zeigte, wie verwundbar die Provinz mittlerweile war. Hinzu kamen der weitere Rückgang wirtschaftlicher Erträge und die anhaltende Landflucht. Immer wieder erschütterten Aufstände und Unruhen das Land und führten zu neuen Zerstörungen.

Die schwindenden Staatsfinanzen führten dazu, dass die Gelehrtenschule von Alexandria, das Museion, ihre Finanzierung verlor. Gleichzeitig erlebte der Tempelkult, in den der Staat ebenfalls immer weniger investierte, einen Niedergang. Der altägyptische Einfluss auf das religiöse und geistige Leben nahm, zunächst noch kaum merklich, unaufhaltsam ab. Hieroglyphentexte starben aus. Das Demotische, eine neuere Form des Ägyptischen, das von den Römern weder als Amts- noch als Hilfssprache anerkannt wurde, verschwand zugunsten des Griechischen aus dem gesamten Bereich des Rechts und der Verwaltung. Im religiösen, literarischen und wissenschaftlichen Bereich überlebte es allerdings länger, und genau in diesem Umfeld experimentierten Priester damit, das griechische mit dem demotischen Alphabet zu kombinieren, um das gesamte Lautinventar der ägyptischen Sprache abbilden zu können. Auf diese Weise entstand das koptische Alphabet, das im 3. und 4. Jahrhundert von christlichen Schreibern aufgegriffen wurde, um ihre neue Religion in der Sprache der Einheimischen verbreiten zu können. Das Wort «koptisch» war eine in den ägyptischen Dialekten dieser Zeit verwendete Ableitung aus dem griechischen Wort *aigyptios* als Begriff für «einheimische» im Gegensatz zu griechischen, römischen oder jüdischen Ägyptern.

Die ägyptische Religion, die stark mit der Legitimierung der römischen Kaiser verknüpft war, verlor allmählich an Anziehungskraft. Die Kaiser schienen der ägyptischen Bevölkerung immer weiter entfernt und immer weniger gewillt oder in der Lage, den Wohlstand des Landes zu sichern. Das Bekenntnis zum Christentum entwickelte sich unter diesen Umständen auch zu einer Form sozialen und politischen Protests. Sowohl Griechen als auch Ägypter scheinen den neuen Glauben in immer größerer Zahl angenommen zu haben. Schon zu Beginn des 3. Jahrhunderts sind erste Christenverfolgungen überliefert, die Märtyrer hervorbrachten; deren Verehrung trieb dem neuen Glauben weitere Anhänger zu, gerade auf dem Land. Spätestens ab der Mitte des 3. Jahrhunderts fand ganz gezielt unter der einheimischen – «koptischen» – Landbevölkerung christliche Mission statt. Die Römer versuchten zeitweise, mit der Einführung von Pflichtopfern das Bekenntnis zur paganen Religion zu erzwingen; die Weigerung vieler Christen produzierte neue Märtyrer.

Ihren Höhepunkt – nach zwischenzeitlicher Einstellung – erreichte die Christenverfolgung unter Diokletian (284–305), der gleichzeitig versuchte, das Reich neu zu organisieren. Für Ägypten führte das unter anderem zur Fragmentierung der Verwaltungseinheiten und damit zum Bedeutungsverlust der großen Provinzhauptstädte, mit Ausnahme Alexandrias. Diokletian integrierte Ägypten erstmals monetär ins Römische Reich und modernisierte das Steuer- und Finanzwesen. Er war vermutlich der letzte römische Kaiser, der das Land besuchte; bei diesem Besuch im Jahr 302 verteilte er Brot und wetterte gegen den Manichäismus, den er damals offenbar als ebenso virulente Bedrohung empfand wie das Christentum. Dessen Verfolgung wiederum wurde ab 303 so blutig betrieben, dass die koptische Kirche später ihre Zeitrechnung mit der «Ära der Märtyrer», gleichgesetzt mit Diokletians Amtsantritt im Jahr 284, beginnen ließ. Langfristig war diese Politik ebenso wenig erfolgreich wie die Versuche der Stärkung des paganen Kultes, die zuletzt Maximinus Daia (310–313) unternahm – der letzte Kaiser, der in Hieroglyphen erwähnt wird. Es kam zu einer immer stärkeren Polarisierung zwischen Christentum und «Heidentum», das sowohl die griechische philosophische Tradition als auch den ägyptisch-hellenistisch-römischen Kult umfasste. Gleichzeitig fand aber unter den ägyptischen Christen auch eine starke Auseinandersetzung mit der griechischen Philosophie statt.

Die Machtverhältnisse begannen sich zu ändern, als Konstantin 313 die Tolerierung des Christentums zur offiziellen Politik machte und begann, die Kirche zu fördern. In der Folge etablierten sich in Ägypten Gemeinschaften von Einsiedlern, die sich Regularien gaben und damit das Mönchstum begründeten. Der 356 verstorbene Heilige Antonius lebte in Ägypten als Eremit, und das Antoniuskloster, das nach seinem Tod am Golf von Sues erbaut wurde, ist eines der ältesten Klöster der Welt – vielleicht das älteste überhaupt. Ungefähr gleichzeitig bildeten sich die Einsiedlergemeinschaften von Sketis (heute Wādī n-Natrūn), Nitria und Kellia in der Wüste am westlichen Rand des Nildeltas. Aus losen Zusammenschlüssen von Eremiten und Asketen wurde eine Agglomeration von Klöstern, die in den folgenden Jahrhunderten hohe Anziehungskraft entwickelte. Wādī n-Natrūn ist bis heute die bedeutendste Stätte koptischen Mönchstums.

Die Regierungszeit Konstantins wird oft als Ausgangspunkt der Umwandlung des Römischen in das Byzantinische Reich genannt. Dies spiegelt die Wahrnehmung der damaligen Zeit, in der der Begriff des «Byzantinischen Reiches» noch nicht existierte, allerdings nicht wider. Das Reich verstand sich nach wie vor als

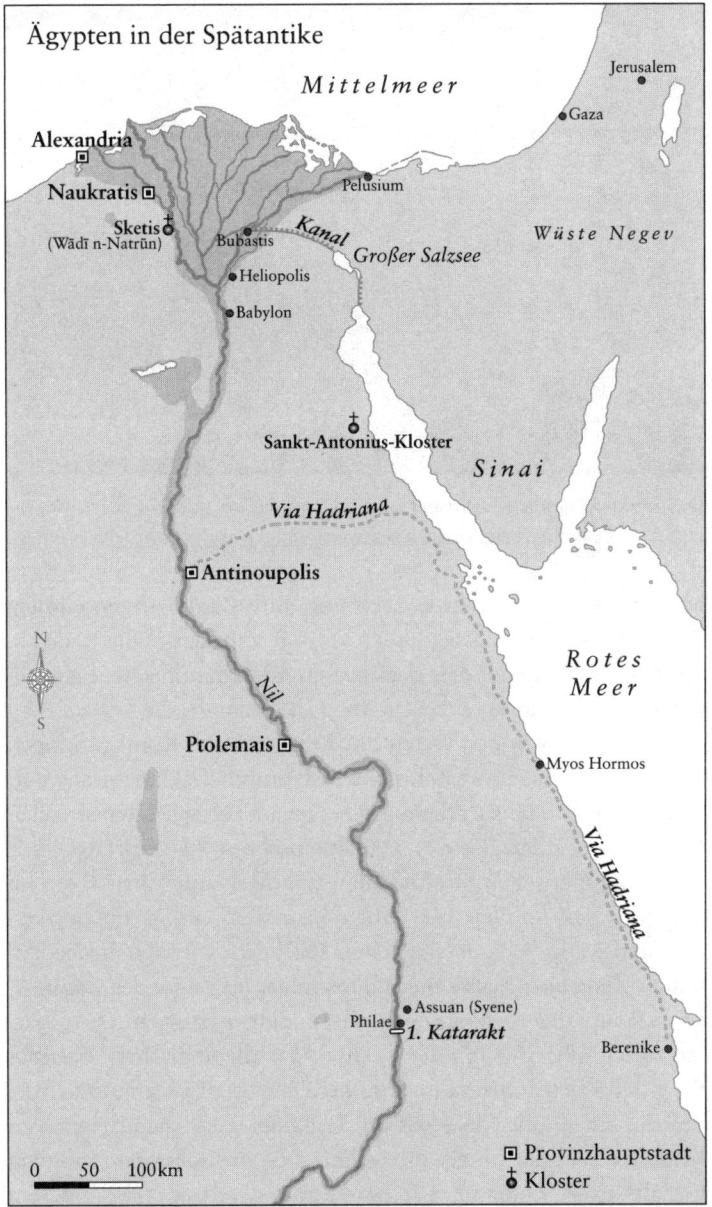

Ägypten in der Spätantike

Mittelmeer

Jerusalem

Gaza

Alexandria

Naukratis ⊡

Pelusium

Sketis ☦
(Wādī n-Natrūn)

Bubastis

Kanal

Großer Salzsee

Wüste Negev

● Heliopolis

● Babylon

☦
Sankt-Antonius-Kloster

Sinai

Via Hadriana

⊡ **Antinoupolis**

N

S

Nil

*Rotes
Meer*

Ptolemais ⊡

● Myos Hormos

Via Hadriana

● Assuan (Syene)

Philae ● ⚓ *1. Katarakt*

● Berenike

0   50   100 km

⊡ **Provinzhauptstadt**
☦ **Kloster**

Das Sankt-Antonius-Kloster hat seinen Ursprung im 4. Jahrhundert, ist seitdem allerdings vielfach renoviert und restauriert worden.

ein Römisches und wurde auch von außen so wahrgenommen; wenn im Folgenden gelegentlich von «Byzantinern» die Rede ist, dann vor allem, weil dies dem besseren Verständnis heutiger Leser dient. Konstantin zuzuschreiben ist jedenfalls die Verlagerung der Hauptstadt in den Osten des Reiches, nach Konstantinopel. Mit dieser Verlagerung nahm die Bedeutung des Griechischen als Amts- und Umgangssprache immer mehr zu. Spätestens im frühen 7. Jahrhundert hatte es das Lateinische völlig verdrängt.

Die dogmatischen Streitigkeiten um die Natur Christi, die im 4. und 5. Jahrhundert die Kirche erfassten, beschäftigten auch Ägypten stark. Alexandria, schon seit Jahrhunderten ein bedeutendes Zentrum griechischer Philosophie, war einer der wichtigsten Schauplätze theologischer Auseinandersetzungen. Diese hatten zum großen Teil mit der wechselnden theologischen Orientierung der Reichsführung im trinitarischen Streit zu tun, in dem es um die Frage ging, ob Jesus als Teil einer göttlichen Trinität zu begreifen sei oder ob er ein erschaffenes, menschliches, lediglich gottähnliches Wesen sei. Die erste Position vertrat unter anderem

Patriarch Athanasios von Alexandria (ca. 298–373), der herausragende Vertreter des ägyptischen Christentums im 4. Jahrhundert; die zweite Position repräsentierte ein prominenter Alexandriner Priester namens Arius, nach dem sie als Arianismus bezeichnet wurde. Die Auffassung von Athanasios setzte sich letztlich als offizielle Glaubensdoktrin durch; doch zwischen dem Konzil von Nicäa im Jahr 325, auf dem sie zum ersten Mal beschlossen wurde, und dem Konzil von Konstantinopel im Jahr 381, auf dem sie abschließend bekräftigt und durchgesetzt wurde, lagen Jahrzehnte der Auseinandersetzungen, in denen sich auch das Kaiserhaus wechselhaft positionierte. Athanasios' demgegenüber unveränderte Haltung führte dazu, dass er im Laufe seiner Amtszeit mindestens fünf-, vielleicht siebenmal verbannt und in der Zwischenzeit jeweils wieder in sein Amt zurückberufen wurde. Die angespannten Beziehungen zwischen dem Patriarchat von Alexandria und dem Kaiser hatten allerdings auch machtpolitische Gründe; sie betrafen zum Beispiel die Frage, ob die Kirche in Ägypten eigenständig Steuern eintreiben dürfe.

In jedem Fall wurde das Christentum in Ägypten im Verlauf des 4. Jahrhunderts zur Mehrheitsreligion, auch wenn das Tempo der Konversion umstritten ist. Konservative Schätzungen gehen davon aus, dass spätestens im letzten Jahrzehnt des Jahrhunderts die Zahl der Christen größer war als die der Nichtchristen. Der hellenistisch-ägyptische Kult bestand aber ebenso weiter wie die philosophische Schule von Alexandria. Zudem war die Idee, dass religiöse Identität eindeutig abgrenzbar und ausschließlich sein musste, für den größten Teil des Mittelmeerraums recht neu. Es dürfte in der Praxis lange gedauert haben, bis sie breite Akzeptanz gewann, so dass wohl das Bekenntnis zum Christentum ältere Formen der Anbetung nicht unbedingt ausschloss – selbst wenn sie vielleicht in christliches Gewand, wie etwa das Motiv der Marienverehrung, gekleidet wurden.

Theodosius I. (379–394) – der letzte Kaiser, der, wenn auch nur für sehr kurze Zeit, über ein einheitliches Römisches Reich herrschte, bevor die Teilung in West- und Ostrom endgültig wurde – machte das Christentum zur Staatsreligion; es waren nun die paganen Kulte, die verfolgt wurden. Der ägyptische Patriarch Theophilos von Alexandria (385–412) unterstützte diese Politik nachdrücklich, was die Plünderung von Tempeln und ihre Umwandlung in Kirchen zur Folge hatte. Das Serapis-Heiligtum von Alexandria mitsamt seiner Bibliothek wurde 391 zerstört mit der Begründung, Heiden hätten dort Christen drangsaliert und sogar gekreuzigt. In der Folge flohen viele von Alexandrias Dichtern und Philosophen aus der Stadt. Einen weiteren Rückschlag erlitt die zunehmend als ketzerisch betrachtete «heidnische» Philosophie, als 415 die bekannte Philosophin Hypatia nackt durch die Straßen geschleift und von einem Mob aus Mönchen in der Sankt-Michaels-Kirche, dem Sitz des Patriarchen, ermordet wurde. In der Folge setzten sich gemäßigte neuplatonische Gelehrte durch, die auf Zurückhaltung im Verhältnis zum Christentum und auf die Vermeidung der Verbreitung heidnischer religiöser Lehren drangen. Dadurch gelang es ihnen, den Verbleib der griechischen philosophischen Tradition in Alexandria zu sichern, von der in zunehmendem Maße christliche Hörer profitierten.

Allein das große Isis-Heiligtum auf der Nilinsel Philae oberhalb von Assuan blieb vorerst vor Zerstörung bewahrt, denn Kaiser Markian schloss im Jahr 451 einen Friedensvertrag mit den Blemmyern, der Ägypten vor weiteren Überfällen schützen sollte und den Blemmyern im Gegenzug Zugang zum Heiligtum von Philae zusicherte. Kurze Zeit später wurden die letzten demotischen Inschriften in diesem Heiligtum angefertigt; die aktive Benutzung des Demotischen starb danach aus.

Noch schicksalsträchtiger für das mittlerweile eindeutig christlich dominierte Ägypten war die Abspaltung der koptischen Kirche Ägyptens von Rom und Byzanz. Die Ursachen dafür lagen in den anhaltenden Streitigkeiten über die Natur Christi. Zwar war 381 die Lehre von der Menschlichkeit Christi endgültig verworfen worden, doch gab es weiterhin heftige Auseinandersetzungen um die Frage, ob Jesu Natur eine rein göttliche sei oder ob sich göttliche und menschliche Natur in ihm vereinten, und wenn dies der Fall sei, in welchem Verhältnis die beiden zueinander stünden. In dieser Frage wurden unterschiedlichste Auffassungen vertreten. Die damals verbreitete Position des Nestorius (gest. um 451) etwa lautete, dass Jesus zwei voneinander getrennte Naturen, eine göttliche und eine menschliche, in sich vereine, während Eutyches (gest. nach 454) der Ansicht war, dass die göttliche Natur Jesu seine Menschlichkeit in sich aufgenommen habe. Letztere Position wurde von ihren Gegnern oft auch als Monophysitismus – der Glaube, Christus habe nur eine einzige Natur – bezeichnet, ein Begriff, der von den Anhängern dieser Lehrmeinung allerdings abgelehnt wird mit der Begründung, dass sie keine vollständige Reduktion Jesu auf seine göttliche Natur vornähmen, sondern lediglich glaubten, dass die göttliche Natur die menschliche dominiere.

Der Patriarch von Alexandria, Dioskoros (gest. 454), war vehementer Verfechter der Position des Eutyches und setzte diese zunächst auf dem – später nicht anerkannten – Konzil von Ephesos, das 449 durch Kaiser Theodosius II. einberufen wurde, gegen den Widerstand des Papstes durch. Sowohl der Papst als auch die starken Kräfte in der Reichskirche, die das Vorgehen des Dioskoros ebenso ablehnten wie seine theologische Position, betrieben jedoch mit Nachdruck die Abänderung der Beschlüsse dieses Konzils. Theodosius' Nachfolger Markian ließ im Einklang mit Papst Leo I. 451 in Chalcedon bei Konstantinopel ein weiteres Konzil einberufen. Dieses Konzil verkündete die Lehre, dass in Jesus die göttliche und die menschliche Natur gleichwertig und untrennbar miteinander verbunden seien, als Dogma und setzte Dioskoros ab. Große Teile der ägyptischen Kirche – wie auch andere orientalische Kirchen – lehnten diese Entscheidung, die in den orthodoxen und katholischen Kirchen bis heute anerkannt wird, jedoch ab. Die Mehrheit der ägyptischen Christen stellte sich vielmehr hinter Dioskoros, dessen Standhaftigkeit großen Eindruck hinterließ. Sein Nachfolger Proterius, der vom Kaiser zum Patriarchen von Alexandria eingesetzt wurde, musste sich heftiger Anfeindungen erwehren und wurde 457 von einem Mob ermordet. Die ägyptische Kirche wählte einen neuen Patriarchen aus den Reihen der Mönche, der aber weder vom Papst noch vom Kaiser anerkannt wurde. Trotz verschiedener Versöhnungsversuche kam es schließlich zur Kirchenspaltung. In Alexandria wirkte nun zumeist ein koptischer Patriarch – bisweilen im Untergrund – neben einem «chalcedonischen» Patriarchen, der die Reichskirche vertrat. Das Wort «koptisch» bezeichnete zunehmend die ägyptische Kirche in Abgrenzung zur Reichskirche.

Im 6. Jahrhundert gewann das Christentum endgültig die Hoheit über ganz Ägypten. Die Führung der Gelehrtenschule von Alexandria ging an christliche Philosophen. Die Blemmyer hatten unterdessen zu Beginn des Jahrhunderts ihre Raubzüge wieder aufgenommen. 540 gelang es, den rivalisierenden Stamm der Nuba zur Konversion zum Christentum zu bewegen und mit seiner Unterstützung die Blemmyer endgültig niederzuwerfen. Mit dem Ende des Waffenstillstands mit den Blemmyern hatte auch das letzte geduldete pagane Heiligtum, der Isistempel von Philae, seine Funktion verloren. Er wurde um 540 in eine Kirche umgewandelt. Allerdings blieben in der koptischen Kunst, Eschatologie, Folklore und Sprache noch viele Spuren des altägyptischen Erbes erhalten. Die griechische philosophische Tradition, insbesondere in Form des Neuplatonismus, wurde in Alexandria weiterhin gelehrt, und auch andere Bestandteile des griechischen kulturellen Erbes wie das Theater wurden zumindest von der Bildungs- und Verwaltungselite von Alexandria weiterhin gepflegt. Gleichzeitig gewann das Koptische immer mehr Bedeutung als Schriftsprache.

Das Rückgrat der Provinz war die Landwirtschaft. Die Landbevölkerung – die vermutlich achtzig Prozent der Bevölkerung umfasste – zu disziplinieren war somit ein zentrales Anliegen aller Herrscher. Im Verlauf der Spätantike hatte sich der rechtliche Status der Bauern dabei immer mehr verschlechtert. Von freien Pächtern, die allerdings zur Erfüllung ihres Pachtvertrags bis zu dessen Ablauf verpflichtet waren, wurden sie zu Leibeigenen, die zunächst an das Land, auf dem sie arbeiteten, und schließlich unmittelbar an dessen Eigentümer gebunden waren. In der byzantinischen Zeit waren das zunehmend private Großgrundbesitzer, die große Teile der kaiserlichen Ländereien übernommen hatten. Manche Grundbesitzerfamilien waren so mächtig, dass sie ein quasi-feudales Herrschaftssystem etablieren konnten. Sie achteten wie schon die Römer stark auf die Trennung zwischen sozialen Statusgruppen. Generell ist im byzantinischen Ägypten zu beobachten, dass die Städte schrumpften und die Dörfer an Zahl und Gewicht gewannen, was möglicherweise die wachsende Bedeutung der Landbesitzer sowie den enormen Einfluss der Klöster widerspiegelte.

Das Oströmische Reich geriet in der zweiten Hälfte des 6. Jahrhunderts zunehmend in die Defensive, und zu Beginn des 7. Jahrhunderts wirkte sich das auch auf Ägypten aus. Die Provinz war zu diesem Zeitpunkt in vieler Hinsicht geschwächt. 541 brach in Pelusium im Nildelta die Pest aus – wohl eingeschleppt durch Händler aus Indien oder Afrika – und führte zu einer Pandemie, die auch unter dem Namen «Justinianische Pest» bekannt wurde und in weiten Teilen Europas, des Mittelmeerraums und Asiens Millionen von Menschen dahinraffte. Zwischen 608 und 610 wurde Ägypten zum Schauplatz von Thronstreitigkeiten, die in der Provinz beträchtliche Schäden anrichteten.

Anders als bei römischen Kaisern früherer Jahrhunderte war es bei den Kaisern dieser Zeit nicht mehr üblich, Ägypten zu besuchen; ihre Kenntnis dieses Reichsteils war daher wohl begrenzt. Dennoch war Ägypten nach wie vor wirtschaftlich bedeutsam. Es war die Kornkammer Konstantinopels, wie es früher die Kornkammer Roms gewesen war, und die Steuereinnahmen aus Ägypten machten einen beträchtlichen Teil des Staatshaushaltes aus. Ägypten war vor allem über das Mittelmeer und Palästina in Handels- und Pilgernetzwerke eingebunden.

Daher war es ein schwerer Schlag für das Oströmische Reich,

als um 617 eine Armee des persischen Sassanidenreichs, das bereits Nordmesopotamien, Syrien und Palästina erobert hatte, in die Provinz einfiel. 619 besetzten die Truppen unter ihrem General Schahrbarāz Alexandria; der byzantinische Gouverneur und der Patriarch der Reichskirche flohen. Bis 621 errangen die Perser die Kontrolle über das ganze Land. Die byzantinischen Truppen leisteten wenig Widerstand, und so richtete die Invasion vergleichsweise geringe Schäden an. Während der Jahre persischer Besatzung gab es keine dokumentierten Aufstände. Der Abzug der persischen Truppen im Jahr 629 war nicht das Resultat einer militärischen Vertreibung, sondern vor allem von Spannungen zwischen Schahrbarāz und dem persischen Kaiser Khosrau II. Zudem hatten sich nach mehreren Siegen Ostroms über die Sassaniden in Kleinasien und dem Kaukasus die Machtverhältnisse insgesamt verschoben, so dass die Perser in Ägypten befürchten mussten, von ihrem Kernland abgeschnitten zu sein – was für Schahrbarāz auch bedeutet hätte, dort nicht mehr ins politische Geschehen eingreifen zu können. Diese Situation machte sich der oströmische Kaiser Heraklios zunutze, indem er Schahrbarāz seine Unterstützung gegen Khosrau zusagte. Im Gegenzug zog dieser aus Ägypten ab und kehrte nach Persien zurück.

Die Tage der byzantinischen Herrschaft über das Land waren jedoch gezählt. Schon wenige Jahre später begannen muslimisch-arabische Truppen, Syrien und Palästina zu erobern, und wandten sich kurz darauf auch gegen Ägypten.

2. Die muslimisch-arabischen Eroberer

Während Ägypten von den Sassaniden besetzt und wieder verlassen wurde, trat, von den politisch und militärisch miteinander beschäftigten Großmächten noch unbemerkt, auf der Arabischen Halbinsel eine neue politische Macht hervor, verbunden mit einer neuen religiösen Lehre. Die Umstände, die dazu führten, dass ab den dreißiger Jahren des 7. Jahrhunderts arabisch-muslimische Truppen innerhalb kürzester Zeit das Sassanidenreich und weite Teile des Oströmischen Reiches unter ihre Kontrolle brachten, sind aufgrund der dürftigen und einseitigen Quellenlage ebenso umstritten wie die genauen Abläufe dieser Eroberungen; an dieser Stelle kann lediglich die mehrheitlich akzeptierte Version in Grundzügen umrissen werden.

Den muslimischen Quellen zufolge verkündete ab ungefähr dem Jahr 610 Muhammad aus dem Stamm der Quraisch in der Pilger- und Handelsstadt Mekka im Hedschas, einem Gebirgszug im Osten der Arabischen Halbinsel, eine religiöse Botschaft, die zum Glauben an den einen Gott, den Schöpfergott, aufrief, zu Umkehr, Gebet und Wohltätigkeit mahnte und vor dem Jüngsten Gericht warnte. Gerade der Aspekt der Auferstehung nach dem Tod mitsamt der zu erwartenden göttlichen Belohnung oder Bestrafung scheint bei vielen Adressaten dieser Botschaft auf Unglauben gestoßen zu sein, ebenso wie die Idee, dass es verboten sei, neben dem Schöpfergott andere Gottheiten anzubeten oder zu Fürsprechern zu nehmen. Immer wieder berief sich Muhammad auf biblische Figuren wie Abraham, Mose und Jesus als Vorbilder, die ebenfalls einer ungläubigen Gemeinschaft gepredigt hatten und dafür Verachtung oder sogar Vertreibung auf sich nehmen mussten. Diese Idee der Kontinuität seiner Botschaft mit der des Juden- und Christentums wurde in den ersten Jahren seiner Verkündigung sehr deutlich.

Im Jahr 622 wanderte Muhammad mitsamt seinen Anhängern in die Oasenstadt Yathrib (später Medina) aus, wo es zur Bildung eines politischen Gemeinwesens unter seiner Führung kam. Die in Medina lebenden Juden lehnten mehrheitlich die Annahme seiner religiösen Botschaft ab und akzeptierten ihn nicht als Propheten. In den folgenden Jahren kam es zu einem langsamen Prozess der Ausdifferenzierung des Islams hin zu einem eigenständigen monotheistischen Glauben, der die göttliche Offenbarung der Thora und der Evangelien erneuern und von menschlichen Verfälschungen befreien sollte. Unter anderem auf der Ebene der religiösen Rituale fand eine deutliche Abgrenzung statt durch eigene Formen des Gebets, der Pilgerfahrt und des Fastens.

Nach anhaltenden Konflikten mit seiner Heimatstadt Mekka konnte Muhammad schließlich die stärksten Unterstützer seiner Gegner entmachten oder auf seine Seite ziehen und 630 die Herrschaft über Mekka erringen. Ungefähr um dieselbe Zeit soll es auch zum ersten Versuch eines Vorstoßes gegen das Oströmische Reich gekommen sein. Wichtiger war jedoch zunächst, dass es Muhammad bis zu seinem Tod im Jahr 632 gelang, fast die gesamte Arabische Halbinsel zum Anschluss an das von ihm geleitete Stammesbündnis und zur zumindest formalen Annahme des von ihm verkündeten Glaubens zu bewegen. Letzteres betraf allerdings nicht die Juden und Christen und offenbar auch nicht die Zoroastrier; diese Gruppen von Nichtmuslimen konnten sich gegen Zahlung eines Tributs unterwerfen oder dem Bündnis anschließen.

Nach Muhammads Tod gab es keine klare Nachfolgeregelung, was zu langfristigen religiös-politischen Zerwürfnissen um die Frage der legitimen Leitung der Gemeinde führte, die auch für Ägypten zeitweise große Bedeutung haben sollten. Zunächst setzte sich einer der frühen Anhänger Muhammads, Abū Bakr, als sein Nachfolger oder «Kalif» durch. Er war vor allem damit beschäftigt, die arabischen Stämme, die das Bündnis mit dem Tod Muhammads als beendet ansahen, militärisch zur Rückkehr in die Gemeinschaft der Muslime zu zwingen. Ob hier die Frage der religiösen oder der politischen Loyalität stärker im Vordergrund stand, ist fraglich. Zum Zeitpunkt von Abū Bakrs Tod im Jahr 634 war die Arabische Halbinsel jedenfalls wieder weitgehend geeint, und unter seinem Nachfolger ʿUmar wandten sich arabisch-muslimische Kämpfer nun gegen das Oströmische und das Sassanidische Reich.

Sicherlich verstanden sich die frühen Eroberer noch nicht auf die gleiche Weise als Muslime, wie es in späteren Jahrhunderten der Fall war. Es gab noch überhaupt kein islamisches Recht, und die Vorstellung einer eigenständigen, exklusiven religiösen Identität war, wie bei anderen religiösen Gemeinschaften der Spätantike auch, erst im Entstehen begriffen. In der ersten Zeit schien unklar zu sein, ob der Islam nicht vorrangig oder ausschließlich eine Religion der Araber sei; um den Status der nichtarabischen Konvertiten gegenüber den muslimischen Arabern gab es bis ins 8. Jahrhundert hinein heftige Auseinandersetzungen.

Innerhalb weniger Jahre gelang arabisch-muslimischen Heeren die Eroberung von Syrien und Palästina. Der Truppenführer ʿAmr ibn al-ʿĀs besetzte bereits 637 Gaza und damit die Grenze zu Ägypten. Das Tempo und der Erfolg der arabisch-muslimischen Eroberungen werfen Fragen auf, die bis heute ungeklärt sind. Waren die Eroberer religiöse Eiferer, die sich im Kampf auf dem Weg Gottes wähnten? Oder waren es vielmehr arabische Stämme mit einem Drang nach stärkerer politischer Geltung, vielleicht auch getrieben von einem Bevölkerungsdruck? Leistete die christliche Bevölkerung der eroberten Gebiete Widerstand, oder war sie vielmehr froh, die Staatsmacht, die im Unterschied zum größeren Teil der örtlichen Gemeinschaften an den chalcedonischen Beschlüssen festhielt, loszuwerden? Oder war sie einfach indifferent? Wir wissen es nicht sicher. Die Quellen, die wir besitzen, sind zumeist Jahrhunderte nach den Ereignissen verfasst worden; ihre Interpretation der Eroberungen muss nicht der Wahrnehmung der damaligen Zeit entsprechen. Man kann in jedem Fall davon ausgehen, dass die Eroberer von den Folgen des byzantinisch-sassanidischen Krieges profitierten, der die Heere beider Mächte geschwächt und die umkämpften Provinzen kriegsmüde hinterlassen hatte. Das Gros des oströmischen Heeres war zur Verteidigung Kleinasiens zurückgezogen worden. Weder in Syrien noch in Ägypten waren Elitetruppen verblieben. Festzustehen scheint weiterhin, dass viele Städte und Territorien kampflos und auf der Grundlage von Verträgen übergeben wurden. Das führte dazu, dass es vergleichsweise wenig Zerstörungen gab und die Infrastruktur der eroberten Gebiete oft nahezu unverändert übernommen wurde.

Die Einordnung dieser Ereignisse ist in Ägypten bis heute umstritten. Vor allem koptische Christen, aber auch manche muslimische Nationalisten betrachten sie als Invasion von außen. Staatliche Geschichtsbücher tendieren hingegen dazu, die Geschichte Ägyptens im 7. Jahrhundert in Mekka beginnen zu lassen, während das Alte Ägypten nur gestreift wird und die römische und byzantinische Zeit nahezu überhaupt keine Rolle spielen. Das entspricht auch dem Selbstverständnis derjenigen, die Ägypten als Teil der arabischen und islamischen Welt betrachten. Vor dem Hintergrund dieser Debatten ist die arabisch-islamische Eroberung als historisches Schlüsselereignis in Ägypten bis heute höchst präsent.

3. Von der Provinz zum Emirat (640–969)

Die Invasion muslimisch-arabischer Truppen unter ihrem Feldherrn ʿAmr ibn al-ʿĀs kann für die byzantinischen Amtsträger in Ägypten und Konstantinopel nicht überraschend gekommen sein. Sie waren sich jedoch uneinig darüber, wie mit ihr umzugehen sei. Es gab Spannungen zwischen dem reichskirchlichen Patriarchen Kyros, der gleichzeitig wohl auch als Gouverneur fungierte, und der Reichsführung. Kyros soll bereits 637 mit den Muslimen eine Tributvereinbarung geschlossen haben, um einen Einmarsch abzuwehren, was in Konstantinopel nicht gut aufgenommen wurde, aber die Eroberung immerhin noch um drei Jahre aufhalten konnte. Um die Jahreswende 639/640 begann ʿAmr dann schließlich von Gaza aus mit der Einnahme Ägyptens, wobei die Byzantiner ihm wenig entgegenzusetzen hatten. Die im Land stationierten Truppen waren schwach und wenig motiviert. An manchen Orten – aber nicht überall – halfen die Kopten darüber hinaus ʿAmrs Truppen beim Sieg über die byzantinischen Regimenter. Im Juni 640 fügten die Araber der byzantinischen Armee bei Heliopolis eine entscheidende Niederlage zu. Angesichts dieser Lage versuchte Kyros zu verhandeln, mit dem Ergebnis, dass er nach Konstantinopel zitiert und für sein Entgegenkommen getadelt wurde. Wenige Monate später starb Kaiser Heraklios; die darauf folgenden Thronfolgestreitigkeiten trugen nicht zur Stärkung des byzantinischen Widerstandes bei. Im April 641 eroberten die Muslime Babylon, die Festung am südlichen Ende des Nildeltas, die den Zugang zu Oberägypten eröffnete.

Das Festhalten an der Herrschaft über Ägypten wurde für die Byzantiner aussichtslos. Im September 641 durfte Kyros nach Alexandria zurückkehren und kurz darauf die Stadt den Muslimen übergeben. Im November 641 wurde in Babylon, wo ʿAmr sein Lager aufgeschlagen hatte, ein Vertrag über die Übergabe Ägyptens unterzeichnet; im folgenden Jahr verließen die byzantinischen Truppen das Land. Ein Versuch der Wiedereroberung 644/45 scheiterte. Mithilfe der ägyptischen Flotte, die sie übernommen hatten, eroberten die Muslime die heute zu Libyen gehörende Cyrenaika, die daraufhin lange Zeit in den Einflussbereich Ägyptens fiel. Einige Jahre später führten die Muslime einen Feldzug nach Nubien, der mit einem Friedensvertrag endete, bei dem die südliche Grenze auf der Höhe von Assuan festgelegt wurde.

Die Eroberer ließen sich, ähnlich wie in einigen anderen Provinzen des neu entstehenden Reiches, nicht in dem alten Verwaltungszentrum Alexandria nieder, sondern bauten ein Heerlager am Rande der Wüste zur Stadt aus, in einiger Entfernung von den Hafenstädten des Mittelmeers. Vielleicht wollten sie eine gewisse Distanz zur anfänglich fremden Kultur dieser Städte und den alten Eliten schaffen oder vor möglichen byzantinischen Angriffen vom Mittelmeer geschützt sein. Die neue Provinzhauptstadt Fustāt (wörtlich: «Zelt») entstand am Ort des Heerlagers, von dem aus ʿAmr die Festung Babylon belagert hatte, an der Grenze zwischen Unter- und Oberägypten. Oft wurde die Stadt – die Keimzelle des heutigen Kairo – auch einfach als *misr*, Heerlager, bezeichnet; ein Begriff, der später auf das gesamte Land übertragen wurde, das bis heute im Arabischen Misr heißt.

Mit dem Aufstieg Fustāts erlebte Alexandria einen Niedergang. Berichte, denen zufolge der gesamte unermessliche Bestand der Bibliothek von Alexandria von den Arabern verbrannt worden sei, die mit den Schriftrollen monatelang die Badehäuser geheizt hätten, dürften allerdings in den Bereich der Mythen gehören; sie entstammen christlichen und muslimischen Geschichtswerken, die Jahrhunderte nach der muslimischen Eroberung Ägyptens entstanden. Die berühmte antike Bibliothek existierte im 7. Jahrhundert vermutlich gar nicht mehr oder allenfalls in Resten. Bereits die Eroberung Alexandrias durch Julius Caesar hatte Verwüstungen angerichtet, und das Gleiche ist für die Wiedereroberung der Stadt durch Aurelian 270–271 nach deren Besetzung durch das Reich von Palmyra überliefert. Was verblieb, fiel ab dem 4. Jahrhundert Vernachlässigung und Desinteresse zum Opfer; möglicherweise wurden außerdem Buchbestände nach Konstantinopel verbracht.

Fustāt war ab 641 der Ort, von dem aus das Land regiert wurde, und dort konzentrierte sich auch die arabisch-muslimische Bevölkerung, die zu Beginn vielleicht aus 15 000 Menschen – wohl fast ausschließlich Männern – bestand. Mit Ausnahme einer kleinen Elite aus dem Umfeld des Propheten und seiner Gefährten stammten die ersten muslimischen Siedler vor allem aus Südarabien. Die neuen Herrscher behielten die byzantinischen Strukturen der Verwaltung, Besteuerung und Landwirtschaft nahezu komplett bei. Zwischen den arabischen Muslimen und der koptischen Landbevölkerung, die weiterhin praktisch Leibeigene und ihren Herrschern zu Frondiensten verpflichtet waren, gab es kaum Kontakt; die Steuern trieben dieselben christlichen Beamten ein, die dies auch vorher schon getan hatten. Daher gab es in den ersten sechzig Jahren muslimischer Herrschaft auch keine nennenswerten Unruhen in der einheimischen Bevölkerung – für sie hatte sich wenig geändert.

Ägypten war nach der muslimischen Eroberung zwar eine Provinz an der Peripherie, aber keine unwichtige. Seine landwirtschaftlichen Erträge waren ebenso wichtig wie seine strategische Lage auf dem Weg in den Maghreb, der im Verlauf des 7. Jahrhunderts erobert wurde. Auch politisch war Ägypten nicht ohne Einfluss. Über Jahrhunderte war die muslimisch-arabische Elite stark in die politischen Vorgänge auf der Arabischen Halbinsel und in den Zentren imperialer Macht verstrickt, und Verwerfungen in der Reichspolitik führten oft auch zu Verwerfungen in Ägypten.

So waren ägyptische Gruppen maßgeblich an der Ermordung des Kalifen ʿUthmān beteiligt. ʿUthmān hatte 645 den viel zu unabhängigen ʿAmr ibn al-ʿĀs entlassen und einen ihm loyalen Gouverneur eingesetzt, zu dessen Aufgaben es gehörte, Erträge der Provinz nach Medina abzuführen. Das war nicht allen Mitgliedern der Truppen recht, zumal sie das von ihnen eroberte Land ohnehin schon mit einem stetigen Zustrom von Einwanderern von der Arabischen Halbinsel teilen mussten. 656 entlud sich der Unmut in Protesten, die dem Kalifen persönlich vorgetragen wurden. Als die Protestierenden erfuhren, dass ʿUthmān zum Schein ihren Forderungen nachgegeben hatte, nur um hinter ihrem Rücken den Befehl zu ihrer Liquidierung zu geben, belagerten sie mit einem Mob anderer Unzufriedener den Kalifenpalast und töteten den Kalifen. In den Folgejahren kam es in Ägypten zu bürgerkriegsähnlichen Auseinandersetzungen zwischen einer Fraktion, die die Ansprüche von ʿUthmāns Sippe, den Umayyaden – vertreten insbesondere durch Muʿāwiya, den Gouverneur von Syrien – unterstützte, und einer Fraktion, die das Kalifat ʿAlīs, des Cousins des Propheten Muhammad, akzeptierte. Letztere schien sich zunächst durchzusetzen, doch Muʿāwiya reaktivierte 658 ʿAmr ibn al-ʿĀs und ließ ihn die Provinz für die Umayyaden erobern. 661, nach ʿAlīs Tod, übernahm Muʿāwiya die Herrschaft über das gesamte Reich und verlegte den Kalifatssitz nach Damaskus. In Ägypten blieb ʿAmr bis zu seinem Tod im Jahr 664 im Amt. Er stärkte die örtlichen Eliten und sorgte dafür, dass Erträge des Landes überwiegend in der Provinz blieben. Ein erbliches Gouvernorat etablierte er jedoch nicht.

683 lösten erneut Auseinandersetzungen um das Kalifat Unruhen in Ägypten aus. Zum ersten Mal gibt es in diesem Zusam-

menhang Hinweise auf religiöse Konflikte unter den Muslimen im Land. Gegen den Mainstream, der das Kalifat der Umayyaden akzeptierte, positionierten sich die Kharidschiten. Sie vertraten die radikale Position, dass das Kalifat dem Frömmsten unter den Muslimen zustehe und nicht etwa, wie es die Vorläufer der Schia meinten, einem Nachfahren des Propheten über seinen Cousin ʿAlī und seine Tochter Fāṭima oder, wie es der Mainstream meinte, denjenigen aus dem Stamm des Propheten, denen es gelungen war, die Mehrheit der Muslime hinter sich zu vereinen. Als nun nach dem Tod des Umayyadenkalifen Yazīd I. 683 Thronfolgestreitigkeiten ausbrachen und in Mekka ʿAbdallāh ibn az-Zubair, der Sohn eines berühmten Prophetengefährten, Anspruch auf das Kalifat erhob, schlugen sich die ägyptischen Kharidschiten auf seine Seite. ʿAbdallāh ibn az-Zubair entsandte einen Gouverneur aus Mekka, woraufhin der umayyadische Gouverneur den Rückzug antrat. Die Notabeln von Fustāt suchten jedoch Unterstützung in Damaskus, wo mittlerweile ein starker umayyadischer Kalif, Marwān, die Macht erlangt hatte. Marwān belagerte Fustāt im Dezember 684 einige Tage lang, bis die Notabeln schließlich die Übergabe der Stadt erwirkten. Sowohl hier als auch im Konflikt zwischen ʿAlī und Muʿāwiya wird ein Muster deutlich: Die Kalifatsanwärter bemühen sich intensiv darum, Ägypten auf ihre Seite zu ziehen; im Gegenzug für die Unterstützung der erfolgreichen Seite wird die Stellung lokaler Eliten gestärkt und werden kalifale Ansprüche auf Tribute und Einflussnahme zurückgenommen.

Es etablierte sich recht schnell eine Struktur der Provinzverwaltung, die für mehr als zwei Jahrhunderte Bestand haben sollte. Das Oberhaupt der Provinz war ein Gouverneur, der vom Kalifen aus der Hauptstadt des Reiches entsandt wurde: anfangs aus Medina, ab 658 aus Damaskus. Zu seinen Aufgaben gehörten das Oberkommando über die Truppen, die Eintreibung der Steuern und der symbolisch wichtige Akt der Leitung des Freitagsgebets in der Moschee in Fustāt. Politisch war die Freitagspredigt wichtig, weil in ihr der Kalif genannt wurde, dem die Provinz sich unterstellte; nicht selten gab es hier, gerade in den ersten Jahrzehnten muslimischer Herrschaft, mehr als eine Option. Während der Gouverneur fast immer von außen kam, was bisweilen für Konflikte sorgte, war der zweitwichtigste Mann der Provinz, der Kommandeur der Garden (*sāhib asch-schurta*), normalerweise ein Mitglied eines kleinen Kreises lokaler, quasiaristokratischer muslimischer Familien. Er war unter anderem für die Entlohnung der Truppen zuständig. Insbesondere in der Anfangszeit fungierte er manchmal gleichzeitig als Richter (*qādī*/Kadi). Später wurde dieses Amt immer öfter separat, ebenfalls mit Mitgliedern der Fustater Notabelnfamilien, besetzt. Spezielle Kenntnisse erforderte der Posten anfangs nicht, eher persönliches Ansehen. Oft wurde aus der Hauptstadt noch ein zusätzlicher, dem Gouverneur fast oder vollständig gleichrangiger Steuereintreiber entsandt – vor allem, wenn die Geldlieferungen aus Ägypten zu wünschen übrig ließen, was oft der Fall war.

Zu Beginn des 8. Jahrhunderts bemühten sich die Umayyaden vermehrt um die Stärkung der imperialen Kontrolle. Sie verfolgten im ganzen Reich eine Politik der Arabisierung. Wo bis dahin lokale Sprachen, Währungen, Besteuerungs- und Verwaltungspraktiken vorgeherrscht hatten, sollte nun ein höherer Grad an Einheitlichkeit erzielt werden. Zudem sollte das Arabische überall verbindliche Amtssprache werden. Die Einnahmen der Provinz und die Effizienz der Steuereintreibung sollten steigen. Alle Dörfer erhielten einen muslimischen Dorfvorsteher; er organisierte den kollektiven Bau der Kanal- und Deichsysteme, an dem sich alle Bauern beteiligen mussten, teilte Land zur Kultivierung zu, trieb die Bodensteuer ein sowie die Kopfsteuer, die nun für alle Nichtmuslime verbindlich wurde. Ein solches Amt hatte es zwar schon vorher gegeben; es war aber bis dahin von Kopten ausgeübt worden, vorrangig in griechischer Sprache. Wie schon die Römer ergriffen auch die muslimischen Herrscher Maßnahmen zur Verhinderung der Landflucht, indem sie die Einwohner der Provinz erfassten und mit Pässen ausstatteten, die über ihre Wohnorte Auskunft gaben. In der Kombination dieser Maßnahmen wuchs bei der Landbevölkerung das Bewusstsein der Unterdrückung. Nach einer Erhöhung der Bodensteuer im Jahr 725 brach ein koptischer Aufstand aus, dessen Niederwerfung die Armee einige Mühe kostete. In der Folge begann die Ansiedlung arabischer Beduinen aus der Syrischen Wüste in Oberägypten, die sich vor allem im Karawanentransport landwirtschaftlicher Produkte betätigten.

In den vierziger Jahren des 8. Jahrhunderts brach die umayyadische Herrschaft zusammen. Die Rivalen der Umayyaden, die Abbasiden, scheinen unter ägyptischen Muslimen vor allem außerhalb Fustāts viele Unterstützer gefunden zu haben. Im Sommer 750 kam der letzte Umayyadenkalif Marwān II. auf der Flucht vor einer abbasidischen Armee ins Land. Sein Versuch, dort die Macht zu erringen, scheiterte, und er wurde in dem Dorf Būsīr im östlichen Nildelta getötet.

Für Ägypten änderte sich durch die abbasidische Machtübernahme zunächst recht wenig. Nach wie vor wurde der Gouverneur meist aus der Hauptstadt – nun Bagdad – entsandt, während der Kommandeur der Garden ein Einheimischer aus dem Kreis der Notabelnfamilien von Fustāt war. Die Gerichtsbarkeit wandelte und professionalisierte sich langsam. Die abbasidischen Kalifen setzten erstmals Kadis von außerhalb des Landes ein, die sich nicht mehr durch ihre Abstammung, sondern durch ihre Kenntnis des nun immer stärker als eigenständige Disziplin erkennbaren islamischen Rechts profiliert hatten.

Abbasidische Versuche, die Einnahmen aus der Provinz zu erhöhen, sowie Konflikte zwischen den von außen stammenden Gouverneuren und den einheimischen Eliten führten 784/85 zu einer Revolte, die blutig niedergeschlagen wurde. Diesmal waren es, anders als sechzig Jahre zuvor, keine Kopten, die rebellierten, sondern ägyptische Muslime, die sich schon lange nicht mehr als Besatzungstruppen, sondern als rechtmäßige Eigentümer des Landes verstanden, das sie von ihren Vorfahren geerbt hatten. Die Konflikte zeigten deutlich, dass die Kalifen nur noch mit massivem Truppeneinsatz agieren konnten, wenn es ihren Gouverneuren nicht gelang, sich der Unterstützung der einheimischen Truppen und Notabelnfamilien zu versichern. Ein unbeliebter abbasidischer Gouverneur, der versuchte, die Truppen zu nutzen, um Rebellen niederzuschlagen, musste feststellen, dass die Truppen hinter seinem Rücken einen Nichtangriffspakt mit den Rebellen geschlossen hatten und ihn deren Zorn überließen. Das Widerstreben der Armee, bei den arabischen Siedlern im Nildelta Steuern einzutreiben oder Beamte zu unterstützen, die dies versuchten, war ein anhaltendes Problem, das dazu beitrug, dass wenig Geld aus Ägypten in Bagdad ankam. Die Abbasiden machten immer neue Anläufe, die Einnahmen aus der Provinz zu erhöhen, scheinen aber keinen großen Erfolg damit gehabt zu haben. Wenn doch einmal Zahlungen nach Bagdad geschickt wurden, konnte es passieren, dass sie in Palästina und Syrien abgefangen und von den dortigen Truppen, die oft vergeblich auf ihren Sold warteten, einbehalten wurden.

Nach dem Tod des Kalifen Hārūn ar-Raschīd 809 brach ein Bürgerkrieg zwischen seinen beiden Söhnen al-Maʾmūn und al-Amīn aus, der sich zwar überwiegend im Osten des Reiches abspielte, aber in Ägypten ebenfalls heftige Machtkämpfe zur Folge hatte. Diese erstreckten sich über siebzehn Jahre und führten vielleicht zu den einschneidendsten Veränderungen, die die Provinz in den ersten zweihundert Jahren muslimischer Herrschaft erlebte. In dieser Zeit, also im ersten Drittel des 9. Jahrhunderts, brach die gesellschaftliche Ordnung, die sich nach der arabisch-muslimischen Eroberung etabliert hatte, zusammen, und gänzlich neue Kräfte erlangten die Macht. Ein Prozess, der sich schon einige Jahrzehnte zuvor in der ersten Rebellion ägyptischer Muslime angedeutet hatte, fand nun seine Vollendung: Die ägyptischen Muslime wurden von einer herrschenden Elite zu Untertanen degradiert, deren Status sich von dem der Kopten nicht mehr stark unterschied.

Einen der beiden neuen Machtfaktoren in dem siebzehnjährigen Bürgerkrieg stellten arabische Gruppen aus Unterägypten dar, die nicht Bestandteil der Aristokratie von Fustāt waren.

Ihren Gegenpart bildeten aus Bagdad entsandte Truppen aus Khurasān im Osten des Reiches, die sogenannten *abnā'*. Gegenüber diesen beiden Gruppen waren sowohl die alten Fustāter Militäreliten als auch die von den beiden Kalifatsanwärtern entsandten Gouverneure weitgehend machtlos. 813 war Ägypten faktisch zweigeteilt: Die unterägyptischen Araber kontrollierten das Delta, die *abnā'* die Umgebung von Fustāt sowie Oberägypten. Die alten Notabelnfamilien wurden von beiden Gruppen verfolgt und dezimiert. Alexandria wurde währenddessen von Exilanten aus dem muslimischen Spanien eingenommen und beherrscht.

826 gelang es schließlich dem Kommandeur ʿAbdallāh ibn Tāhir, die Provinz unter die Kontrolle des Kalifen al-Maʾmūn zu bringen, der sich zwischenzeitlich die Macht erkämpft hatte. Die Zeit der Beteiligung lokaler Eliten an der Regierung ihres Landes fand damit für lange Zeit ein Ende. Ägypten wurde nun formal von einem Obergouverneur regiert, der seinen Sitz in der Hauptstadt – erst Bagdad, ab 833 Sāmarrāʾ im Irak – hatte, die Provinz meist nicht einmal besuchte und Amtsinhaber ernannte, die dort regieren sollten. Anders als früher waren nicht nur die lokalen Gouverneure, sondern auch die Kommandeure der Garden Außenseiter, niemals ägyptischer und meist noch nicht einmal arabischer, sondern türkischer oder persischer Abstammung. 831 rebellierten zum ersten Mal Araber und Kopten gemeinsam gegen das als unterdrückerisch empfundene Regime, was deutlich die neue Situation widerspiegelte: Beide Bevölkerungsgruppen waren nun in der Untertanenrolle gegenüber von außen kommenden Regenten. Diese Regenten waren militärisch so überlegen, dass jegliche Rebellion erfolglos und blutig endete.

Immerhin zeigte das Abbasidenkalifat auch – zum ersten und vorerst letzten Mal – ein persönliches Interesse an der Provinz. 832 besuchte al-Maʾmūn als erster Kalif Ägypten, seit Marwān 684 die Provinz für die Umayyaden zurückerobert hatte. Er scheint sich zumindest symbolisch gegen Amtsmissbrauch eingesetzt zu haben, während er gleichzeitig dafür sorgte, dass die letzten Revolten brutal niedergeschlagen wurden. Politisch entscheidender war, dass die Abbasiden in den kommenden Jahren die Entmachtung der arabischen Eliten vollendeten, die sich aus den Nachkommen der Eroberer und ersten Siedler rekrutierten. Als 833/34 der Heeresdiwan abgeschafft wurde, in dem alle arabischen Familien der ersten Generationen nach den Eroberungen verzeichnet waren und der ihre Besoldung garantierte, verloren diese Eliten ihre finanzielle Basis. 852 trat der letzte arabische Gouverneur des Landes sein Amt an; er soll auch der letzte gewesen sein, der noch nach traditioneller Art das Gebet in der Moschee in Fustāt leitete. Innerhalb kürzester Zeit dominierten, wie auch im Irak, türkische Söldner und Militärsklaven die Armee und die Verwaltungsposten einschließlich des Amtes des Kommandeurs der Garden. Sie hatten nicht nur die politische Kontrolle, sondern setzten auch in der Moschee von Fustāt die Befolgung ihres aus dem Irak importierten Gebetsritus durch.

Eine Rebellion schiitischer Gruppen brachte 862 weitere türkische Kontingente ins Land. Ägypten stand kurz vor einem entscheidenden Wandel der Macht- und Herrschaftsverhältnisse, der viel mit dem Zerfall der abbasidischen Autorität zu tun hatte. In einem Reich, in dem sich der Kalif nicht einmal der Garden in seiner eigenen Hauptstadt erwehren konnte, machten sich immer mehr Provinzen quasi-unabhängig. Sie erkannten zwar nominell den Kalifen noch an, betrachteten sich aber nicht mehr als weisungsgebunden und ebenso wenig als tributpflichtig. Allenfalls ließen sie dem Kalifen «Geschenke» zukommen. Die Tributzahlungen waren allerdings auch vorher schon unregelmäßig gewesen. Noch wichtiger war, dass die Provinzherrscher keine Einsetzung von Regenten aus der Hauptstadt mehr akzeptierten, sondern Dynastien mit eigener Erbfolgeregelung etablierten. Aus dem Gouverneur, dem *wālī*, wurde ein unabhängiger Fürst, ein *amīr*, aus der Provinz des Kalifats ein eigenständiges Emirat. Die Notwendigkeit, Versuche einer Einschränkung der Autonomie des Emirats abzuwehren, bedingte eine Stärkung und Professionalisierung des Militärs, die dem Emir dann auch die Möglichkeit

verschaffte, seinen Einflussbereich über seine Provinz hinaus aus-
zuweiten.

Ägypten war eine der ersten Provinzen, in denen diese Entwicklung eintrat. Es war zu dieser Zeit, in den sechziger Jahren des
9. Jahrhunderts, eine reiche Provinz, die vom Chaos im Osten des
Reiches eher profitierte. Da der Persische Golf besonders unter
der politischen Instabilität im Irak und auf der Arabischen
Halbinsel litt, wurde der Weg über das Rote Meer für Güter aus
Ostafrika und Indien umso wichtiger. Ein guter Teil des Handels
mit Gold und Sklaven aus Afrika wurde über Ägypten abge-
wickelt. Auch Plünderungen pharaonischer Gräber trugen zum
Reichtum der Provinz bei. Das Textilhandwerk war weit entwickelt und exportierte bis an den Kalifenhof. Zudem erwirt-
schaftete das Land zuverlässig einen Agrarüberschuss, da es außer
Fustāt im 9. Jahrhundert keine großen Städte gab, die versorgt
werden mussten; die byzantinischen Städte waren mittlerweile
verfallen oder zu kleinen Provinzstädten geschrumpft. So konnte
Ägypten die Heiligen Stätten im Hedschas mit Getreide versorgen. Als nun im Jahr 868 ein türkischer Militär namens Ahmad
ibn Tūlūn die Macht ergriff, standen ihm ausreichende Ressourcen
zur Verfügung, um seine imperialen Ambitionen zu verwirklichen
und Ägypten zu einem eigenen Machtzentrum auszubauen.

Dies war ein Wendepunkt in der Geschichte des Landes. Zum
ersten Mal seit der Zeit der Ptolemäer, die seit ungefähr tausend
Jahren vorüber war, war Ägypten keine – wenn auch reiche und
politisch einflussreiche – Provinz an der Peripherie eines Großreichs mehr, sondern ein eigenes Machtzentrum mit einem Herr-
schaftsanspruch, den es immer wieder auf benachbarte Gebiete – insbesondere Palästina und Syrien – ausweitete. Diese
Situation sollte, wenn auch nicht ununterbrochen, für die nächsten 650 Jahre Bestand haben.

Ahmad ibn Tūlūn war der frei geborene Sohn eines türkischen
Militärsklaven, der es zum Kommandeur der Garde des Kalifen
gebracht hatte. Er erwarb sich die Gunst der Abbasiden nicht nur
durch Pflichterfüllung und militärische Leistungen, sondern war

auch religiös, literarisch, wissenschaftlich und administrativ gebildet. Ibn Ṭūlūn erhielt von seinem Stiefvater, dem in Sāmarrāʾ zuständigen Obergouverneur für Ägypten, zunächst nur die Oberhoheit über Fustāṭ, nicht jedoch das Recht, Steuern einzutreiben. Dies unternahm ein erfahrener Steuereintreiber, der zwar erfolgreich, aber wegen seiner Kreativität in der Erfindung neuer und der Erhöhung bestehender Steuern bei der Bevölkerung verhasst war; so schaffte er zum Beispiel die traditionelle Steuerbefreiung für christliche Priester und Mönche ab. Ibn Ṭūlūn betrieb drei Jahre lang politische Intrigen, bis er – begünstigt durch den Aufstieg seines Schwiegervaters zum Obergouverneur – die Oberhoheit über die gesamte Provinz bekam und den ungeliebten Steuereintreiber zwangsversetzen lassen konnte. Er übernahm die Erhebung der Steuern selbst und achtete dabei wohl stärker als seine Vorgänger auf Nachhaltigkeit anstatt ruinöser Ausbeutung, was darauf hindeutet, dass er schon früh die Ambition hatte, die Herrschaft seiner Familie dauerhaft in Ägypten zu etablieren.

In seinen ersten Jahren musste Ibn Ṭūlūn zahlreiche Revolten, Angriffe von Nubiern und erfolglose Versuche des Kalifen, ihn abzusetzen, abwehren, wofür er seine Armee stark ausbaute. Um 877 brachte er schließlich durch eine Mischung aus militärischen und diplomatischen Maßnahmen den Kalifenhof dazu, ihm die Kontrolle über Syrien zu übertragen, dessen Norden ständig von Byzanz bedroht war. Als nächsten Schritt unternahm Ibn Ṭūlūn den Versuch, den Kalifenhof nach Fustāṭ zu holen. Dabei wollte er, wie nicht wenige andere sunnitische Herrscher, die Rolle des Protektors des Kalifen spielen. Er nutzte die Zerwürfnisse und Streitigkeiten am Kalifenhof aus, um sich auf die Seite des Kalifen al-Muʿtamid zu stellen, dem er zu seinem Recht gegenüber dessen Bruder al-Muwaffaq, der die tatsächliche Macht im Staat innehatte, verhelfen wollte. Fast wäre es ihm sogar gelungen, die Rechtsgelehrten, Richter und Notabeln Syriens und Ägyptens zur Erklärung des Dschihad gegen al-Muwaffaq zu bewegen; doch letztlich scheiterte er damit und insgesamt mit seinem Plan, Fustāṭ zum Kalifatssitz zu machen.

Als Ibn Tūlūn 884 schwer erkrankte und schließlich starb, sollen Muslime, Christen und Juden in Fustāt für ihn gebetet haben. Seine Beliebtheit hatte eine Reihe von Ursachen. Anders als viele Militärherrscher, die im 9. und 10. Jahrhundert in der islamischen Welt die Macht ergriffen und ihre persönlichen Einkünfte möglichst schnell in die Höhe trieben, hatte er sich darum bemüht, das Land zu entwickeln. So hatte er in das Bewässerungssystem investiert und durch seine Steuerreform die Lebensumstände der Landbevölkerung deutlich verbessert. Sein Verhältnis zu den Nichtmuslimen war auffallend gut; vielleicht spielte dabei auch der besondere religiöse Rang, den er Jerusalem zuschrieb, eine Rolle. Er hatte von Anfang an den Kontakt zu den westlichen Provinzen Nordafrikas gestärkt und Ägypten dadurch unabhängiger von den Turbulenzen im Osten gemacht. In Fustāt ließ er einen komplett neuen Stadtteil für die Residenz des Emirs und seine Truppen bauen. Die Stadt wurde unter Ibn Tūlūns Herrschaft zu einem Zentrum der Gelehrsamkeit, insbesondere im Bereich der Geschichtsschreibung.

Ibn Tūlūn hatte seinen Sohn Khumārawaih zum Erben designiert. Dieser dachte nicht einmal daran, die Zustimmung des Kalifen zu seiner Machtübernahme einzuholen. Mit dieser Etablierung ihrer Eigenständigkeit waren die Tuluniden Trendsetter in der islamischen Welt. Ein abbasidischer Versuch, Ägypten und Syrien auf militärischem Wege zurück unter die imperiale Kontrolle zu bringen, scheiterte und endete mit einem Friedensvertrag, der die Herrschaft der Tuluniden gegen das Versprechen der Zahlung eines Tributs faktisch anerkannte.

Ibn Tūlūn hatte seinem Erben eine reiche Provinz mit einer starken, multiethnisch zusammengesetzten Armee hinterlassen. Khumārawaih war so mächtig, dass es ihm sogar gelang, seine Tochter mit dem Kalifen zu verheiraten. Ansonsten verlief seine Herrschaft weniger glücklich; er liebte den Luxus und verprasste den gesamten Reichtum, den sein Vater angehäuft hatte. 896 wurde er von Eunuchen seines Hofes ermordet. Nachfolger wurde sein junger Sohn Dschaisch, der dem Alkohol verfallen

Die Moschee des Ibn Ṭūlūn in Kairo fällt vor allem durch ihr charakteristisches Minarett auf, dessen Schraubenform sich an dem Minarett der damaligen Reichshauptstadt Sāmarrāʾ im Irak orientiert.

war; nach wenigen Monaten Regierungszeit setzten die Richter des Landes ihn ab. Dschaischs noch jüngerer Bruder Hārūn hielt sich neun Jahre lang an der Macht, geriet aber von Syrien aus immer stärker in Bedrängnis. 904 wurde Hārūn von zwei Onkeln ermordet. Die Tulunidendynastie war nun völlig in Auflösung begriffen. 905 eroberten abbasidische Truppen das Land, zerstörten den von Ibn Ṭūlūn erbauten Stadtteil – mit Ausnahme der Moschee – vollständig und machten Ägypten für die nächsten dreißig Jahre wieder zur Provinz des Kalifats.

Diese dreißig Jahre stellten einen Tiefpunkt in der ägyptischen Geschichte dar. Da die Einnahmen der Provinz nun fast komplett in den Irak gebracht wurden, konnten die Soldaten oft nicht bezahlt werden und plünderten das Land. Die Gouverneure waren zu schwach, um dies oder die ständigen Fehden unter verschiedenen Teilen der Armee zu unterbinden. Um das Problem der Finanzierung zu lösen, wurde die Institution des *iqtāʿ* eingeführt: Truppenführer erhielten befristet ein Stück Land zugesprochen, von dem sie selbstständig die Bodensteuer eintreiben konnten. Sie mussten davon eine festgesetzte Zahl von Soldaten ausstatten und für Kriegszüge zur Verfügung stellen. Ähnlich wurde mit vielen Beamtenposten verfahren. Da die Steuerpachten immer befristet, nie erblich vergeben wurden, war die Versuchung groß, in der zur Verfügung stehenden Zeit so viele Erträge wie möglich aus den Ländereien herauszuholen. Ab und an versuchte der Staat, sich Teile der immensen Vermögen, die einzelne Beamte und Militärs auf diese Weise angehäuft hatten, durch die Verhängung von Geldstrafen oder Beschlagnahmungen zurückzuholen. Die Landbevölkerung hatte das Nachsehen.

Die Jahre zwischen 905 und 935 waren gekennzeichnet durch eine Kette von Aufständen und Rebellionen. Gleichzeitig drohten im Westen die Fatimiden, eine schiitische Dynastie, die in Ifrīqiyya – dem heutigen Tunesien – 909 ein Kalifat ausrief und beständig expandierte. Zwischen 914 und 935 versuchten die Fatimiden dreimal, Ägypten einzunehmen. Das war zunächst zwar erfolglos, richtete aber erhebliche Schäden an. Die Sicherheitslage im Inneren war währenddessen so schlecht, dass der Gouverneur sich nicht einmal mehr zum Gebet in die Moschee gewagt haben soll.

Die Abbasiden waren schließlich gezwungen einzusehen, dass ein Festhalten an dem Modell der von außen eingesetzten, von Bagdad kontrollierten Provinzgouverneure bedeuten würde, Ägypten den Fatimiden preiszugeben. Die Wiedereinführung eines Emirats, das mittlerweile ohnehin mehr und mehr zum Normalfall in ihrem Reich wurde, erschien demgegenüber als das geringere Übel. Sie sandten daher 935 den erfolgreichen Heerführer Muhammad ibn Tughdsch al-Ikhschīd nach Fustāt, der sich dort als Emir etablierte. Wenn auch weniger kultiviert und politisch geschickt als Ibn Tūlūn, gelang es ihm doch, ein gewisses Maß an Sicherheit wiederherzustellen. Nachdem er unmittelbar nach seinem Amtsantritt einen Angriff der Fatimiden zurückgeschlagen hatte, stellten diese ihre Angriffsversuche für einige Jahrzehnte ein. Al-Ikhschīd erlangte die Kontrolle über erhebliche Teile des syrischen Raums; gegenüber den Abbasiden verschaffte ihm die Drohung, zu den Fatimiden überzulaufen, Verhandlungsspielraum. Ein erneuter Versuch, den Kalifatssitz nach Fustāt zu holen, scheiterte zwar, doch al-Ikhschīds Oberhoheit über Ägypten, Syrien und den Hedschas erkannte der Kalif an. Al-Ikhschīd war über weite Strecken seiner Amtszeit in Syrien beschäftigt und widmete sich daher Ägypten in weit geringerem Maße, als Ibn Tūlūn es getan hatte. 946 starb er in Damaskus.

Nach al-Ikhschīds Tod war der schwarze Eunuch Kāfūr die eigentliche Macht im Staat – ein tiefreligiöser Mann, der mehrere Moscheen bauen ließ und sich mit Religionsgelehrten umgab. Die Provinz war von Hungersnöten und Auseinandersetzungen zwischen afrikanischen und türkischen Truppen geplagt. Im Westen kam es zu Überfällen von Berbern, im Süden zu nubischen Angriffen. Zwischen 960 und 963 zerstörten die Byzantiner die gesamte Flotte der Ikhschididen, was ägyptische Muslime zu Übergriffen gegen Christen veranlasste. 966, nach dem Tod von al-Ikhschīds Sohn ʿAlī, übernahm Kāfūr selbst die Macht. Da er naturgemäß keine Nachkommen hatte, intensivierten sich die Auseinandersetzungen unter den Truppen um seine Nachfolge.

968 starb Kāfūr. Ägypten war zu diesem Zeitpunkt in ungekanntem Ausmaß von Dürre und Hungersnöten betroffen; zudem brachen heftige Thronfolgestreitigkeiten aus. Emir wurde ein elfjähriger Enkel al-Ikhschīds. Das Machtvakuum in Ägypten blieb in Ifrīqiyya nicht unbemerkt. Die Fatimiden sahen nun

endlich die Gelegenheit gekommen, das Land einzunehmen. Sie nutzten sie sofort und läuteten damit eine neue Ära in der Geschichte des Landes ein.

4. Arabisierung und Islamisierung

Nachdem Ägypten von ʿAmr ibn al-ʿĀs und seinen Truppen erobert worden war, stand eine arabisch-muslimische Elite von einigen tausend Männern einer größtenteils koptischen Bevölkerung sowie einer kleinen jüdischen Gemeinde gegenüber. Sowohl koptische als auch reichskirchlich orientierte Christen hatten sich während der Eroberungen nicht immer einheitlich und vorhersehbar verhalten; aber bei den Kopten gab es eine gewisse Motivation zur Kooperation mit den Eroberern, denn ihr Glaube war von den Byzantinern als häretisch betrachtet worden. Der koptische Patriarch Benjamin hatte sich vor ihnen verborgen gehalten, verließ aber 644 – nach der Eroberung – sein Versteck. Die Muslime gaben ihm Zugriff auf die umfangreichen kirchlichen Liegenschaften und gewährten den kirchlichen Ländereien sowie den Mönchen und Priestern Steuerprivilegien. Dies dürfte eine wesentliche Ursache der anfänglichen Kooperation der koptischen Bevölkerung mit den neuen Herrschern gewesen sein.

Muslime und Kopten trennte anfangs nicht nur eine religiöse, sondern – vielleicht wichtiger – auch eine sprachliche und kulturelle Kluft. Die Araber waren Soldaten, Herrscher und Richter, die Kopten überwiegend Bauern, aber auch Handwerker und Verwaltungsbeamte. Diese klare soziale Schichtung änderte sich jedoch bis zum Ende des 7. Jahrhunderts deutlich. Die muslimische Bevölkerung wuchs zunächst durch Zuwanderung, dann auch durch Fortpflanzung und Konversionen. Die ersten Konvertiten waren wohl häufig Kriegsgefangene, die versklavt und, meist nach der Annahme des Islams, freigelassen worden waren.

Die Frauen, die sich die Eroberer nahmen, um mit ihnen Nachfahren zu zeugen, waren ebenfalls oft Sklavinnen. Versklavungen stellten allerdings ein Phänomen der Jahre der Eroberung dar. Nachdem Ägypten einmal muslimische Provinz geworden war, fanden sie nur noch außerhalb der Landesgrenzen statt.

Die muslimische Bevölkerung wuchs innerhalb weniger Jahrzehnte weit über das Besatzungsheer hinaus. Nach einem halben Jahrhundert war nur noch ein kleiner Anteil der Muslime rein arabischer Abstammung: Er war im Heeresdiwan verzeichnet, was die arabisch-muslimische Elite vom Gros der muslimischen Bevölkerung abhob. Dieses bestand aus Konvertiten, Nachkommen von Konvertiten oder Nachkommen arabischer Männer und ägyptischer Frauen. Unabhängig von ihrer Abstammung war ihnen gemeinsam, dass sie Arabisch sprachen und sich kulturell an die Eroberer anpassten, um auch deren Status zu übernehmen. Die Konversion ging einher mit einem kompletten Statuswechsel; der Konvertit unterstellte sich als *maulā* oder «Klient» einem Araber, löste sich aus seinen bisherigen Familienverbindungen und gab das Land auf, das er bestellt hatte und das ihm formal meist ohnehin nicht gehörte. Dieser Prozess der «kulturellen Konversion», der die religiöse Konversion beinhaltete, sich aber nicht auf sie beschränkte, war überall in dem neu entstandenen islamischen Großreich zu beobachten.

Die Arabisierungspolitik der Umayyaden, die um die Wende zum 8. Jahrhundert begann, brachte eine neue Dynamik in den kulturellen und demographischen Wandel. So wurde nun die Staatsverwaltung auf Arabisch geführt; wenig später wurden muslimische Steuereintreiber eingesetzt, die die Landbevölkerung schärfer kontrollierten und wohl auch mehr drangsalierten als ihre Griechisch sprechenden Vorgänger. Die Herrscher erhoben nun konsistent eine Kopfsteuer, die *dschizya*, von allen Christen und Juden und bauten die Privilegien des christlichen Klerus ab. Immer mehr christliche Beamte wurden durch muslimische ausgetauscht. Dennoch gab es bis in die Neuzeit viele christliche und jüdische Funktionäre. Im Militär hingegen dienten keine Nicht-

muslime. Koptische Bauern wurden jedoch bei Bedarf zur Zwangsarbeit herangezogen, zu der sie, genau wie unter den Römern und
Byzantinern, ihren Herrschern gegenüber verpflichtet waren.

Spätestens im 8. Jahrhundert bildeten Muslime einen Quer-
schnitt der Bevölkerung. Sie stellten nicht mehr nur die Soldaten,
höchsten Beamten und Richter, sondern waren auch in nahezu
allen anderen Gewerben präsent. Immer mehr Muslime waren
als Bauern in den Landregistern verzeichnet; dies waren vor allem
arabische Siedler aus dem syrischen Raum, die den Nordosten
Fustāts und das östliche Delta besiedelten. Muslimische Bauern
mussten, ebenso wie Kopten, Bodensteuern zahlen, auch wenn es
dagegen bis ins 9. Jahrhundert Proteste gab. Die Muslime wurden in ihrer großen Mehrheit, ebenso wie die Kopten, zu Untertanen einer kleinen Führungsschicht. Das Leben der Religions-
gruppen glich sich einander an. In Fustāt, der von muslimischen
Soldaten gegründeten Stadt, lebten auch Juden und Christen und
waren dort öffentlich sichtbar. Ab dem Ende des 8. Jahrhunderts
waren es nicht mehr nur Kopten, sondern auch – und schließlich
überwiegend – Muslime, die gegen ihre Herrscher rebellierten.
Im 9. Jahrhundert kulminierte dieser Prozess der Herausbildung
einer ägyptisch-muslimischen Untertanenschicht in der Machtübernahme türkischer Militärs, die mit der vollständigen Verdrängung von Arabern aus der Regierung der Provinz einherging.

Es ist viel darüber spekuliert worden, wie man sich das Tempo
der Islamisierung vorzustellen habe, zu welchem Zeitpunkt die
Bevölkerungsmehrheit in Ägypten nicht mehr christlich, sondern
muslimisch war und welche Ursachen dies hatte. Tatsache ist,
dass die Quellen keine zuverlässige Aussage darüber zulassen; sie
geben allenfalls vage Anhaltspunkte, die unterschiedlich interpre-
tiert werden können.

Ob in Ägypten Konversionen zum Islam der Hauptfaktor bei
der unbestreitbaren Entwicklung hin zu einem mehrheitlich muslimischen Land waren, ist umstritten. Zwangskonversionen sind
für die Frühzeit nicht belegt. Freiwillige Konversionen waren anfangs durch das System der *mawālī* (Plural zu *maulā*) erschwert;

dieses wurde zwar unter den Abbasiden abgeschafft, doch führte eine Konversion nach wie vor zum Verlust der bestehenden sozialen Bindungen und brachte insofern durchaus Nachteile mit sich. Kopten waren nach der muslimischen Eroberung über Jahrhunderte in der Finanzverwaltung und im Textilhandwerk dominant. Ihre Gemeinschaft hatte einen engen inneren Zusammenhalt, und die Kirche war wohlhabend und identitätsstiftend. Konvertiten riskierten daher unter Umständen, viel zu verlieren, auch wenn im Gegenzug die Kopfsteuer für sie entfiel. Je mehr die ägyptischen Muslime zur Untertanenschicht wurden, umso weniger bot die Konversion eine Garantie für sozialen Aufstieg. Je mehr das Arabische unter den Christen zur Umgangssprache wurde, desto eher konnten auch christliche Ägypter wirtschaftliche und gesellschaftliche Chancen nutzen. All das bedeutet natürlich nicht, dass keine Übertritte stattgefunden hätten; es gab in zahlreichen Fällen soziale, religiöse, berufliche Anreize, die auf individueller Ebene die Annahme des Islams nach sich zogen. Massenhafte Konversionswellen gab es aber wohl nicht.

Wenn Konversionen keine allein entscheidende Rolle spielten, welche Ursachen waren es dann, die dazu führten, dass die Muslime zu irgendeinem Zeitpunkt – vielleicht im 10. Jahrhundert, vielleicht aber auch erst viel später – die Mehrheit der ägyptischen Bevölkerung stellten? Vermutlich war die demographische Veränderung hin zu einer muslimischen Bevölkerungsmehrheit ein langsamer Prozess. Begünstigt wurde er nicht nur durch muslimische Zuwanderung in ein vergleichsweise schwach bevölkertes Land und durch individuelle Übertritte zum Islam, sondern wesentlich auch durch die Heirat muslimischer Einwanderer mit ägyptischen Frauen, aus der muslimische Kinder hervorgingen. Auf koptischer Seite konnte das resultierende Ungleichgewicht in der Geschlechterbalance wohl durch die stark ausgeprägte Kultur der Klösterlichkeit aufgefangen werden, die aufgrund des Zölibats die demographische Entwicklung ebenfalls leicht zu Ungunsten der Kopten verzerrte. So dürfte es eine Kombination von Faktoren gewesen sein, von denen jeder für sich nicht allzu

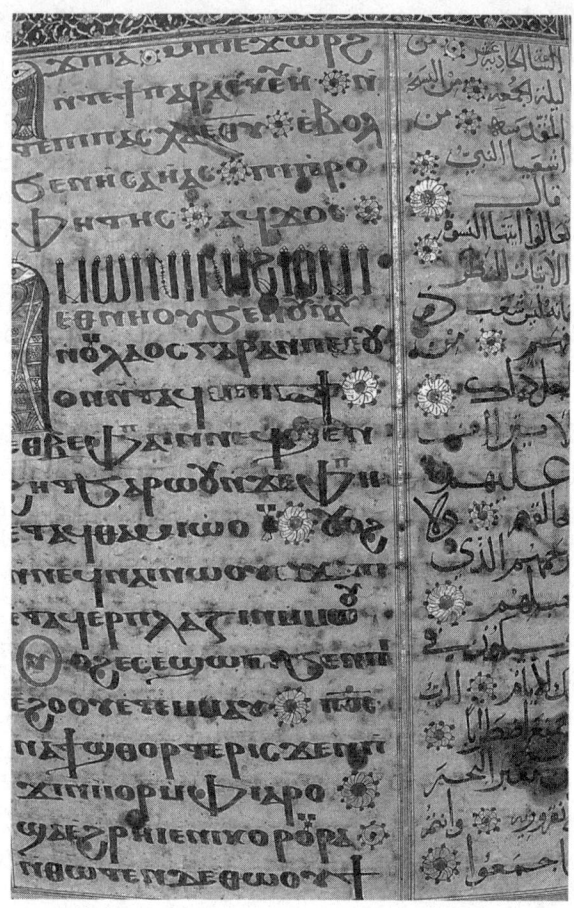

Textseite aus einem koptisch-arabischen Lektionar, 17. Jahrhundert. Das Koptische ist als Kirchensprache bis heute in Gebrauch, wurde jedoch schon damals von den meisten Kopten nicht mehr verstanden.

schwer ins Gewicht fiel, die dazu führte, dass über Jahrhunderte der Anteil der Kopten schrumpfte und der der Muslime wuchs. Dabei bildeten sich allerdings regionale Schwerpunkte; die Landbevölkerung, vor allem in Oberägypten, blieb noch lange Zeit mehrheitlich koptisch.

Die koptische Sprache allerdings wurde auch dort spätestens ab dem 10. Jahrhundert immer mehr durch das Arabische verdrängt und starb als Verkehrssprache im Laufe der Jahrhunderte aus. Nur als Kirchensprache wird sie bis heute genutzt. Das Arabische ist auch für die koptische Gemeinschaft Umgangs- und Muttersprache. Ägypten wurde zwar nicht vollständig islamisiert, aber in sprachlicher und kultureller Hinsicht arabisiert.

5. Das Kalifat der Fatimiden (969–1171)

Mit der Machtübernahme durch die Fatimiden wurde Ägypten zum ersten Mal seit Jahrtausenden zum Gravitationszentrum eines Reiches – keiner bloßen Regionalmacht, sondern eines ismailitischen Kalifats. Dieses Kalifat beruhte auf einem Anspruch, der der Erläuterung bedarf.

Von Anfang an hatten Muslime Auseinandersetzungen um die Berechtigung geführt, das Kalifat – also die religiöse wie politische Führung der Gemeinschaft der Muslime in der Nachfolge des Propheten – zu übernehmen. Ägypten war von diesen Auseinandersetzungen zwar nicht unberührt geblieben; es war aber auch nicht als Zentrum jener religiös-politischen Bewegungen aufgefallen, die den Kalifaten der Umayyaden und der Abbasiden die Legitimität absprachen. Die wichtigste dieser Bewegungen war die Schia, die die Auffassung vertrat, dass nur die Nachfahren des Propheten über seine Tochter Fāṭima und ihren Ehemann ʿAlī, den Cousin Muhammads, Anspruch auf das Imamat, also die religiöse Führung der Gemeinschaft, erheben könnten. Schiitische Ideen entwickelten und konkretisierten sich über Jahrhunderte. Dabei differenzierten sich verschiedene Richtungen der Schia mit unterschiedlichen Vorstellungen vom Imamat heraus, zum Beispiel, weil zu bestimmten Zeiten unterschiedlichen Nachfahren des Propheten oder unterschiedlichen Nachfolgeregelungen Vorrang gegeben wurde. Es gab schiitische Bewegungen, die die messianische Vorstellung der Entrückung des letzten Gliedes einer Kette von Imamen vertraten; der verborgene Imam werde am Ende der Zeiten wiederkehren und die gottgewollte gerechte Ordnung einsetzen. Andere Bewegungen verfolgten die Idee eines lebenden Imams. Die ismailitische Schia trat im späten 9. Jahrhundert im syrischen und irakischen Raum als messianische und missionarische Bewegung hervor, die die nahende Wiederkehr eines Nachfahren des Propheten namens Muhammad ibn Ismāʿīl predigte, der im 8. Jahrhundert gelebt hatte. Sie betrieb in großem Maßstab Mission (*daʿwa*) für diese Idee. Einem ismailitischen Missionar (*dāʿī*) gelang es 893 während der Pilgerfahrt in Mekka, eine Gruppe von nordafrikanischen Kutāma-Berbern von seinem Glauben zu überzeugen. Sie wurden Teil eines riesigen, innerhalb kürzester Zeit entstehenden Netzes von Zellen, das vom Maghreb bis in den Jemen und ins heutige Pakistan reichte.

Im Jahr 899 spaltete sich die Bewegung, als ihr in Syrien residierendes Oberhaupt Saʿīd ibn al-Husain den Anspruch erhob, selbst der *mahdī* zu sein, die messianische Figur, deren Wiederkehr erwartet wurde – obgleich seine Abstammung vom Propheten höchst zweifelhaft war. Diese Rückkehr zum Modell eines lebenden Imams stieß in vielen Gemeinden auf Ablehnung und stellte zudem für die Abbasiden eine Bedrohung dar, umso mehr, als Anhänger des neu proklamierten Imams in Syrien einen Aufstand begannen. Die Abbasiden schlugen diesen Aufstand nieder und ließen nach dem Imam fahnden, der zu seinen loyalsten Anhängern, den Kutāma-Berbern, floh. Diese hatten bereits große Gebiete in Nordafrika in seinem Namen erobert. 909 stürzten sie die bis dahin herrschende Aghlabidendynastie und ernannten Saʿīd unter dem Namen ʿAbdallāh al-Mahdī zum Kalifen.

Dieses ismailitische Kalifat, das sich im Rückbezug auf Muhammads Tochter Fātima «fatimidisch» nannte, war es, das im 10. Jahrhundert mehrfach versuchte, Ägypten zu erobern. 969 gelang dies schließlich. Der Messianismus der Anfangsjahre war im Laufe der Zeit zugunsten des Anspruchs auf reale Herrschaft zurückgedrängt worden, denn dass kein menschlicher Kalif in der Lage war, die endzeitlichen Erwartungen vieler seiner Anhänger einzulösen, war offensichtlich. Dennoch war der Imam-Kalif die zentrale religiöse Figur. Ihm wurden eine besondere Beziehung zu Gott und ein privilegierter Zugang zur Erkenntnis der Wahrheit zugesprochen, deren höchste Stufen nur besonders Eingeweihten zugänglich sein sollten. Den Anspruch der Abbasiden auf das Kalifat lehnten die Fatimiden kategorisch ab; ihr Ziel war der Sturz der Abbasiden. Zu diesem Zweck mussten sie über den recht entlegenen Maghreb hinaus die direkte oder indirekte Herrschaft über möglichst viele abbasidische Gebiete erringen. Die Abbasiden wiederum spielten in der zweiten Hälfte des 10. Jahrhunderts keine eigenständige politische Rolle. Sie standen vollständig unter der Hegemonie der Buyiden, einer Dynastie aus dem iranischen Raum, und unternahmen, anders als noch zu Beginn des Jahrhunderts, keinen Versuch mehr, die fatimidische Eroberung Ägyptens zu verhindern.

Über Jahre hatten die Fatimiden ihren Einmarsch in Ägypten vorbereitet, indem sie die Küstenroute ausbauten und Propagandisten nach Ägypten sandten. Zudem nutzten sie ihre Handelsbeziehungen, um einflussreiche Ägypter für sich zu gewinnen. Das Versagen der Abbasiden in der Verwaltung der Provinz und das Chaos nach dem Tod Kāfūrs taten ein Übriges. Viele Ägypter betrachteten den Fatimidenkalifen al-Muʿizz als den Mann, der in der Lage war, das von Gewalt und Hungersnot geplagte Land zu konsolidieren. Der minderjährige ikhschididische Emir gehörte offenbar zu ihnen: Er rief die Fatimiden ins Land und sie kamen bereitwillig. 969 rückten sie mit ihren überwiegend aus Berbern bestehenden Truppen unter ihrem General Dschauhar an, woraufhin eine Delegation von Notabeln aus Fustāt mit ihnen einen Kapitulationsvertrag abschloss. Den Muslimen wurde darin die Beibehaltung der «Sunna des Propheten» garantiert, worunter die Sunniten den Schutz ihres Ritus verstanden; die ismailitische Auslegung sah etwas anders aus. Das Militär leistete zunächst Widerstand gegen den Vertrag, musste sich aber schnell geschlagen geben, so dass es kaum zu Blutvergießen kam. Am 9. Juli 969 wurde in der Moschee des ʿAmr ibn al-ʿĀs zum ersten Mal die Freitagspredigt im Namen des Fatimidenkalifen gehalten, von einem Prediger, der in Weiß, nicht mehr im abbasidischen Schwarz gekleidet war.

Dschauhar schickte den Großteil seiner Armee weiter nach Palästina und Syrien. Hier traten allerdings die Qarmaten von der arabischen Golfküste auf den Plan, eine Untergruppe der Ismailiten, die den Fatimidenkalifen nicht anerkannte. Ihnen gelang es, die Fatimidenarmee zu schlagen und bis kurz vor Fustāt vorzudringen. Bei ʿAin Schams, dem antiken Heliopolis, wo ʿAmr einst die Byzantiner vernichtend geschlagen hatte, trieb Dschauhar sie jedoch zurück. Seine vierjährige Regentschaft zielte neben der militärischen Expansion und Verteidigung vor allem darauf ab, mithilfe ägyptischer Beamter, die er aus den bestehenden Eliten rekrutierte, Sicherheit im Land herzustellen und die Wirtschaft wiederzubeleben, was ihm weitgehend gelang. An der Stelle seines ersten Heerlagers bei Fustāt, etwas nördlich der Ibn Tūlūn-Moschee, ließ Dschauhar für die Fatimiden eine neue Hauptstadt bauen. Als der Kalif al-Muʿizz im Jahr 973 mitsamt seiner Familie und den Särgen seiner Vorgänger in die neue Stadt übersiedelte und sie zu seiner neuen Residenz erkor, erhielt sie ihm zu Ehren den Namen *al-Qāhira*, «die Siegreiche» – Kairo. Der Umzug nach Ägypten versprach einen höheren Status und die Untermauerung des alleinigen Anspruchs auf das Kalifat, schon allein durch die Nähe zu den Heiligen Stätten im Hedschas, deren Herrscher die Fatimiden 976 anerkannten. Das war von hoher symbolischer Bedeutung, denn damit wurden die Fatimiden statt der Abbasiden Hüter der Pilgerfahrt. Zudem kontrollierten sie neben Ägypten und der Cyrenaika auch Palästina und Syrien sowie Nordafrika und Sizilien. Der Sturz der Abbasiden in Bagdad gelang ihnen jedoch nie, auch wenn sie ihren Einflussbereich zeitweise bis Nordmesopotamien ausdehnen konnten.

In den ersten fünfzig Jahren fatimidischer Herrschaft in Ägypten erlebte das Kalifat eine Blütezeit. Der Kalif agierte sowohl als

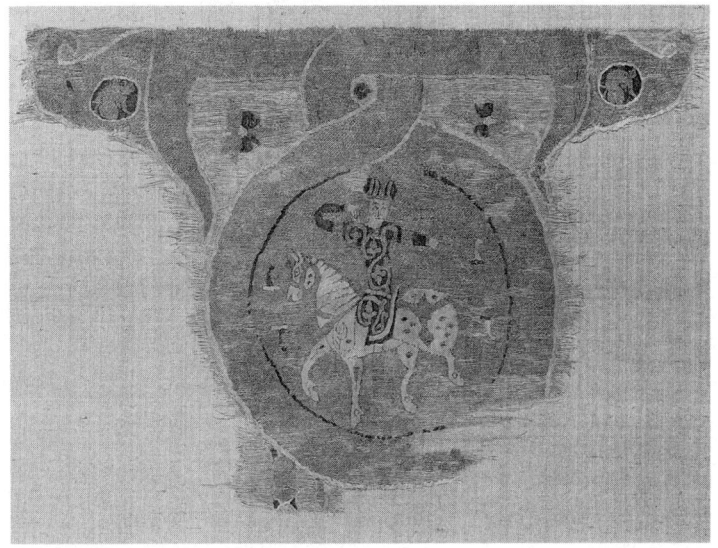

Fatimidische Textilmanufakturen waren für die hohe Qualität ihrer aufwändig bestickten, teuren Leinenstoffe berühmt. Sie exportierten diese in den ganzen Mittelmeerraum. Dieses Schmuckmotiv aus Goldfäden, Seide und Leinen stammt wahrscheinlich aus dem späten 11. Jahrhundert und zierte einmal ein Prunkgewand.

religiöses als auch als politisches Oberhaupt des Staates. Der politisch wichtigste Amtsinhaber nach ihm war der Wesir. Dieser konnte aus den bestehenden ägyptischen Eliten stammen, wie etwa Ya'qūb ibn Killis, Wesir von 979 bis 990, ein zum Islam konvertierter ägyptischer Jude. Er hatte schon unter den Ikhschididen die Finanzverwaltung unter sich gehabt, bis er in Ungnade gefallen und zu den Fatimiden übergelaufen war. Die vorhandenen Verwaltungsstrukturen übernahmen die Fatimiden weitgehend, ebenso wie das Personal.

Kairo war zwar anfangs lediglich die Residenz des Kalifen und seines Hofstaats, aber allein der Palastbetrieb, die religiöse Mission und Gelehrsamkeit sowie das Militär umfassten genug Menschen, um Kairo zu einem eigenen urbanen Zentrum neben

Fustāt zu machen. Im Unterschied zum kosmopolitischen, religiös vielfältigen Fustāt war Kairo ismailitisch geprägt. Anders als in Fustāt stand nicht die Moschee, sondern der Palast im Zentrum, was der Stellung des Imams in der ismailitischen Theologie entsprach. Der Anteil von Ismailiten an der ägyptischen Bevölkerung blieb allerdings trotz anhaltender ismailitischer Mission recht klein. Zwar kam es in den ersten Jahrzehnten fatimidischer Herrschaft zu Episoden größerer religiöser Begeisterung für die Kalifen al-ʿAzīz (975–996) und al-Hākim bi-amrillāh (996–1021), doch diese Begeisterung hatte keine nachhaltige Schiisierung der Gesamtbevölkerung zur Folge.

Die Fatimiden unterschieden zwischen der religiösen Anerkennung ihres Oberhauptes als Imam und seiner politischen Anerkennung als Kalif. Ihre Entsprechung fand diese Unterscheidung in zwei Kategorien von Untertanen: einerseits die *muslimūn*, die sich zum Islam bekannten und den Kalifen als weltlichen Herrscher anerkannten, aber keine Ismailiten waren, und andererseits die *muʾminūn*, die «wahren Gläubigen», die das Imamat des Kalifen und die damit verbundenen religiösen Lehren angenommen hatten. Den Schritt vom *muslim* zum *muʾmin* forderten die Fatimiden nicht ein, sondern warben lediglich darum, und dies bis zum Ende ihres Kalifats nicht nur innerhalb Ägyptens, sondern in der ganzen islamischen Welt. Bis nach Indien gab es ismailitische Gemeinden, die die Fatimiden als Imame verehrten. Kairo als Sitz des Imamats wurde ein Ziel ismailitischer Pilger. Die Qarmaten verweigerten allerdings die Anerkennung und unternahmen 974 einen erneuten heftigen Angriff auf Ägypten. Der Sieg des Kalifen al-Muʿizz nötigte sie zum Rückzug an die arabische Golfküste, wo sie in Bedeutungslosigkeit versanken.

Nach ihrer Ankunft in Ägypten lösten die Fatimiden rasch ihre Bindung an den Maghreb. Sie wurden in kürzester Zeit zu einer ägyptischen Dynastie. Die Berbertruppen, die den Kern ihrer Invasionsarmee gestellt hatten, ergänzten und ersetzten sie zunehmend durch Regimenter aus türkischen und afrikanischen Sklaven. Das Militär spielte allerdings in den ersten hundert Jahren fatimidischer Herrschaft keine direkte politische Rolle; hohe Ämter waren durchweg mit Zivilisten besetzt. Die Fatimiden investierten enorm in die Infrastruktur, die landwirtschaftliche Produktion und den Handel. Unter ihrer Herrschaft wurde der Handel über den Indischen Ozean, der in spätrömischer Zeit zum Erliegen gekommen war, wieder aufgenommen und Ägypten damit zur Drehscheibe des Warenverkehrs zwischen Fernost, Afrika und dem Mittelmeerraum. Von dem wachsenden Wohlstand profitierte die muslimische ebenso wie die nichtmuslimische Bevölkerung. Fast durchgehend fanden sich Juden und Christen in hohen Positionen am Hof. Dies löste wiederholt Unmut unter Muslimen aus, aber Versuche, diese Beamten durch Muslime zu ersetzen, waren nie von langer Dauer. Das lag zum Teil daran, dass das fatimidische Staatswesen, ebenso wie viele Staatswesen vor und nach ihm, auf Patronage und Klientelbindungen beruhte. Wer sich in den Patronagenetzwerken vorteilhafte Positionen zu verschaffen wusste, konnte unabhängig von seiner Religionszugehörigkeit in einflussreiche Ämter gelangen. Rein muslimische Netzwerke zu schaffen war wiederum schon allein deswegen schwierig, weil nicht nur die Finanzverwaltung von Nichtmuslimen dominiert wurde, sondern auch die wichtigen Frauen am Hof fast durchweg Konkubinen nichtmuslimischer Herkunft waren. Außerdem wurde die Verwaltung fast komplett von Kopten kontrolliert, auf deren vom Vater zum Sohn weitergegebene Expertise man aufgrund der komplexen Abläufe in der Landwirtschaft und Besteuerung nicht verzichten konnte, ohne erhebliche Verluste zu riskieren.

Die Fatimiden begannen nach einigen Jahren, Ismailiten als oberste Richter einzusetzen und die Anwendung ismailitischen Rechts einzufordern. Das schiitische Personal, das ihnen zur Verfügung stand, war jedoch begrenzt, so dass es immer auch sunnitische Richter gab. Neben der Scharia-Rechtsprechung, wenn auch oft in Personalunion mit ihr, standen *mazālim*-Gerichte zur Verfügung, die Klagen von Untertanen gegen das Handeln von Repräsentanten des Staates behandelten. Um ihre Interessen zu verwirklichen, waren für die einfachen Untertanen persönliche Petitionen an hochrangige Persönlichkeiten jedoch oft aussichtsreicher als eine Klage ungewissen Ausgangs.

In vielerlei Hinsicht dürfte der Unterschied zwischen dem ismailitischen Recht und dem sunnitischen Recht der schafiitischen Rechtsschule für das Gros der Bevölkerung nicht besonders spürbar gewesen sein. Wo er unübersehbar war, konnten jedoch Konflikte zwischen sunnitischen Ägyptern und schiitischen Machthabern auftreten. Bei der Bestimmung des Beginns des Ramadan etwa verließen die Sunniten sich auf die Sichtung der neuen Mondsichel, während die Ismailiten astronomischen Berechnungen vertrauten. Dies führte vor allem in der Anfangszeit der Fatimidenherrschaft manchmal dazu, dass im Land an unterschiedlichen Tagen mit dem Fasten begonnen und das Fest des Fastenbrechens gefeiert wurde. Auch die unterschiedlichen Gebetsrufe oder schiitische Prozessionen am Aschura-Fest lösten gelegentlich Unmut bei Sunniten aus. Prozessionen waren ein zentraler Bestandteil der fatimidischen Herrschaft. Sie ergänzten die übrigen Elemente der Repräsentation imperialer Macht, die sich von denen der Abbasiden wenig unterschieden, von persönlichen Statussymbolen wie Gewändern, Turbanen, Sonnenschirmen und Bannern bis zur Nennung des Namens des Kalifen in den Freitagspredigten sowie der Prägung von Münzen in seinem Namen. Die Prozessionen dienten der Selbstdarstellung des Imams; sie zeigten aber auch den Grad der allmählichen Annäherung an die nichtismailitische Bevölkerung Ägyptens. So gab es Prozessionen nach Fustāt zur Feier des islamischen Neujahrs und des Nilhochwassers. Der Kalif leitete immer öfter an wichtigen Festen das Gebet in den großen Moscheen von Fustāt und verteilte Almosen und Geschenke an die sunnitische Bevölkerung. In der Verehrung der Gräber von Prophetennachfahren, die von den Fatimiden ausgebaut und gepflegt wurden, konvergierten sunnitische und schiitische religiöse Praktiken.

Im 11. Jahrhundert bekam das Bild des charismatischen Imam-Kalifen Risse. Die Patronagenetzwerke, die anfangs vor allem von den Kalifen gesteuert und genutzt worden waren, um ihre Interessen durchzusetzen und ein Machtgleichgewicht zwischen den verschiedenen Fraktionen in Verwaltung und Armee zu erzielen, verselbstständigten sich immer mehr; die Wesire, aber auch andere hochrangige Personen am Hof, zum Beispiel Kalifenmütter, setzten ihre eigenen Netzwerke zu eigenen Zwecken ein. Das war spätestens zur Zeit der Herrschaft der schillerndsten Persönlichkeit unter den fatimidischen Kalifen, al-Ḥākim biamrillāh, nicht mehr zu übersehen.

Al-Ḥākim kam elfjährig an die Macht und wurde zunächst komplett von einer Clique einflussreicher Höflinge kontrolliert. Dreieinhalb Jahre nach seinem Amtsantritt wagte der Kalif den Befreiungsschlag gegen den Palasteunuchen Bardschawān, dem es gelungen war, die Regentschaft an sich zu ziehen, und übernahm selbst die Herrschaft. Ihm blieb ein lebenslanges Misstrauen gegenüber seinem Umfeld, das zur Folge hatte, dass er nie jemanden neben sich aufsteigen ließ und sich früher oder später aller seiner Wesire entledigte. Bei seinen Untertanen hingegen war er als volksnaher Herrscher beliebt, der sich – ganz untypisch für einen Fatimidenkalifen – verkleidet unter die Menschen mischte. Immer wieder ging er mit äußerster Härte gegen Fälle von Korruption und Amtsmissbrauch vor. Hier vereinte sich vermutlich der Wunsch, beim Volk Gefallen zu finden, mit dem Ziel, mögliche Rivalen um die Macht am Hof auszuschalten.

Al-Ḥākims Versuch, seine Rolle als Kalif der Muslime mit der des Imams der gläubigen Ismailiten zu vereinen, führte zu Verhaltensweisen, die auf viele Zeitgenossen und spätere Chronisten sprunghaft und exzentrisch, wenn nicht sogar wie Akte eines Wahnsinnigen wirkten, ihm aber andererseits auch glühende Verehrung zuteil werden ließen. Offensichtlich sah al-Ḥākim sich – ganz dem ursprünglichen messianischen Anspruch der Fatimiden verpflichtet – als Imam zur Herstellung eines idealen islamischen Gemeinwesens berufen. Das äußerte sich ab 1003/04 in einer Flut von Erlassen, die öffentliche Moral, Hygiene und Sicherheit garantieren sollten. Er wollte zum Beispiel den Alkoholkonsum durch Muslime und die unziemliche Interaktion von Frauen und Männern in der Öffentlichkeit unterbinden. Weiterhin ging al-Hākim gegen die Fälschung von Maßen und Gewichten vor, sorgte für die Sauberkeit und nächtliche Beleuchtung der Gassen, ließ streunende Hunde töten und das Reiten innerhalb der Stadt verbieten. Wie utopisch sein Versuch der staatlichen Durchsetzung religiöser Moralvorstellungen war, zeigte sich in der ständigen Wiederholung und Verschärfung bestimmter Vorschriften, die offenbar regelmäßig unterlaufen wurden. So wurde, als das Alkoholverbot wirkungslos blieb, der Alkoholausschank verboten. Als auch dieser Erlass nicht zum gewünschten Erfolg führte, ließ al-Hākim Rohstoffe, die der Alkoholherstellung dienten, bis hin zu Rosinen und Honig, vernichten. Ein komplettes Ausgehverbot für Frauen erwies sich sofort nach seinem Erlass als nicht durchsetzbar und musste mit zahlreichen Ausnahmen und Einschränkungen versehen werden.

Al-Hākims Imamatsverständnis äußerte sich aber nicht nur in Verbotsmaßnahmen. So machte er sich durch die Abschaffung «unislamischer» Steuern beliebt. Legendär war seine Freigiebigkeit, die dazu führte, dass er von Petitionen überschüttet wurde. Außerdem betätigte er sich als aktiver Förderer religiöser Institutionen. So ließ er zum Beispiel die große Moschee vollenden, mit deren Bau sein Vater begonnen hatte, weil die Azhar-Moschee, die erste und zentrale Freitagsmoschee Kairos, zu klein geworden war. Darüber hinaus widmete er erhebliche Teile seines Privatvermögens in Stiftungseigentum um, das bestehenden und neu zu bauenden Moscheen sowie der Wissenschaft zugute kommen sollte. Insbesondere eröffnete er 1005 das «Haus der Weisheit» (*dār al-hikma*), an das er zahlreiche Gelehrte berief, die dort wirken sollten. Alle Wissensgebiete von der Sprachwissenschaft über die Religionsgelehrsamkeit bis zur Astronomie fanden Berücksichtigung, mit Ausnahme der Astrologie, die al-Hākim als haltlosen Aberglauben ablehnte. Das *dār al-hikma* beinhaltete außerdem eine große und – was neu war – öffentliche Bibliothek. In Ägypten hatte sich zu diesem Zeitpunkt bereits eine ausgeprägte

Buchkultur entwickelt. Dazu trug die Technik der Papierherstellung bei, die von China über den Irak nach Ägypten gelangt war. Spätestens im 10. Jahrhundert hatte sie den zuvor gebräuchlichen, wesentlich teureren Papyrus fast vollständig verdrängt. Fustāt verfügte über zahllose Kopisten, Buchbinder, -händler und -märkte.

Al-Hākims Verhältnis zu den Sunniten, die nach wie vor die Bevölkerungsmehrheit in Ägypten stellten, war wechselhaft. In einem Versuch rigider Abgrenzung ging er so weit, populäre Speisen, die durch ihre Benennung oder die ägyptische Folklore mit bekannten sunnitischen Persönlichkeiten assoziiert wurden, verbieten zu lassen. Dann wiederum kam es zu einer Phase der Sunnifizierung, die im Jahr 1010 ihren Höhepunkt erreichte, als al-Hākim den sunnitischen Gebetsruf allgemeinverbindlich machte und die bis dahin regelmäßig stattfindenden Unterweisungen in der ismailitischen Geheimlehre aussetzte. Auf diese Phase folgte jedoch recht schnell eine Kehrtwende. Oft gab es für den Sinneswandel des Kalifen konkrete Anlässe wie etwa ein sunnitisches Gegenkalifat unter Berbern in der Cyrenaika zwischen 1005 und 1007, das ihm aus Angst vor sunnitischen Aufständen größeres Entgegenkommen ratsam erscheinen ließ.

In bleibender Erinnerung und Anlass für zahlreiche Schmähungen vor allem in christlichen Quellen ist al-Hākims Politik gegenüber Nichtmuslimen. Vielleicht fiel sie auch deswegen so auf, weil die Fatimidenherrscher im Allgemeinen wenig Wert auf restriktive Maßnahmen gegen Juden und Christen legten. Zunächst befahl der Kalif – Sohn einer griechischen Sklavin und Neffe zweier hoher griechisch-orthodoxer Würdenträger, die ihre Ämter von seinem Vater erhalten hatten – im Zuge seiner allgemeinen moral- und religionspolitischen Maßnahmen die Durchsetzung strenger Bekleidungsvorschriften für Juden und Christen und schränkte öffentliche christliche Feste und Prozessionen deutlich ein. Ab 1007 begann er dann, wohl in einem Versuch, die leeren Staatskassen zu füllen, Kirchen und Klöster zu plündern und zum Teil zu zerstören. Das bekannteste Beispiel ist die

Grabeskirche, die er 1009 abreißen ließ. Gleichzeitig beschäftigte er weiterhin hohe christliche Beamte bis hin zum Wesir. 1012 versuchte er allerdings, seine christlichen Beamten durch Muslime zu ersetzen; als das nicht gelang, stellte er sie vor die Wahl zwischen Konversion und Auswanderung. 1019/20 nahm al-Hākim seine Maßnahmen gegen die Nichtmuslime – in geringerem Umfang als Christen waren auch Juden betroffen – zurück und leistete zum Teil Entschädigungen. Die Grabeskirche durfte allerdings erst nach seinem Tod wieder aufgebaut werden.

Während seiner letzten Lebensjahre entwickelte al-Hākim Züge, die vielen Zeitgenossen befremdlich erschienen. Das begann damit, dass er gegen ismailitisches Dogma verstieß, indem er gleich zwei Thronfolger bestimmte, unter denen er offenbar die weltliche und die religiöse Führung aufteilen wollte. Seinen leiblichen Sohn, der nach schiitischer Vorstellung der einzige in Frage kommende Erbe war, überging er dabei. Für die letzten sieben Jahre seiner Herrschaft zog sich der anfangs so volksnahe Imam aus der Öffentlichkeit zurück. Er ließ seine Sklaven frei und beschnitt radikal den höfischen Prunk, die Ehrentitel und Ehrenbezeugungen, die zu guten Teilen noch von den Byzantinern stammten. Er ritt in einfachen Wollgewändern auf einem Esel aus und suchte immer öfter die Einsamkeit. In dieser Zeit entstand eine Bewegung, die al-Hākim als Inkarnation Gottes auf Erden verehrte. Sie wurde in Ägypten verfolgt und ihre Anhänger, die Drusen, flohen ins Libanongebirge. Al-Hākim selbst fiel 1021 bei einem Ausritt in die Wüste einem Anschlag zum Opfer. Vordergründig hatten Beduinen die Tat verübt; wahrscheinlicher ist, dass seine Schwester Sitt al-Mulk und vielleicht auch Mitglieder des ismailitischen Establishments hinter der Tat steckten.

Al-Hākims Nachfolger führten seine eigenwillige Politik nicht fort. Nach seinem Tod war von seinen religionspolitischen Dekreten nicht mehr die Rede; zum Teil wurden sie explizit aufgehoben. Der Versuch, islamischer Moral und ismailitischem Recht obrigkeitlich zur Geltung zu verhelfen, war somit beendet. Al-Hākims «Haus der Weisheit» fiel der Vernachlässigung anheim,

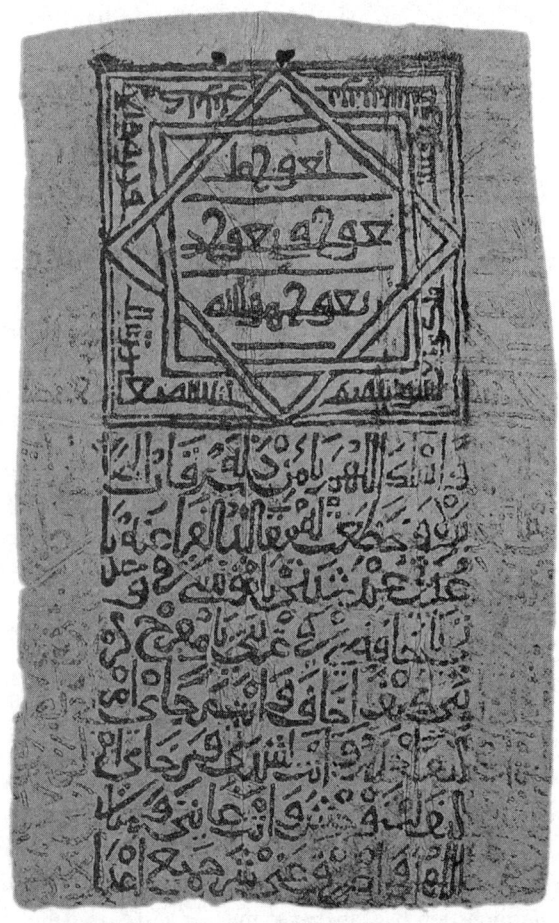

Gedrucktes Amulett aus dem 11. Jahrhundert. Ebenso wie das Papier wurde die Technik des Druckens mit hölzernen oder metallenen Druckstöcken aus China importiert und war im fatimidischen Ägypten für Massenware wie Amulette verbreitet.

und seine Thronfolgeregelung wurde geflissentlich übergangen; seine einflussreiche Schwester Sitt al-Mulk setzte seinen jungen Sohn az-Zāhir zum Nachfolger ein.

In den Jahrzehnten nach al-Ḥākim Tod hatte der Kalif keinerlei Anteil an der Regierung des Staates. Az-Zāhir und dessen Sohn al-Mustansir, der im Alter von sieben Jahren auf den Thron kam und 58 Jahre lang im Amt blieb, waren wenig mehr als Marionetten. Dies stellte aus religiöser Sicht ein Problem dar: Je weniger tatsächliche weltliche Macht der Kalif ausübte, desto weniger war er in der Lage, die religiösen Erwartungen der Ismailiten zu bedienen.

Die tatsächliche Herrschaft übernahmen Höflinge unterschiedlichster Herkunft und Religionszugehörigkeit und höchst wechselhafter Kompetenz. Die Regenten waren allzu oft eher mit Hofintrigen beschäftigt als damit, die Ernährung der Bevölkerung auch in Jahren schlechter Ernten zu sichern, die Soldforderungen der Truppen zu befriedigen, die Pilgerkarawanen zu versorgen oder die Loyalität der Provinzen aufrechtzuerhalten. Das führte periodisch zu Unterversorgung und Plünderungen durch marodierende Soldaten, die vergeblich auf ihren Sold warteten. Auch außenpolitisch sank der Stern der Fatimidenkalifen. In den vierziger Jahren des 11. Jahrhunderts liefen ihre Vasallen im Maghreb zu den Abbasiden über. Das war wirtschaftlich und politisch zwar kein schwerwiegendes Problem, aber propagandistisch wenig vorteilhaft. Immerhin brachte es den damals regierenden Wesir al-Yāzūrī auf die Idee, sich eines lästigen Problems zu entledigen, nämlich der Beduinenstämme der Hilāl und Sulaim, die der Kalif al-ʿAzīz in Oberägypten angesiedelt hatte. Dort war ihre nomadische Lebensweise immer wieder mit den Interessen der sesshaften Bauern kollidiert; von Raubzügen waren sie nicht abzuhalten gewesen. Al-Yāzūrī schickte sie nach Westen, wo sie über das heutige Libyen, Tunesien und Algerien herfielen und in weiten Teilen dieser Gebiete die Berberbevölkerung – sofern sie nicht ohnehin schon durch frühere Kriege dezimiert war – verdrängten. In der Cyrenaika, die in den folgenden Jahrhunderten meist von Ägypten kontrolliert wurde, zerstörten sie die städtische Kultur weitgehend.

In den sechziger Jahren des 11. Jahrhunderts brach der Fatimidenstaat fast völlig zusammen, und dies in einer außenpolitisch schwierigen Situation: Nachdem Bagdad 1055 von dem türkischen Stamm der Seldschuken erobert worden war, die als Beschützer des Abbasidenkalifats auftraten, war Letzteres auf einmal wieder eine akute Bedrohung. Den Seldschuken gelang nicht nur die Einnahme großer Teile Syriens, sondern auch die Rückgewinnung von Mekka und Medina für die Abbasiden. In Ägypten brachen währenddessen heftige Konflikte zwischen verschiedenen Teilen der Armee aus. Am Hof herrschte vollständiges Chaos; die Wesire wurden in raschem Takt ausgetauscht, hielten sich manchmal nur Tage im Amt. An eine geordnete Regierung war nicht zu denken. 1067/68 kulminierte die Krise. Überall brachen Revolten aus. Afrikanische Truppen befanden sich mit türkischen in offenem Krieg. Die afrikanischen Truppen besetzten Oberägypten, während die Türken Kairo plünderten. Diesen Plünderungen fiel der gesamte Reichtum der Fatimiden zum Opfer, die Bibliotheken des Palastes und des «Hauses der Weisheit», aber auch die Reichsinsignien, selbst die Ausstattung der Mausoleen der Imame. Zu allem Überfluss bekriegten sich daraufhin die Türken noch untereinander um die Verteilung der Beute. Hungersnöte, Seuchen und Inflation waren die Folge des allgemeinen Chaos; kaum ein Bauer bestellte noch sein Land. Kairo war zwischenzeitlich von der Versorgung abgeschnitten, so dass viele Händler, Höflinge, selbst Mitglieder der Fatimidenfamilie in den Maghreb, nach Syrien und Mesopotamien abwanderten. Die Diener des Kalifen sollen betteln gegangen sein, während er vereinsamt in seinem ausgeplünderten Palast saß.

Die Tage der Fatimiden schienen gezählt. Die Seldschuken begannen 1071 über Syrien in Richtung Ägypten vorzurücken, wurden aber – zum Glück für die Fatimiden – durch die militärischen Aktivitäten der Byzantiner aufgehalten und wandten sich nach Armenien. Eine kurz darauf folgende Invasion marodierender Turkmenen nach Ägypten scheint schlicht daran gescheitert zu sein, dass die Soldaten in dem ausgeplünderten Land Versorgungsprobleme hatten, die sie zum Rückzug zwangen. 1072 marschierte schließlich ein Kommandeur ehemals fatimidischer Truppen namens Ibn Hamdān, der einen Teil der türkischen Soldateska hinter sich versammelt hatte, in Kairo ein. Er hatte sich bereits den Abbasiden verpflichtet, zögerte jedoch mit dem finalen Sturz der Dynastie, unsicher, ob dies zum Verlust der ägyptischen Oberhoheit über Syrien führen würde. Dies nutzten – wohl in der Absicht, selbst die Macht zu übernehmen – türkische Soldaten der Gegenfraktion aus, um ihn zu ermorden. In dieser aussichtslos erscheinenden Situation wurde, anscheinend zum einzigen Mal in seinem Leben, der Kalif aktiv: Al-Mustansir rief den Statthalter der palästinensischen Küstenstädte Akkon, Askalon, Sidon und Caesarea ins Land, der letzten sicheren fatimidischen Besitzungen außerhalb Ägyptens. Diesem Statthalter, dem armenischen Militärsklaven Badr al-Dschamālī, versprach er die Regentschaft über Ägypten im Gegenzug für die Rettung seines Reiches. Badr al-Dschamālī kam 1074 mit armenischen Truppen und dem erklärten Ziel in Kairo an, dem Machtstreben einheimischer Wesire und Militärs ein Ende zu setzen. Er ließ zahlreiche Offiziere und Hofbeamte töten, nahm die Städte mit Waffengewalt ein und schlug die Berber und Beduinen nieder, die die Kontrolle über weite Teile des Nildeltas und Oberägyptens übernommen und dort erhebliche Verwüstungen angerichtet hatten. 1076 hatte Badr al-Dschamālī Ägypten vollständig unter Kontrolle und konnte auch eine erneute turkmenische Invasion abwehren, was seine Stellung festigte.

Mit der Macht seiner Truppen in der Hinterhand gelang Badr, was keiner der Fatimidenwesire je zuvor erreicht hatte: die komplette Macht im Staate in sich zu vereinen, vom militärischen Oberbefehl über die Verwaltung und das Gerichtswesen bis hin zur Aufsicht über die ismailitischen Missionare. Als 1084 sein Sohn al-Afdal zu seinem Stellvertreter und designierten Nachfolger ernannt wurde, war der Schritt zur Gründung einer erblichen

Dynastie von Herrschern vollzogen. Ähnlich wie unter den Abbasiden gab es nun auch hier eine auf militärische Macht gestützte Dynastie, die die vollständige Herrschaftsgewalt innehatte, und ein auf rein repräsentative Funktionen reduziertes Kalifat. Von nun an bis zu seinem Ende war das Fatimidenkalifat eine von Militärs beherrschte Regionalmacht, ein Sultanat – auch wenn dieser Begriff damals noch nicht gebraucht wurde.

Badr war seit langer Zeit der erste Herrscher, der in das Land investierte und ihm zum Aufschwung verhalt. Entscheidend dafür war, dass es ihm gelang, die Landwirtschaft wieder anzukurbeln. Dies wurde durch die Nilhochwasser dieser Jahre ermöglicht, aber auch durch staatliche Maßnahmen wie die zeitweise Aussetzung der Bodensteuer. Außerdem stellte Badr durch die Niederschlagung marodierender Beduinen und Soldaten wieder Sicherheit für Bauern und Reisende her. So gewann auch der Handel bald wieder an Fahrt, und mit ihm die Zolleinnahmen, die in dieser Phase vermutlich die Haupteinnahmequelle des Staates waren. Badr, selbst christlicher Herkunft, pflegte die Beziehungen zu den christlichen Kirchen und bewog den koptischen Patriarchen dazu, seinen Sitz von Alexandria auf die Nilinsel bei Fustāt zu verlegen. Er reformierte die Provinzstruktur, ließ eine neue Stadtmauer bauen und wandelte Kairo von einer Palast- in eine Wohnstadt um, die offen für Zuzug aus allen Bevölkerungsschichten war, was aufgrund der Verwüstungen, die die Unruhen vor seinem Herrschaftsantritt in Fustāt angerichtet hatten, dringend nötig war.

1094 starben sowohl al-Mustansir als auch Badr al-Dschamālī. Das war ein tiefer Einschnitt in der Herrschaft des Landes. Bei den Ismailiten löste der Tod des Kalifen darüber hinaus ein Schisma aus. Badrs Sohn al-Afdal hatte den vierten Sohn al-Mustansirs zum Kalifen eingesetzt. Der älteste Sohn, Nizār, fühlte sich übergangen, floh nach Alexandria und führte mit Unterstützung der dort stationierten türkischen Truppen Krieg gegen al-Afdal. Al-Afdal konnte ihn besiegen und ließ ihn töten; doch der Konflikt führte zum Abfall des iranischen Zweiges der Ismailiten, die – auch als «Assassinen» bezeichnet – damals bereits durch politische Morde Einfluss zu nehmen suchten, schon länger ein angespanntes Verhältnis zu den Fatimidenkalifen hatten und nun der Linie Nizārs folgten.

Das politische Koordinatensystem der Region veränderte sich grundlegend mit dem Herannahen der Kreuzfahrerheere im Jahr 1097. Nach einigen fatimidischen Teilerfolgen gegen die in Auflösung befindliche Seldschukenherrschaft eroberten die Franken 1099 Jerusalem und schlugen kurz darauf al-Afdals Heer vernichtend. Die Eroberung der fatimidischen Küstenstädte durch die Kreuzfahrer zog sich bis 1153 hin, als schließlich als letzte dieser Städte Askalon fiel. Der fatimidische Handel über das Mittelmeer und über den Landweg nach Syrien, der auch wegen ihrer guten Beziehungen zu den Byzantinern immer wichtig gewesen war, litt aber von Anfang an ernsthaft unter dieser Situation. Schwerer noch wog die Tatsache, dass von nun an die Kreuzfahrer eine anhaltende militärische Bedrohung für Ägypten darstellten. König Balduin von Jerusalem stieß bereits 1118 bis ins Nildelta vor.

Die Fatimidenkalifen spielten während all dieser Ereignisse keine politische Rolle. Die eigentlichen Herrscher waren al-Afdal und sein Amtswalter al-Batāʾihī. Ihnen gelang unter anderem eine Neuordnung des Steuerwesens und des Systems der Militärlehen. Außerdem initiierte al-Batāʾihī den Bau eines Kanals, um die von Dürre geplagte Region des östlichen Nildeltas mit Wasser zu versorgen. 1121 wurde al-Afdal ermordet, woraufhin al-Batāʾihī sogleich die Herrschaft an sich zog. Der damalige Kalif al-Āmir, der ihn dabei unterstützte, hatte sich im Gegenzug eine größere öffentliche Sichtbarkeit ausbedungen, nachdem al-Afdal ihm sogar seine Repräsentationsfunktionen weitgehend entzogen hatte. In der Folge erlebte Kairo wieder die Feste und Prozessionen, die für die Anfangsjahrzehnte der Fatimidenzeit so typisch gewesen waren. Mit gestärktem Selbstbewusstsein entledigte sich al-Āmir 1125 schließlich al-Batāʾihīs.

Al-Āmir war der erste Fatimidenkalif seit langer Zeit, der wieder selbst die Regierung übernahm. Schon 1130 wurde er jedoch von Assassinen ermordet. Diese Tat stürzte das Land in einige Wirren und löste außerdem ein erneutes ismailitisches Schisma aus. Al-Āmirs einziger Sohn at-Tayyib war zum Zeitpunkt der Ermordung seines Vaters noch ein Säugling und verschwand spurlos. Nach einigen Unruhen mitsamt eines zwölferschiitischen Intermezzos gelangte ein Cousin des Kalifen unter dem Namen al-Hāfiz auf den Thron, der mit der bisherigen ismailitischen Lehre und Praxis brach. Viele Ismailiten – darunter die gesamte bedeutende Gemeinde im Jemen – hielten am Imamat des vermeintlich entrückten at-Tayyib fest. In Ägypten wurde jedoch das Kalifat des al-Hāfiz durchgesetzt, allerdings um einen beträchtlichen Preis. Zum ersten Mal seit der Befriedung des Landes unter Badr al-Dschamālī kam es in größerem Umfang zu Plünderungen; Truppen revoltierten und kämpften gegeneinander. Auch einer von al-Hāfiz' Söhnen war beteiligt. Er belagerte den Palast und zwang seinen Vater, ihn anstelle seines Bruders zum Thronfolger zu machen, wurde schließlich aber auf Druck aufgebrachter Soldaten hingerichtet. In den Folgejahren kämpften verschiedene Protagonisten mit Unterstützung unterschiedlicher Truppenteile um die Macht. Al-Hāfiz zog schließlich 1139 die Herrschaft an sich und hütete sich davor, überhaupt noch einen Wesir zu ernennen. Stattdessen setzte er zivile Sekretäre ein. Auf diese Weise überstand er zehn Regierungsjahre, in denen das Land von Dürre, Hunger, Hochwasser, Seuchen, Aufständen und Umsturzversuchen geplagt war. Als er 1149 starb, brach Chaos aus.

Die letzten drei Fatimidenkalifen kamen alle als Jugendliche oder Kinder an die Macht. Während ihrer Amtszeit rangen militärische Führer, Hofcliquen und zivile Wesire um die Herrschaft. Zwischen 1154 und 1162 kam es zu einer letzten kurzen Phase der Konsolidierung unter dem Armenier Talāʾiʿ ibn Ruzzīk und seinem Sohn, die mit der Ermordung des Letzteren durch einen entmachteten Gouverneur endete. Nun war der Untergang des Fatimidenreichs nur noch eine Frage der Zeit.

Die Wirren in Ägypten weckten in Syrien Begehrlichkeiten auf zwei Seiten: einerseits im fränkischen Königreich Jerusalem, andererseits bei dem neuen starken Mann im muslimischen Syrien, Nūr ad-Dīn Zengī von Aleppo. Dem sunnitischen Emir Zengī und seinem Sohn Nūr ad-Dīn war es gelungen, den Kreuzfahrern beträchtliche Gebiete abzunehmen und die Teile Syriens, die nicht unter fränkischer Herrschaft standen, zu vereinen. König Amalrich von Jerusalem wiederum, der 1163 an die Macht kam, hoffte, seine chronischen Geld- und Versorgungsprobleme durch die Eroberung des reichen Ägypten lösen zu können. Es war nur die Rivalität zwischen beiden Mächten, die den Fatimiden noch eine Gnadenfrist von neun Jahren gewährte. Sie versuchten, sich die Franken durch Tributzahlungen vom Leib zu halten, und konnten 1163 einen ersten Einmarsch Amalrichs nur mit Mühe und mit Hilfe der Nilschwemme abwehren.

Innerägyptische Machtkämpfe führten zu einer gefährlichen Pendelpolitik, in der ein Anwärter auf die Regentschaft namens Schāwar abwechselnd an Nūr ad-Dīn und an Amalrich appellierte, Truppen zu entsenden – vordergründig, um eine Invasion der Gegenseite zu verhindern. Schāwar ging es dabei aber wohl eher um die Erfüllung seiner Ambitionen. Das Resultat dieser Politik war, dass eine kleine, aber hochkarätige Armee unter Führung eines kurdischen Offiziers namens Schirkūh und seines Neffen Salāh ad-Dīn Yūsuf – Saladin – ab 1164 zum Stammgast in Ägypten wurde und schon bald nach der Herrschaft griff. Um sich vor ihnen zu schützen, machte Schāwar 1167 das fatimidische Ägypten faktisch zu einem fränkischen Protektorat, womit er sich jedoch viele Gegner schuf, die ihre Hoffnungen auf Nūr al-Dīn setzten. 1169 rückte Schirkūh endgültig mit seinen Truppen ein, um im Land zu bleiben, beauftragte seinen Neffen Saladin mit der Ermordung Schāwars und ließ sich selbst zum Wesir und Regenten ernennen. Das geschah ohne Billigung Nūr al-Dīns, der Schirkūhs Rückkehr nach Syrien geplant hatte. Nūr ad-Dīn konnte zudem nicht damit einverstanden sein, dass einer seiner Truppenführer das Amt eines fatimidischen Wesirs antrat und damit implizit das ismailitische Kalifat anerkannte. So war die Übernahme der Macht in Ägypten wohl eher ein persönliches Projekt Schirkūhs und seiner Familie. Als Schirkūh nach nur zweimonatiger Amtszeit starb, ging sein Amt an Saladin, der zu diesem Zeitpunkt ungefähr dreißig Jahre alt war.

Saladin verschaffte seinen syrischen Soldaten die reichsten Militärlehen und die einflussreichsten Posten. Einen Aufstand gegen diese Politik ließ er blutig niederschlagen, was mit der faktischen Zerschlagung aller etablierten Regimenter einherging. Dadurch brachte er sowohl das Militär als auch den Hof des Fatimidenreiches unter seine direkte Kontrolle. Einen fränkischen Einmarsch konnte er abwehren. Er holte seine Verwandten nach und übergab ihnen die Gouverneursämter in den wichtigsten Provinzen.

Noch ließ er jedoch die Freitagspredigt im Namen des letzten Fatimidenkalifen halten. Um keine Aufstände zu provozieren, bereitete er die Rückkehr zur Sunna langsam vor. So ließ er 1170 die ersten drei Kalifen, die nach schiitischer Auffassung illegitim waren, in der Freitagspredigt preisen und umging die namentliche Nennung des Fatimidenkalifen, ohne jedoch die Abbasiden zu erwähnen. Er eröffnete Lehrstätten für sunnitisches Recht, ernannte einen sunnitischen Oberkadi, entließ alle schiitischen Kadis, ließ die schiitischen Version des Gebetsrufs durch die sunnitische ersetzen und die ismailitischen Lehrsitzungen abschaffen. Im September 1171 schließlich hielt er seine Macht für ausreichend gefestigt, um die Freitagspredigten in Fustāt und Kairo im Namen des Abbasidenkalifen halten zu lassen. In der gleichen Woche starb al-ʿĀdid, der letzte Kalif der Fatimiden. Saladin war nun uneingeschränkter Herrscher Ägyptens und Ägypten offiziell wieder ein sunnitisches Land.

6. Landwirtschaft

Ein starker Gegensatz zwischen Stadt und Land (*rīf*) zieht sich durch die ägyptische Geschichte. In islamischer Zeit lebten die Eliten in den Städten, doch die große Mehrheit der ägyptischen Bevölkerung bestand aus Bauern. Die Landwirtschaft war über weite Strecken der ägyptischen Geschichte der wichtigste Wirtschaftsfaktor des Landes; ägyptische Getreideexporte ernährten Rom, Konstantinopel und später die Heiligen Stätten Mekka und Medina. Die schriftlichen Quellen zum frühmittelalterlichen Ägypten spiegeln die enorme Bedeutung der Ernten für das Wohlergehen des Landes wider, auch wenn sie nicht in jeder Hinsicht Aufschluss über den Alltag der Landbevölkerung verleihen.

Die Techniken der Landbewirtschaftung änderten sich über die Jahrhunderte recht wenig. In dem regenarmen Land war der Nil die Hauptwasserquelle. Jeden Sommer führte der Fluss eine über Monate ansteigende und abschwellende Flut, deren Wasser in Flutbecken gesammelt wurde. Von der Höhe der Nilflut hing der landwirtschaftliche Ertrag ab: Eine zu niedrige Flut bedeutete Hungersnöte; eine zu hohe Flut brachte verheerende Überschwemmungen mit sich. Da der Nilstand so entscheidend war, waren schon im Alten Ägypten Nilometer gebaut worden, die die Höhe der jährlichen Flut maßen. Die Araber übernahmen diese Nilometer, restaurierten sie und bauten auch neue. Bis heute erhalten, allerdings nicht in seiner anfänglichen Form, ist der Nilometer an der Südspitze der Insel Roda gegenüber von Fustāt. Die Ablesung der Pegelstände war eine hoheitliche Aufgabe und die Feststellung eines ausreichenden Wasserstandes mit einigem zeremoniellen Prunk verbunden.

Einige Tage nach der Verkündung dieses Wasserstandes fand die feierliche Kanalöffnung statt, die Anlass für ein großes Fest war. Sie diente dazu, das Nilwasser auf die umdeichten Äcker zu lassen, aus denen es so lange nicht abfließen konnte, bis sich der fruchtbare Schlamm abgesetzt hatte. Die Be- und Entwässerung

Innenraum des Nilometers auf der Insel Roda, Kairo, das im 9. Jahrhundert erbaut wurde. Die Pegelsäule in der Mitte diente zur Messung des Wasserstandes.

der Felder im ganzen Land verlief nach einem komplizierten Plan; man fing im Delta an, dann wurde die Prozedur stromaufwärts fortgesetzt, damit es nicht zu Überschwemmungen kam. Die Instandhaltung, Öffnung und Schließung der Flutbecken war wesentlich für die ägyptische Landwirtschaft, und sie war eine Aufgabe der gesamten Dorfgemeinschaft.

Der Zyklus des Nils bestimmte den Alltag eines großen Teils

der Bevölkerung und auch den Festkalender; Feste aus pharaonischer Zeit, teilweise mit christlichen oder islamischen Ritualen
verknüpft, wurden aus Anlass der Öffnung der Kanäle und des
Sinkens der Nilschwelle begangen. Die Landwirtschaft folgte
auch in islamischer Zeit nicht dem islamischen Kalender, der in
Mondjahren rechnete, sondern dem koptischen Kalender, der an
den Wechsel der Jahreszeiten und den Flutzyklus angepasst war.
Auf die viermonatige Flutphase folgten eine ebenso lange Zeit
der Aussaat und schließlich die Ernteperiode.

Abhängig von der Höhe der Flut wurde das bestellbare Land
jährlich neu unter den Bauern eines Dorfes verteilt. Hier spielten
lokale Beamte eine große Rolle, die das Bindeglied zwischen Staat
und Landbevölkerung darstellten und auch die Höhe der Steuer-
abgaben festsetzten. Generell hatte in Ägypten aufgrund der
Komplexität der wirtschaftlichen Abläufe die Verwaltung eine
immense Größe und Bedeutung; sie kontrollierte die gesamte
Produktionskette. Der Staat legte zum Beispiel fest, welche Feld-
früchte auf den Parzellen angebaut werden sollten, und achtete
dabei streng auf Einhaltung der Fruchtfolge. Auf dieser Grundlage teilte der örtliche Beamte das Saatgut zu.

Im Herbst begann die Aussaat von Weizen, Gerste und Futter-
pflanzen. Es folgten Flachs und schließlich Hülsenfrüchte, Zwie-
beln und Knoblauch. Zuckerrohranbau fand ebenfalls statt, war
aber sehr arbeitsintensiv; es konnten nur vorjährige Pflanzen
geerntet werden. Im Frühjahr wurde die Sommersaat ausge-
bracht, Bauern pflanzten Bäume, Reis, Balsam und schnitten Re-
ben. Neben den genannten Feldfrüchten wurden auch Gemüse
und Baumwolle angebaut, wobei letztere bis ins 19. Jahrhundert
viel weniger wichtig war als Flachs. Nachdem im Frühsommer
das Obst geerntet und die Trauben gelesen worden waren, stieg
der Nil; nun war die Ernte eingebracht und der örtliche Beamte
erhob die zuvor festgelegten Steuern.

Dieser normale Produktionszyklus konnte sehr leicht aus dem
Gleichgewicht geraten. Zwischen dem 10. und dem 15. Jahrhundert hatte Ägypten mit extremen klimatischen Bedingungen zu

kämpfen. Lange Perioden, in denen gehäuft niedrige Nilfluten auftraten, und fast ebenso lange Zeitspannen extrem hoher Nilfluten wechselten einander ab. Nicht nur zu niedrige oder zu hohe Nilfluten waren ein Problem; auch Stürme, Hagel, Schädlinge und Erdbeben beeinträchtigten die Landwirtschaft. Die starke Reduktion der Landbevölkerung durch die Pest ab der Mitte des 14. Jahrhunderts trug zusätzlich zur Verödung von Feldern bei. Schließlich waren die politischen und administrativen Strukturen von hoher Bedeutung. In Zeiten schwacher zentraler Herrschaft konnten marodierende Soldaten, insbesondere wenn sie ihren Sold nicht erhielten, die Bauern ebenso schädigen wie Raubzüge durch Beduinen und Invasionen, die vor allem das Delta trafen. Schwache Regierungen konnten überdies Steuereintreiber kaum daran hindern, sich an der Landbevölkerung schadlos zu halten und nachhaltige Investitionen in die Flutrückhaltesysteme zu vernachlässigen. Dieses Problem verschärfte sich noch mit der Einführung des *iqtāʿ*-Systems, in dessen Rahmen Gebiete an Offiziere versteigert wurden, die sich und ihre Soldaten aus den Einnahmen zu finanzieren hatten. Diese Militärlehen wurden immer nur befristet vergeben. Viele ihrer Inhaber lebten in den Städten und hatten keine Bindung an das ihnen zugeordnete Land. Nur strenge staatliche Kontrolle konnte verhindern, dass sie unter diesen Umständen versuchten, so viel wie möglich aus dem Land herauszuholen, ohne an dessen langfristige Entwicklung zu denken. Hielten solche Phasen der Instabilität länger an, dann gingen Teile der bäuerlichen Bevölkerung in Oberägypten und an den Rändern des Deltas dazu über, statt Ackerbau Viehzucht zu betreiben. Dadurch waren sie weniger abhängig von den Nilzyklen und nicht so stark an einen Wohnort gebunden, der Plünderern ebenso ausgeliefert war wie maßlosen Steuereintreibern.

Immer wieder versuchten Bauern, sich hoher Besteuerung und wenig einträglicher Arbeit zu entziehen, indem sie ihre Dörfer verließen. Landflucht war schon in römischer und byzantinischer Zeit ein Problem gewesen, das die Behörden zu verhindern suchten. Unter muslimischer Herrschaft änderte sich daran wenig. Sie verursachte auch deswegen Schwierigkeiten, weil man für die Instandhaltung und den Betrieb der Flutbecken eine Dorfgemeinschaft brauchte. War eine kritische Menge an Dorfbewohnern unterschritten, wurde es unter Umständen unmöglich, an diesem Ort Landwirtschaft aufrechtzuerhalten. Immer wieder versuchten die Verwaltungen, durch die Führung detaillierter Register, die Ausgabe von Pässen und Reiseverbote der Landflucht zuvorzukommen; die Strafen konnten drakonisch sein. Neben solchen Repressionen konnten funktionierende Dorfgemeinschaften eine Motivation zum Bleiben darstellen – wenn sie nicht durch Hunger, Epidemien, Kriege oder Plünderungen zerstört wurden. Klugen Regierungen, die für Stabilität und Sicherheit sorgten, in die Flutanlagen investierten und erkannten, wann die Landbevölkerung Steuerbefreiung brauchte, um überhaupt wieder die Felder zu bestellen, gelang es – sofern die Natur mitspielte –, auch über lange Zeit hohe Erträge zu erzielen.

Zweiter Teil

Die Sultane Ägyptens

1. Die Ayyubiden (1171–1250)

Saladin – mit vollem Namen Salāh ad-Din Yūsuf ibn Ayyūb – begründete die Dynastie der Ayyubiden, die Ägypten achtzig Jahre
lang regierte. Ihre Herrschaft veränderte das Land in mancher
Hinsicht tiefgreifend. Sie beschleunigten und intensivierten Entwicklungen, vor allem im Bereich des Militärs, die Ägypten und
den Vorderen Orient für Jahrhunderte prägen sollten, und verhalfen vergleichsweise neuen Institutionen des sunnitischen Islams
zu einem rapiden Aufschwung.

Saladin gehörte einer mobilen, ortsunabhängigen Söldner-
schicht an. Geboren vermutlich im mesopotamischen Tikrīt als
Sohn eines kurdischen Offiziers, aufgewachsen in Baalbek und
Damaskus, half er seinem Onkel Schirkūh bei der Einnahme
Ägyptens, wurde erst Wesir und dann Herrscher des Landes. Er
verbrachte jedoch den größten Teil seiner Regierungszeit in Palästina und Syrien im Krieg gegen Zengiden und Kreuzfahrer.
Ägypten hatte mit Saladin also einen Sultan, der nur eine geringe
Bindung an das Land hatte. Dennoch war das Land die Basis seiner Macht und damit Gegenstand seiner Politik. Als er ägyptischer Wesir wurde, war es für den Dreißigjährigen, der aus relativ unbedeutender Position kometenartig aufgestiegen war, von
zentraler Bedeutung, seine Herrschaft zu konsolidieren, indem er
sich der Unterstützung seiner Truppen und lokaler Eliten versi-
cherte. Dies erreichte er durch die Vergabe von großen Militärlehen und Gouverneursposten an Familienmitglieder und durch
die Übertragung von prestigereichen, gut dotierten Ämtern an
einheimische Notabeln. In den ersten Jahren seiner Herrschaft

musste er eine Invasion aus Nubien sowie einige Revolten aus den Reihen fatimidischer Unterstützer und entmachteter Regimenter niederschlagen. Die verbliebenen Mitglieder der fatimidischen Familie ließ er am Leben und gewährleistete ihren Unterhalt, solange sie sich ruhig verhielten und keine Nachkommen hervorbrachten – wofür er durch die Verhängung von Hausarrest bei strikter Geschlechtertrennung sorgte.

Von Anfang an ließ Saladin gewisse Bestrebungen erkennen, sich als Verfechter des sunnitischen Islams zu positionieren. So machte er sich beliebt, indem er «unislamische» Steuern und Zölle (*mukūs*) aufheben ließ. Das stellte ihn allerdings vor finanzielle Probleme, weil es mit dem ererbten Reichtum der Fatimiden nicht so weit her war, wie er wohl gehofft hatte. Um dies auszugleichen, ließ er systematisch die Almosensteuer (*zakāt*) eintreiben, deren Zahlung eine individuelle Verpflichtung jedes Muslims war und meist auch so behandelt wurde. In der Theorie durfte sie nur für religiöse und wohltätige Zwecke verwendet werden. Indem Saladin allerdings unter anderem den Dschihad als einen solchen religiösen Zweck definierte, konnte er mit ihr auch seine militärischen Unternehmungen, selbst den Import von Holz für den Schiffsbau, finanzieren.

Der Schiffsbau war deswegen nötig, weil Saladin nicht die Absicht hatte, sich mit Ägypten zufriedenzugeben, sondern auf Expansion setzte. Er baute in kürzester Zeit eine Mittelmeerflotte auf, brachte einen erheblichen Teil der nordafrikanischen Küste unter seine Kontrolle und schickte Truppen in den Hedschas und Jemen, an deren Spitze er Familienmitglieder, insbesondere seinen Bruder Tūrānschāh, setzte. Nūr ad-Dīn in Aleppo betrachtete sich allerdings nach wie vor als sein Oberherr. Saladin erkannte das zwar formal an, zum Beispiel, indem er im Namen Nūr ad-Dīns und des abbasidischen Kalifen Münzen prägen ließ, nahm ansonsten aber keine Weisungen entgegen. Mit dieser Entwicklung war Nūr ad-Dīn ganz und gar nicht einverstanden; eine Invasion war zu befürchten. Davor bewahrt wurde Saladin durch Nūr ad-Dīns plötzlichen Tod, der 1174 eintrat, im gleichen Jahr, in dem auch König Amalrich von Jerusalem starb. Beide hinterließen keine starken Erben. Von diesem Zeitpunkt an konzentrierte sich Saladin – mit großem Erfolg – auf die Eroberung Palästinas und Syriens und hielt sich nahezu gar nicht mehr in Ägypten auf; die Regierung der Provinz lag vor allem in der Hand seines sunnitischen Oberkadis al-Fādil.

Das Stadtbild von Kairo veränderte sich unter Saladins Herrschaft. Er begann mit dem Bau einer Zitadelle auf dem Muqattam-Plateau, das an Kairo angrenzt, und eines Mauerrings um Kairo und Fustāt. Diese Pläne mögen Verteidigungsgesichtspunkten entsprungen sein, zumal Alexandria und Städte im Delta ebenfalls befestigt wurden. Sie entsprachen aber auch der Struktur syrischer Städte, die Saladin vertraut waren. Die Transformation Kairos von einer Palaststadt zu einem urbanen Zentrum, die schon unter den späten Fatimiden begonnen hatte, beschleunigte sich unter den Ayyubiden; weitläufige und repräsentative Palastanlagen wurden nachverdichtet und mit Märkten und Wohnhäusern gefüllt.

Um die Staatsfinanzen zu konsolidieren, baute Saladin die Handelsrouten zwischen dem Roten Meer und dem Mittelmeer aus und schloss Verträge mit den aufstrebenden italienischen Hafenstädten, die ihnen die Möglichkeit eröffneten, Niederlassungen in Alexandria zu etablieren. Saladins Einnahmen scheinen aber chronisch hinter den Bedürfnissen des expandierenden Staates zurückgeblieben zu sein, unter anderem deswegen, weil er sie meist direkt wieder ausgab, um sein Patronagenetzwerk zufriedenzustellen.

Das Ayyubidenregime ist auch als militärisches Patronageregime bezeichnet worden. Saladin und seine Nachfolger bauten die Vergabe von Militärlehen (*iqtā*ʿ) sowie die Institution des Militärsklaventums stark aus. Saladin ergänzte schon früh seine frei geborenen kurdischen Söldner durch gut ausgebildete Kavallerieregimenter überwiegend türkischer Herkunft, deren Mitglieder in ihrer Jugend in nichtmuslimischem Territorium versklavt, von ihrem Eigentümer zum Islam bekehrt, militärisch ausgebildet und schließlich freigelassen wurden. Solche «Mamluken» genannten Militärsklaven waren in Ägypten keine neue Institution, aber die Ayyubiden bedienten sich ihrer in weit größerem Umfang als die Fatimiden. Sie legten damit Parameter fest, die für die weitere Entwicklung Ägyptens entscheidend waren. Wahrscheinlich dominierten die türkischen Militärsklaven die kurdischen Söldner schon bald hinsichtlich ihrer Zahl und ihres Einflusses. Jeder Sultan hatte eine persönliche Mamlukengarde, die ihm treu ergeben war. Die Kommandeure dieser Garden waren so einflussreich, dass sie oft als Königsmacher agierten, also für sich das Recht in Anspruch nahmen, über die Thronfolge zu entscheiden. Wie schon in den Jahrhunderten zuvor stammten die Soldaten sämtlich von außerhalb des Landes. Die lokale Bevölkerung war für das Militär allenfalls in Zeiten akuter Bedrohung, zum Beispiel während der Invasionen der Kreuzfahrer, von Bedeutung.

Als Saladin 1193 starb, beherrschte seine Familie ein Reich, das von der Cyrenaika bis Nordmesopotamien reichte. Es ergab sich jedoch das gleiche Problem wie zuvor bei Nūr ad-Dīn: eine klare und allgemein akzeptierte Nachfolgeregelung fehlte. Drei Söhne und ein Bruder Saladins hatten die Herrschaft über die verschiedenen Reichsteile inne – eine Art dynastischer Bundesstaat. Obwohl Saladin einen von ihnen, nämlich seinen Sohn al-Afdal, der von Damaskus aus über Syrien herrschte, zum Oberhaupt bestimmt hatte, war keiner der drei anderen bereit, dies zu akzeptieren. In Kairo regierte Saladins Sohn al-ʿAzīz ʿUthmān, der nicht nur in die resultierenden dynastischen Streitigkeiten verwickelt war, sondern sich lokal auch gegen den Einfluss der Mamlukenregimenter seines Vaters und Schirkūhs wehren musste. Nach dem Tod von al-ʿAzīz ʿUthmān im Jahr 1198 setzte sich im Streit um die Nachfolge Saladins letztlich und recht unerwartet Saladins Bruder al-ʿĀdil durch, der zunächst in Ägypten für al-ʿAzīz' minderjährigen Sohn regierte und sich 1200 selbst zum Sultan ausrufen ließ. Was das Alltagsgeschäft des Regierens anging, teilte er das Reich unter seinen Söhnen auf; zum Regenten über Ägypten machte er al-Kāmil.

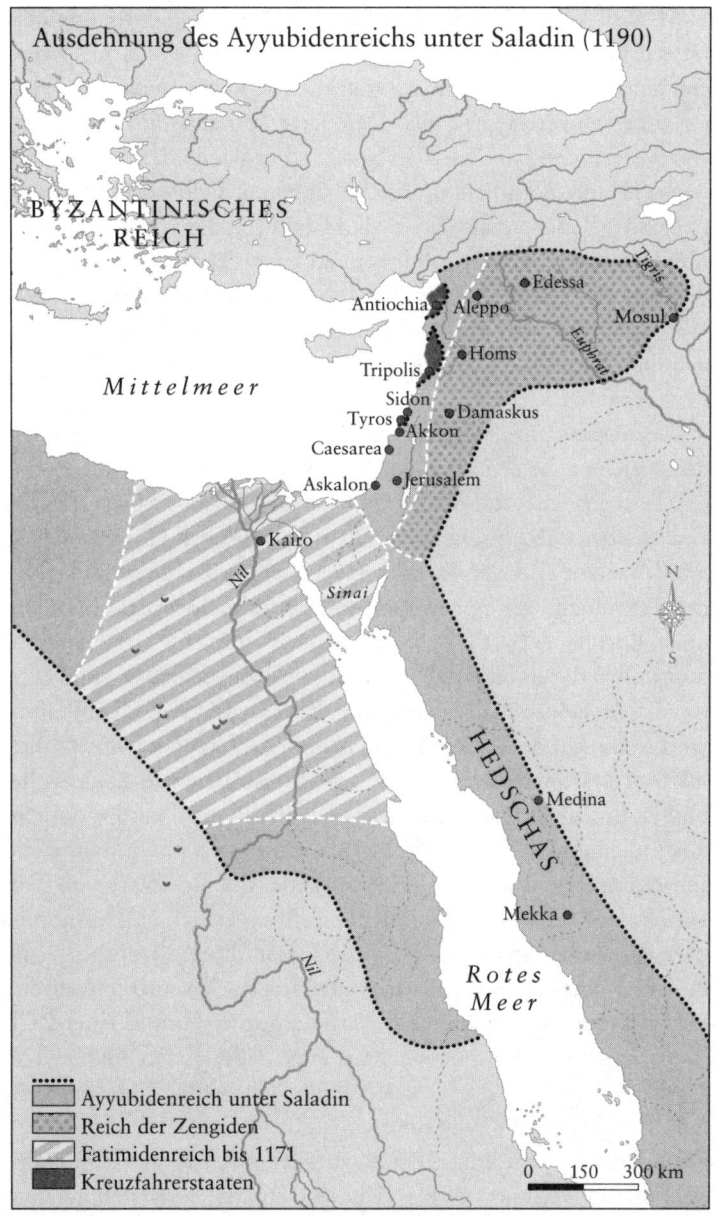

Ausdehnung des Ayyubidenreichs unter Saladin (1190)

BYZANTINISCHES
REICH

Mittelmeer

Tigris

Euphrat

Antiochia • Aleppo • Edessa
Mosul •
Homs •
Tripolis •
Sidon •
Tyros • Damaskus •
Caesarea • Akkon •
Askalon • Jerusalem •

Kairo •

Nil

Sinai

HEDSCHAS

Medina •

Mekka •

Rotes Meer

Nil

N
O
S

Ayyubidenreich unter Saladin
Reich der Zengiden
Fatimidenreich bis 1171
Kreuzfahrerstaaten

0   150   300 km

Al-ʿĀdil und al-Kāmil begannen ihre Regierung unter ungünstigsten Bedingungen: 1200 wurde Ägypten von einem Erdbeben erschüttert, und zwischen 1199 und 1202 lösten niedrige Nilfluten eine schwere Dürre aus. Das hatte Hungersnöte zur Folge. Der Verfall der Landwirtschaft war so gravierend, dass al-ʿĀdil den *iqtāʿ*-Inhabern befahl, ihre Soldaten zur Feldarbeit abzuordnen. So gelang es, die Krise zu überstehen und Ägypten ökonomisch wieder zu konsolidieren. Al-Kāmil bemühte sich außerdem um die Sanierung der Staatsfinanzen, unter anderem durch Wiedereinführung der «unislamischen Steuern», die Saladin aufgehoben hatte. Weil das nicht reichte, etablierte er noch weitere neue Abgaben.

Die Ayyubidenzeit sah einen starken Aufschwung in den Handelsbeziehungen zwischen Ägypten und Europa mit Folgen für die einheimische Industrie. Sie war der Beginn einer ständig wachsenden europäischen, vor allem italienischen Präsenz in Alexandria. Noch in der Fatimidenzeit war Ägypten ein Zentrum der Textilmanufaktur gewesen und hatte hochwertige Textilien nach Europa exportiert. Nun begannen Importe aus Flandern und Italien die einheimischen Erzeugnisse zu verdrängen und läuteten den langsamen Niedergang des ägyptischen Textilhandwerks ein. Auf der anderen Seite profitierte Ägypten vom Handel mit Europa durch den Export von Rohstoffen wie Baumwolle und Rohrzucker. Einträglich war auch der Handel mit Produkten aus Indien und Fernost, zum Beispiel Gewürzen und Edelsteinen. Ihn dominierte die Kārimī-Handelsgilde, die ihre Ware von den Häfen des Roten Meeres auf dem Landweg an den Nil, insbesondere in die oberägyptische Provinzhauptstadt Qūs, transportierte und von dort mit Schiffen stromabwärts nach Kairo und in die Hafenstädte. Die Kārimī-Gilde hatte schon in fatimidischer Zeit existiert und damals neben Muslimen viele Juden und einige Christen umfasst. Unter den Ayyubiden wurde die Zugehörigkeit zum Islam Vorbedingung für die Mitgliedschaft, vielleicht als Reaktion auf die Kreuzzüge. Die Ayyubiden unterstützten den Handel durch den Schutz der Handelswege und die Bereitstellung von

Handelshäusern und Häfen; sie profitierten durch Einnahmen aus Steuern und Zöllen.

Die Ayyubiden waren Militärherrscher. Um jedoch Kontrolle über die Verwaltung, die Steuereinkünfte und die Bevölkerung ausüben zu können, war die Einbindung ziviler Eliten unabdingbar. Dies geschah vorrangig durch die Vergabe von Ämtern. Besonders prestigereich und einträglich war die Leitung der Diwane, also der Verwaltungsbehörden. Auch das Richteramt, insbesondere in den großen Städten, war eine Möglichkeit, lokale Gelehrte an die Herrscher zu binden. Die Ayyubiden führten außerdem das ihnen aus dem syrischen Raum vertraute Amt des Marktaufsehers (*muhtasib*) ein, der die öffentliche Ordnung und Moral sichern sollte. Schließlich waren Posten im expandierenden System der religiösen Stiftungen zu vergeben. Den Kern der ayyubidischen Macht formten aber Patronagebeziehungen. Dazu gehörten die Beziehungen der Sultane zu ihren Truppen, insbesondere den Mamlukenregimentern, aber auch die Bindungen innerhalb des erweiterten Haushalts, der zum Beispiel Konkubinen und Eunuchen umfasste. Allianzen zwischen Familien oder Zweigen ein- und derselben Familie waren gerade angesichts der ständigen innerayyubidischen Konflikte wichtig; sie konnten zum Beispiel durch Ehen gestiftet werden.

Die größte außenpolitische Bedrohung für die Ayyubiden stellten die Franken dar. Das Heer des Fünften Kreuzzugs erschien 1218 vor Damiette, dem zweitwichtigsten Mittelmeerhafen Ägyptens, und belagerte die Stadt. Damiette war strategisch wichtig, weil es an der Mündung des damals einzigen schiffbaren Nilarms liegt und über einen Kettenturm verfügte, der den Verschluss dieses Arms und damit die Verriegelung des Zugangs zum Nildelta ermöglichte – ausländischen Schiffsverkehr auf dem Nil hatten die Ayyubiden untersagt. Der Schock über die Nachricht von der Einnahme des Kettenturms soll al-ʿĀdils Tod verursacht haben. Seinem Sohn al-Kāmil fiel nun die alleinige Herrschaft über Ägypten zu. Angesichts seiner prekären Lage bot er den Kreuzfahrern Verhandlungen an und war zu umfassenden Zuge-

ständnissen bereit, bis hin zur Rückgabe Jerusalems. Die Kreuzfahrer ließen die Verhandlungen jedoch scheitern und nahmen
Ende 1219 Damiette ein, das nach anderthalbjähriger Belagerung
vollkommen ausgehungert war. Die wenigen verbliebenen Bewohner wurden versklavt. Im Jahr 1221 traten die Kreuzfahrer
den Vormarsch durch das Nildelta in Richtung Kairo an, der jedoch durch Uneinigkeit, Kompetenzstreitigkeiten sowie die Nilschwemme, auf die sie nicht eingestellt waren, behindert wurde.
Mit Hilfe seines Bruders, der über Syrien herrschte, konnte al-
Kāmil dem Kreuzfahrerheer eine Niederlage zufügen; es räumte
noch im gleichen Jahr Damiette und zog aus Ägypten ab. Für
al-Kāmil war die Invasion insofern günstig, als sie seine Brüder
dazu nötigte, ihm zur Hilfe zu kommen, anstatt sich um seine
Absetzung zu bemühen. Diese Hilfe wiederum ermöglichte es ihm,
sich gegenüber seinem mächtigsten Truppenkommandeur durchzusetzen, der ihn gern gestürzt hätte. Nach dem Abzug der Kreuzfahrer musste sich al-Kāmil allerdings wieder über Jahre gegen
seine rivalisierenden Brüder und einflussreiche Truppenkommandeure wehren, was ihn dazu nötigte, außenpolitische Allianzen
anzustreben. Eine der Folgen war ein Vertrag mit Friedrich II.
über die Rückgabe Jerusalems an die Kreuzfahrer.

Al-Kāmils Tod im Jahr 1238 hatte die üblichen Thronfolge-
rivalitäten zur Folge. Sein Sohn al-ʿĀdil II. konnte sich nicht
durchsetzen; zwei Jahre nach seinem Amtsantritt entmachteten
ihn die Soldaten und Eunuchen seines Vaters und setzten seinen
Bruder as-Sālih Ayyūb ein. Dieser sah sich einer großen und für
ihn gefährlichen Opposition von Truppenführern gegenüber, die
seinem Vater und anderen Familienmitgliedern gegenüber loyal
gewesen waren oder noch waren, sich dem neuen Herrscher aber
in keinster Weise verpflichtet fühlten. Um ein Gegengewicht zu
diesen mindestens unzuverlässigen, schlimmstenfalls feindseligen
Kräften zu schaffen, kaufte as-Sālih Ayyūb große Kontingente
von Militärsklaven und wies ihnen Militärlehen zu, die er den
etablierten Offizieren entzog. Für einen Teil dieser Regimenter
baute er Kasernen auf der Nilinsel Roda; daher wurden seine Re-

gimenter unter dem Namen «Bahrī-Mamluken» (von ar. *bahr* = Fluss) bekannt.

1249 nahmen erneut Kreuzfahrer, diesmal unter Führung des französischen Königs Ludwig IX., Damiette ein. Ähnlich wie schon sein Großvater al-ʿĀdil starb as-Sālih in dieser bedrohlichen Situation, zum denkbar ungünstigsten Zeitpunkt. Seine Witwe Schadschar ad-Durr versuchte in Übereinstimmung mit einem engen Zirkel von Eingeweihten, der vor allem aus den Führern von as-Sālihs Mamlukenregimentern bestand, den Tod geheim zu halten, bis sein einziger Sohn Tūrānschāh aus Mesopotamien herbeigeholt werden konnte. Tūrānschāh brachte vergleichsweise bescheidene Truppenkontingente mit. Es waren nicht so sehr diese Truppen, sondern vor allem die Bahrī-Mamluken, die den Vorstoß der Kreuzfahrer ins Nildelta aufhielten, sie zurücktrieben und vernichtend schlugen. Tūrānschāh reklamierte den Erfolg für sich, ließ einen großen Teil der Gefangenen enthaupten und nutzte den Rest zur Erpressung von Lösegeldzahlungen. Als er aber, ähnlich wie seine Vorgänger, versuchte, die Offiziere seines Vaters zu entmachten und durch seine eigenen zu ersetzen, wurde er 1250 ermordet. Es folgte eine zehnjährige Phase politischer Wirren. Die Bahrī-Mamluken hatten zwar von Anfang an als eigenständige politische Kraft agiert, aber nicht mit dem klaren Ziel der Herrschaftsübernahme. Das zeigte sich unter anderem darin, dass sie zunächst Schadschar ad-Durr regieren ließen und zwischenzeitlich noch für vier Jahre ein junges Mitglied der Ayyubidenfamilie als Marionette der Mamluken zum Sultan ernannten. Mit der Ermordung Tūrānschāhs war jedoch die Herrschaft der Ayyubiden praktisch beendet.

2. Stiftungen, Madrasen und Sufi-Orden

Religiöse Stiftungen (*waqf*, Pl. *auqāf*) gab es in Ägypten mindestens seit der Zeit der Tuluniden. Bereits Ibn Ṭūlūn hatte Stadthäuser gestiftet, deren Mieterlöse dem Betrieb seiner großen Moschee dienen sollten. Spätestens im 10. Jahrhundert wurden auch die Erträge aus Ländereien als Stiftungsvermögen einem bestimmten religiösen oder wohltätigen Zweck zur Verfügung gestellt. Unter den Fatimiden hatte es eine eigene Stiftungsbehörde gegeben, die diese Stiftungen beaufsichtigte. Erst Saladin begann aber damit, Stiftungen in großem Umfang als Instrument seiner Macht- und Religionspolitik einzusetzen. Er war dabei von den Zengiden beeinflusst, die wiederum die Seldschuken im irakischen und iranischen Raum zum Vorbild gehabt hatten. So etablierten die Ayyubiden in Ägypten Stiftungen in Formen und mit Funktionen, die stark von Entwicklungen im Osten der islamischen Welt beeinflusst waren. Damit setzten sie einen Trend, der von ihren Nachfolgern, den Mamluken, aufgegriffen und noch intensiver fortgeführt wurde und den ägyptischen Islam sowie die städtischen Gesellschaften des Landes über Jahrhunderte prägte.

Eine Stiftung benötigte zunächst einen Stifter, der immer als Privatperson agierte, auch wenn es sich um einen Herrscher oder hohen Beamten handelte. Dieser stellte ein bestimmtes Eigentum zur Finanzierung eines konkret zu benennenden Stiftungszwecks zur Verfügung. Stifter, Stiftungsvermögen und Stiftungszweck wurden in einer Urkunde festgehalten, die zahlreiche weitere Details beinhalten konnte, insbesondere die Bestellung eines Verwalters; dieses Amt konnte auch erblich innerhalb einer Familie vergeben werden und ermöglichte dem Stifter fortdauernde Kontrolle über den Betrieb der Stiftung. Theoretisch waren Stiftungen unauflöslich, ihre Erträge waren nicht besteuerbar, und der Staat konnte sie nicht beschlagnahmen. In der Praxis gab es allerdings vielfach Verstöße gegen diesen Idealtypus. Gestiftet werden konnten Häuser, Grundstücke, Werkstätten, Läden, Basare, Mühlen, Backöfen, Brunnen, Bäder, Felder, Obstgärten, ganze Straßen und Dörfer – praktisch alles, was einen dauerhaften Nutzen oder Ertrag versprach.

Für Saladin hatte die Begründung von Stiftungen einen ganz konkreten politischen Zweck: Er konnte auf diese Weise Vermögen, das zuvor der fatimidischen Elite oder wichtigen militärischen Gruppen zur Verfügung gestanden hatte, umlenken und seinen Widersachern ihre ökonomische Basis entziehen. Gleichzeitig konnte er sich auf diese Weise als Förderer der Wohltätigkeit und des sunnitischen Islams inszenieren. Die in seinem Namen erbauten Stiftungsgebäude legten über seinen Tod hinaus, zum Teil bis heute, Zeugnis von der Religiosität und Freigiebigkeit des Stifters ab. Vor allem diese repräsentative Funktion war es, die Stiftungen unter den Eliten des Landes ab dem 13. Jahrhundert immer populärer werden ließ.

Die Stiftungszwecke waren sehr vielfältig; sie reichten von religiös-rituellen Zwecken über die Unterhaltung von Krankenhäusern bis hin zur Instandhaltung von Grabmälern. Es lassen sich aber durchaus Schwerpunkte feststellen. So scheinen die frühesten Stiftungen in Ägypten vor allem dem Betrieb von Moscheen gewidmet gewesen zu sein. Unter Saladin und seinen Nachfolgern traten daneben zwei weitere Stiftungszwecke besonders hervor: Lehreinrichtungen, die so genannten Madrasen (ar. *madrasa*), und Sufi-Konvente (*khānqāh*).

Sufi-Konvente waren Einrichtungen, die mit der Entstehung großer mystischer Orden in der Tradition berühmter Lehrmeister im islamischen Osten verknüpft waren. Saladin war der erste ägyptische Herrscher, der solche Einrichtungen schuf. Er zog damit reisende Sufis an, die in größerer Zahl ins Land kamen, um, finanziert durch religiöse Stiftungen, Sufi-Zirkel zu etablieren. Der organisierte Sufismus verbreitete sich ab dem 12. Jahrhundert über die gesamte islamische Welt, wobei die Expansion des Stiftungswesens diesen Vorgang im syrischen und ägyptischen Raum enorm beschleunigte. Der Sufismus ist bis in die Moderne zentraler Bestandteil des ägyptischen Islams. Er findet seine Äußerung in der Volksreligiosität, wie etwa bei der Begehung der *mūlids*, den großen Volksfesten zu Ehren besonders verehrter verstorbener Sufischeichs; aber auch viele der höchsten Gelehrten gehörten und gehören sufischen Orden an.

Madrasen waren in Ägypten zu Beginn der Herrschaft Saladins keine neue, aber noch eine recht junge Einrichtung. Ursprünglich im islamischen Osten entstanden, waren die ersten Madrasen in Ägypten in der ersten Hälfte des 12. Jahrhunderts gegründet worden. Es waren sunnitische Einrichtungen, die sich durchweg in Alexandria befanden, einer Stadt, die in islamischer Zeit über Jahrhunderte keine besondere Rolle in der Gelehrsamkeit gespielt hatte. Das änderte sich im politischen Kontext der späten Fatimidenzeit, als die Ismailiten mit ihrer offiziellen, vom Hof aus betriebenen religiösen Unterweisung immer unbedeutender wurden und eine wachsende Polarisierung zwischen Sunniten und Christen zu beobachten war. Diese begann mit Feindseligkeiten gegenüber Badr al-Dschamālīs Armenierregimentern, die die Macht im Land übernommen hatten und den Eindruck vieler Ägypter verstärkten, dass unter den Fatimiden Juden und Christen gegenüber sunnitischen Muslimen bevorzugt würden. Die negative Stimmung gegenüber den Christen verschärfte sich im Gefolge der Kreuzzüge noch einmal deutlich. In diesem Kontext dienten sunnitische Madrasen der Selbstvergewisserung, der Schärfung und Abgrenzung muslimischer Identität sowie der Herausbildung einer einheimischen Gelehrtenschicht. Diese wurde nach Ansicht vieler sunnitischer Herrscher und Würdenträger benötigt, um die Dominanz christlicher und jüdischer Eliten in wichtigen Bereichen der Verwaltung zu brechen.

Saladin setzte in gewisser Hinsicht einfach die Politik sunnitischer Wesire und Gelehrter im späten Fatimidenstaat fort, mit dem Unterschied, dass er ungleich mehr Mittel zur Verfügung hatte und seine Madrasen zudem nicht im relativ marginalen Alexandria gründete, sondern in Fustāt und Kairo. Auch bei ihm war diese Form der Stiftungstätigkeit wohl nicht in erster Linie gegen einheimische Schiiten gerichtet, obwohl diese möglicherweise noch einige Zeit lang fortexistierten, sondern gegen Christen. Die fünf Madrasen Saladins ebenso wie die Einrichtungen, die von seinen Verwandten und Nachfolgern gestiftet wurden, waren allesamt vorrangig der religiösen Gelehrsamkeit, vor allem dem Recht der sunnitischen Rechtsschulen, gewidmet. Sie bildeten Personal nicht nur für religiöse Posten, sondern auch für hohe Verwaltungsämter aus.

Grundsätzlich stellten die Madrasen eine Fortsetzung des Bildungswesens dar, wie es seit der Frühzeit des Islams existiert hatte. Dieses Bildungswesen beruhte auf individuellen Beziehungen zwischen Lehrern und Schülern. Gelehrte boten in ihren Häusern oder in Moscheen Unterweisung an, und den Schülern – die meist über eine im Elternhaus oder bei Privatlehrern erworbene Grundbildung verfügten – stand es frei, der Unterweisung durch einen oder mehrere Gelehrte beizuwohnen, solange sie dies wünschten. Manchmal entlohnten sie die Gelehrten dafür, manchmal bestritten diese ihren Lebensunterhalt aber auch durch andere Tätigkeiten, etwa am Hof, als Richter oder auch im Handel. Es gab keine Curricula und keine formalen Abschlüsse, lediglich Zertifikate der Gelehrten, die einem Schüler bescheinigten, bestimmte Inhalte bei ihnen gelernt zu haben und bis zu einem gewissen Grad zu beherrschen. Die Madrasen änderten dieses System nicht grundlegend; sie verliehen ihm lediglich einen institutionellen Rahmen und verbesserten seine Effizienz und seine Finanzierung, indem sie Räumlichkeiten, Wohngelegenheiten für Lehrer und Schüler, Gehälter und Stipendien zur Verfügung stellten und auf der Grundlage religiöser Stiftungen eine gewisse Gewähr auf Dauerhaftigkeit boten.

Durch die Stiftungstätigkeit der Ayyubiden und Mamluken sowie den Zusammenbruch der Reiche im islamischen Osten wurde Kairo im 14. und 15. Jahrhundert zum führenden Zentrum der sunnitischen Gelehrsamkeit; seit den Tagen des ptolemäischen Alexandria hatte Ägypten für die Wissenschaften nicht mehr eine solche Rolle eingenommen. Besondere Erwähnung verdient dabei die Azhar-Moschee, die 970 als fatimidische Hof- und Frei-

As-Ṣāliḥ Ayyūb stiftete 1242 die nach ihm benannte Madrasa in Kairo und sah dort Lehreinrichtungen für alle vier sunnitischen Rechtsschulen vor. Nach seinem Tod 1249 stiftete seine Witwe Schadschar ad-Durr ein Mausoleum, das an die Madrasa angebaut wurde. Viele spätere Stiftungen orientierten sich an dieser Struktur.

tagsmoschee erbaut worden war und heute den Ruf pflegt, die wichtigste und traditionsreichste Lehrstätte des sunnitischen Islams zu sein. Dass die Azhar diesen Rang erlangen würde, war allerdings lange Zeit nicht abzusehen. Unter den Fatimiden konzentrierten sich Forschung und Lehre auf den Palast, das «Haus der Weisheit» und die größere al-Ḥākim-Moschee. Die Ayyubiden wiederum legten wegen der Assoziation der Azhar mit der ismailitischen Vorgängerdynastie wenig Wert auf ihre Erhaltung. Sie entzogen ihr den Status als Freitagsmoschee und investierten kaum oder gar nicht in ihre Instandhaltung, so dass sie zunehmend verfiel. Es fand zwar zu einem gewissen Grad Lehre statt, wie in allen größeren Moscheen; überliefert sind aber für die Ayyubidenzeit lediglich Aufenthalte vereinzelter Medizin- und

Astronomielehrer, keine religiöse Unterweisung und sicherlich keine Lehrtätigkeit von Weltrang.

Das änderte sich erst in der zweiten Hälfte des 13. Jahrhunderts, als die Mamluken sich als eigenständige Dynastie inszenierten. Das Bedürfnis, sich von den Ismailiten zu distanzieren, war ferne Vergangenheit. Gleichzeitig brauchte die stetig wachsende Stadt Kairo mehr Freitagsmoscheen, und dazu ließ der Mamlukensultan Baibars 1266 die Azharmoschee instandsetzen. Nach einem großen Erdbeben 1302, in dem sie teilweise zerstört wurde, ließen die Mamluken sie wiederaufbauen und erweitern. Im 14. und 15. Jahrhundert erhielt sie dann eine Reihe von angeschlossenen Madrasen, die zunächst von Emiren, dann von den Herrschern selbst gestiftet wurden. Ihren hohen Ruhm als Zentrum der Gelehrsamkeit erreichte sie wohl erst gegen Ende des 15. Jahrhunderts. Erst nach dem Ende des Osmanischen Reiches, als die Madrasen von Istanbul aufgelöst wurden, konnte sie einen konkurrenzlosen Führungsanspruch zumindest für den sunnitischen Islam erheben. Die religiösen Fakultäten der Azhar-Universität ziehen heute Studierende aus der ganzen islamischen Welt an.

3. Das Sultanat der Mamluken (1250–1517)

Die Herrschaft der Mamluken sollte Ägypten und die weitere Region über mehr als 250 Jahre tief prägen. Der sunnitische Islam und seine Gelehrten errangen in dieser Zeit einen Einfluss, den sie nie zuvor in vergleichbarem Ausmaße ausgeübt hatten und der noch heute das Bild Ägyptens als islamisches Land mitbegründet. Auch städtebaulich sind ihre Spuren bis in die Gegenwart präsent, insbesondere in Unterägypten, das in der späten Mamlukenzeit eine Entwicklung nahm, die sich von der Oberägyptens stark unterschied.

Zunächst einmal war jedoch keineswegs abzusehen, dass dem

Mamlukenregime langfristiger Erfolg beschieden sein sollte. Als die Mamluken 1250 den letzten ägyptischen Ayyubidenherrscher Tūrānschāh ermordeten, gab es keine klare Strategie für die Thronfolge. As-Sālih Ayyūbs Elitekorps, die Bahrī-Mamluken, hatte sicher die Absicht, den Staat zu kontrollieren. Fest stand für sie auch, dass Ägypten regionales Machtzentrum bleiben und sich keinesfalls einem der Ayyubidenfürstentümer in Syrien unterordnen sollte. Die Installierung von as-Sālihs Witwe Schadschar ad-Durr, die mit den Bahrī-Mamluken verbündet war, brachte die gleichen Probleme mit sich wie alle Machtübergänge unter den Ayyubiden: Andere Herrscher außerhalb Ägyptens fochten ihre Legitimität ebenso an wie ägyptische Emire, also Truppenkommandeure. Es folgten zehn Jahre innerer Wirren, die zu zahlreichen nominellen und tatsächlichen Herrscherwechseln führten. Durchweg konkurrierte das Streben einzelner Personen nach autokratischer Machtausübung mit der durchaus üblichen und etablierten Praxis, einen schwachen Herrscher zu installieren, in dessen Namen dann ein Regent – zu dieser Zeit meist der Atabeg, der Oberbefehlshaber der Streitkräfte – oder aber eine Oligarchie die Macht ausübte. Das unter türkischen Regimen verbreitete Prinzip, nach dem der Königsmörder Anspruch auf den Thron hatte, tat sein Übriges, um die Situation zu verkomplizieren. Die Tage des Bahrī-Mamlukenkorps schienen jedenfalls gezählt, nachdem 1254 der damalige Herrscher Aybak, um seine Macht fürchtend, den Anführer der Bahrī-Mamluken durch einen Emir namens Qutuz ermorden ließ und das Korps auflöste, woraufhin die meisten seiner Mitglieder aus dem Land flohen.

Erst der Mongolensturm, der über weite Teile des Nahen Ostens hinwegfegte, zwang die Mamluken zur Einigung. 1258 eroberten die Mongolen unter Hülägü Bagdad, zerstörten die Stadt und töteten den Abbasidenkalifen. Angesichts der Bedrohung durch das mongolische Heer, das nun nach Syrien vordrang, schlossen sich die in Ägypten herrschenden Mamluken, seit 1159 unter Qutuz als Sultan, mit ihren Erzrivalen, den exilierten

Bahrī-Mamluken unter einem Emir namens Baibars, zusammen. Qutuz marschierte nach Syrien, Baibars eilte mit einer Vorhut voraus. Bei ʿAin Dschālūt in Palästina besiegte das vereinte mamlukische Heer 1260 die zu diesem Zeitpunkt zahlenmäßig reduzierte mongolische Armee. Nach dieser Niederlage zogen sich die Mongolen, auch veranlasst durch innenpolitische Ereignisse in ihrem Reich, zurück und konnten trotz wiederholter Versuche nie wieder westlich des Euphrat Fuß fassen. Bei den Mamluken löste Baibars nach dem Sieg die Machtkämpfe zu seinen Gunsten, indem er Qutuz ermorden und sich selbst zum Sultan einsetzen ließ. Wenn auch nicht von Anfang an unangefochten, gelang es ihm doch, siebzehn Jahre lang an der Macht zu bleiben. Er gilt damit als der eigentliche Begründer des Mamlukensultanats.

Im politischen System dieses Sultanats wurde der Staat fast vollständig von Mamluken dominiert, also von ehemaligen Militärsklaven nichtmuslimischer Herkunft, die nördlich der islamischen Welt – zuerst meist aus dem Territorium der türkischen Stammeskonföderation der Kiptschaken, später im Kaukasus – als Kinder gefangengenommen, kaserniert, von einem Emir oder Sultan ausgebildet, zum Islam bekehrt und schließlich freigelassen wurden. Dieser Status konnte nicht vererbt werden; nur ein ehemaliger Sklave, der diesen Werdegang durchlaufen hatte, war Mamluk. Daher ist auch von einer «Ein-Generationen-Aristokratie» gesprochen worden. Der Status des früheren Eigentümers bestimmte dabei weitgehend die Aufstiegsperspektiven eines Mamluken. Nur Sultansmamluken, also solche Sklaven, die der Sultan erwarb und in seinen Kasernen in Kairo ausbilden ließ, hatten ernsthafte Chancen auf Zugang zur Macht. Nicht nur die militärischen Posten, sondern auch alle hohen Ämter am Hof waren ihnen vorbehalten, ebenso die Stadtverwaltung, die Gouverneursposten und ab Ende des 13. Jahrhunderts auch das Wesirat. Der militärische Charakter des Sultanats wurde dadurch versinnbildlicht, dass sich das Machtzentrum nun in der Zitadelle von Kairo befand.

Das Mamlukensystem wies ein eigentümliches und komplexes

Die Zitadelle von Kairo geht auf Saladin zurück, der sie um 1180 erbauen ließ. Die Mamluken residierten hier; insbesondere während an-Nāsir Muhammads dritter Herrschaft (1309–1341) nahmen sie zahlreiche Erweiterungen und Umbauten vor.

Geflecht politischer Identitäten und Loyalitäten auf. Die Bindung eines Mamluken an seinen ehemaligen Eigentümer sowie der Zusammenhalt unter Truppen, die ihre Ausbildung gemeinsam durchlaufen hatten, waren dabei von zentraler Bedeutung. Mit diesen beiden Loyalitätsfaktoren konkurrierte die Solidarität unter Mamluken gleicher ethnischer Herkunft. Natürlich bildeten sich darüber hinaus oft auch interessengeleitete politische Fraktionen. All dies spielte vor allem dann eine Rolle, wenn ein Sultan gestorben oder abgesetzt worden war und die Machtverhältnisse unklar waren. Gerade bei der Weitergabe des Sultansthrons machten sich – ganz gegen die Logik des Systems – deutliche dynastische Bestrebungen bemerkbar. Statt Mamluken bestiegen in vielen Fällen die Söhne früherer Sultane den Thron. Allerdings hatten diese oft lediglich die Funktion von Marionettenherrschern, die es der mamlukischen Elite erlaubte, sie zu kontrollieren und währenddessen untereinander die Rangordnung auszufechten. In der Folge konnte es zur Machtübernahme durch einen neuen Herrscher kommen, der wiederum Mamluk der ersten Generation war. So folgten auf Baibars' Tod 1277 zwei seiner Söhne, doch schon 1279 verdrängte Qalāwūn, ein Bahrī-Mamlukenemir aus as-Sālih Ayyūbs ursprünglichem Regiment und damit ein früherer Weggefährte von Baibars, sie vom Thron.

In den zwanzig Jahren nach Qalāwūns Tod im Jahr 1290 spielten sich Machtkämpfe ab, die zu mehrfachen Herrscherwechseln führten, in denen bisweilen die Söhne Qalāwūns vorgeschoben wurden, bisweilen Emire aus den Reihen seiner Mamluken das Sultanat übernahmen. In Chroniken der mamlukischen Geschichte werden diese Jahre als unruhig bezeichnet; sie scheinen von grausamen Verfolgungen politischer Gegner gekennzeichnet gewesen zu sein. Die Dynastie der Nachkommen Qalāwūns setzte sich schließlich durch und beanspruchte während des größten Teils des 14. Jahrhunderts das Sultanat, wenn auch nicht immer die tatsächliche Macht. Es gab eine ständige Spannung zwischen autokratischen Bestrebungen der Sultane und dem Drang einer Mamlukenoligarchie, den Sultan zu kontrollieren, der ihnen in der Regel seine Macht verdankte. Idealerweise agierte der Sultan als *primus inter pares*, der seine Unterstützer – die immer auch gleichzeitig potenzielle Rivalen waren – angemessen einband.

Im Zuge ihrer Etablierung und Konsolidierung errangen die Mamluken die Herrschaft über ein Territorium, das dem Staatsgebiet der Tuluniden, Ikhschididen, frühen Fatimiden und Ayyubiden recht ähnlich war; wieder trat Ägypten als führende Regionalmacht hervor. Baibars gelang es in der Folge des Mongolensturms, die bislang muslimisch beherrschten Territorien Syriens sukzessive unter seine Kontrolle zu bringen. Er begann außerdem mit der Zerschlagung der Überreste der Kreuzfahrerstaaten, die 1291 mit dem Fall Akkons beendet war. Zum Ende des 13. Jahrhunderts regierten die Mamluken somit von Ägypten aus über Syrien bis nach Nordmesopotamien. Sie beherrschten außerdem die Cyrenaika, die seit dem Einfall der Banū Hilāl überwiegend von Beduinen bewohnt war und damals Barqa hieß.

Die Mamluken hatten als ehemalige Sklaven nichtmuslimischer Geburt ein Legitimitätsdefizit. Ihre militärischen Erfolge trugen zwar stark dazu bei, es auszugleichen; sie bemühten sich jedoch auch auf religiöser und symbolischer Ebene um Kompensation. So gelang ihnen, woran frühere Herrscher von Ibn Tūlūns Tagen an gescheitert waren: das sunnitische Kalifat nach Kairo zu holen. Dass dies überhaupt eine Option war, war ein Resultat der Zerstörung des Bagdader Kalifats durch die Mongolen. Die Mamluken installierten 1261 ein flüchtiges Mitglied der Abbasidendynastie als Kalifen an ihrem Hof. Dieses Kalifat hatte bis zum Ende des Mamlukenstaates Bestand, besaß jedoch keinerlei politische Autorität, sondern diente ausschließlich der religiösen Repräsentation. Sein Bedeutungsverlust lässt sich daran erkennen, dass es irgendwann im 14. Jahrhundert nicht mehr der Sultan war, der dem Kalifen huldigte, sondern umgekehrt; gegen Ende der Mamlukenzeit galt der Kalif als höchstens so wichtig wie einer der sunnitischen Oberkadis, hatte aber viel weniger Befugnisse und stand praktisch unter Hausarrest. Wagte es ein Kalif, sich in die Politik einzumischen, war seine Regierungszeit schnell beendet.

Die Installation des Kalifats in Kairo trug auch dazu bei, dass die Herrscher des Hedschas mit den Heiligen Stätten Mekka und Medina Vasallen der Mamluken wurden. Das war für Letztere ein weiterer zentraler Legitimationsfaktor. Es bedeutete, dass der Sultan die Pilgerkarawanen ausstattete und beschützte. Die *kiswa*, der Behang der Kaʿba während der Wallfahrt, wurde in Kairo gewebt. Jährlich wurde der Aufbruch der Pilgerkarawane in Kairo rituell gefeiert, was dem Sultan erlaubte, sich als Oberherr der Pilgerfahrt in Szene zu setzen.

Auch religionspolitische Entscheidungen trugen dazu bei, die Legitimität der Mamluken zu untermauern. Im Laufe der Jahrhunderte hatten sich im sunnitischen Islam vier Rechtsschulen herausgebildet, die über eine jeweils eigene Methodenlehre verfügten und zu vielen konkreten Rechtsfragen unterschiedliche, mehr oder weniger klar voneinander abgrenzbare Auffassungen entwickelten. Während die Ayyubiden die schafiitische Rechtsschule deutlich bevorzugten und das Amt des Oberkadis immer einem Schafiiten übertrugen, entschied Baibars, in Kairo und allen großen Städten des Reiches jeweils vier gleichrangige Kadis, einen für jede Rechtsschule, einzusetzen. Es ist zu vermuten, dass diese Maßnahme das Streben der Mamluken nach umfassender Repräsentation aller sunnitischen Muslime untermauern sollte. Gleichzeitig hatte sie den großen Vorteil, ein Mindestmaß an Rechtssicherheit mit einem hohen Maß an Flexibilität zu vereinen. Die einseitige Festlegung auf das schafiitische Recht hatte zum Beispiel dazu geführt, dass Frauen nahezu keine Gestaltungsoptionen für Eheverträge besaßen oder es keine Möglichkeit gab, verfallenes und nicht mehr einträgliches Stiftungseigentum zu verkaufen, weil diese Rechtsschule das nicht vorsah. Andere Rechtsschulen eröffneten in solchen Fällen mehr Optionen; das System der vier gleichberechtigten Richter verschaffte der Bevölkerung und den Herrschern Zugang zu ihnen. Das schloss sogar die Hinrichtung von «Ketzern» und Abtrünnigen ein, die bei den Schafiiten durch eine Reuebekundung unmöglich gemacht wurde, weswegen hierfür die malikitischen Richter zuständig waren – und zwar auch in Städten, in denen es nicht in nennenswertem Umfang Malikiten gab.

Weiterhin und in wachsendem Umfang gab es unter den Mamluken auch eine nicht religiös geprägte Gerichtsbarkeit. Die herkömmlichen *mazālim*-Gerichte, in denen Untertanen sich über das Handeln staatlicher Akteure beschweren konnten, verlagerten sich in die Zitadelle und verschmolzen mit der herrscherlichen Gerichtsbarkeit, bei der die Kadis höchstens konsultiert wurden, aber nicht entscheidungsbefugt waren. Außerdem dienten Mamlukenemire, die in Stadthäusern wohnten und eine Art Patronagefunktion über das umliegende Stadtviertel wahrnahmen, auch als Rechtsprechungsinstanz.

Seinen Zenith erreichte das Mamlukenreich wohl in der Herrschaftszeit von Qalāwūns Sohn an-Nāsir Muhammad, der 1310 zum dritten Mal den Thron bestieg. Er regierte mehr als dreißig

Jahre lang, was ihm nur durch hohes Misstrauen und die beständige Beseitigung potenzieller politischer Gegner möglich war. Während seiner Herrschaft war die innen- und außenpolitische Stabilität hoch, wovon das Land profitierte. Die friedliche Lage führte auch dazu, dass der militärische Charakter des Regimes nachließ; immer mehr Nichtmamluken erlangten hohe Posten. Die Militärelite wurde außerdem geschwächt durch einen *rauk*, eine der regelmäßig durchgeführten Katastererfassungen und Neuaufteilungen des Landes, der dem Sultan, seiner Familie und seinen Mamluken einen deutlich höheren Anteil an den Ländereien verschaffte, die Macht der Emire verringerte und das Einkommen der nichtmamlukischen Truppen unter das Existenzminimum trieb. Die gestiegenen Einkünfte der Staatskasse ermöglichten an-Nāsir eine umfangreiche Bautätigkeit. Insbesondere investierte er stark in den Moscheebau, denn der Bedarf an Freitagsmoscheen war unzureichend gedeckt. Auch Märkte, Bäder, Wohnhäuser, Mühlen und Paläste für die Emire entstanden unter seiner Herrschaft.

Derlei Investitionen in die Infrastruktur des Landes, die gleichzeitig in nicht unerheblichem Maße dazu dienten, den Status des Sultans zu erhöhen, konnten nicht darüber hinwegtäuschen, dass das Mamlukensystem die Kluft zwischen Herrschern und Beherrschten in Ägypten auf die Spitze trieb. Die Mamluken achteten sehr deutlich darauf, sich als eigene Kaste mit eigenen Statusmerkmalen von der nichtmamlukischen Bevölkerung abzugrenzen. So war es nur ihnen erlaubt, Pferde zu reiten. Die Rekruten forderten die Durchsetzung dieser Statusmarkierung, die in früherer Zeit eigentlich der Abgrenzung zwischen Muslimen und Nichtmuslimen gedient hatte, auch immer wieder ein. Besonders hohe Distanz schuf die Sprache. Die Bevölkerung Ägyptens sprach Arabisch und trug arabische, koptische oder jüdische Namen; die Mamluken sprachen Türkisch und trugen türkische Namen, selbst wenn sie zum Beispiel tscherkessischer Herkunft waren. Im Zweifel erhielt ein Rekrut bei seiner Ankunft in der Kaserne einen türkischen Namen. Die Führung eines türkischen

Namens war bei Nichtmamluken nicht nur unüblich, sie war ihnen sogar verboten; selbst die Kinder der Mamluken bekamen arabische Namen. Nur selten heirateten die Mamluken Ägypterinnen; üblicher waren der Erwerb türkischer Sklavinnen und die Heirat mit Mamlukentöchtern. Anders als bei den arabischen Eroberern Ägyptens verwischten sich diese Abgrenzungen nicht so schnell, denn die Mamluken erhielten stetigen Nachschub durch neue Rekruten, die nicht im Land geboren waren.

Die Nachfahren der Mamluken, die sogenannten *aulād an-nās* oder «Söhne der (Edel-)Leute», waren keine Mamluken und demnach formal nicht berechtigt, Positionen in der Militärhierarchie oder den höchsten Ebenen der Regierung zu übernehmen. Oft dienten sie in der *halqa*, einer Armeeeinheit des Sultans, die nicht aus Mamluken bestand. Deren Bedeutung, finanzielle Ausstattung und Renommee ging aber im Verlauf des 14. Jahrhunderts sehr stark zurück. Zur Gelehrtenschicht fanden die *aulād an-nās* selten Zugang und für Verwaltungsposten waren sie normalerweise nicht qualifiziert. Manchmal errangen sie durch Patronage Ämter, die eigentlich Mamluken vorbehalten waren. Oft wurden sie durch Verwalterposten in religiösen Stiftungen versorgt, die manchmal aus der eigentlich rechtswidrigen Umwidmung von *iqtāʿ*-Land hervorgingen. Die Notwendigkeit, die eigenen Nachfahren zu versorgen, war einer der Faktoren, die zum Boom des Stiftungswesens in mamlukischer Zeit beitrugen. Da die meisten Sultane sich bemühten, die Interessengruppe der *aulād an-nās* annähernd zufriedenzustellen, erhielten diese wohl auch staatliche Alimentation. Sie stellten ein wichtiges Bindeglied zwischen den Mamluken und der städtischen Bevölkerung dar, zum Beispiel durch die Heirat mit einheimischen Frauen. Eine weitere wichtige Form der Interaktion zwischen Mamluken und Zivilbevölkerung waren die Patronage- und Klientelbeziehungen, die die Gesellschaft durchwirkten – zum Beispiel durch die Patronagefunktion, die Mamlukenemire für das Stadtviertel übernahmen, in dem sie residierten.

Nach dem Tod von an-Nāsir Muhammad im Jahr 1341 brachen schwierige Zeiten für Ägypten an, und dies nicht nur in politischer Hinsicht. Auf dem Sultansthron folgten innerhalb von fünf Jahren nicht weniger als sechs seiner Söhne aufeinander und danach in etwas größeren Abständen eine Kette von weiteren Söhnen, Enkeln und Urenkeln. Die meisten der regierenden Sultane verfügten kaum über tatsächliche Macht; diese wurde von den Mamlukenemiren ausgeübt, die untereinander um die Herrschaft konkurrierten. Sultansmorde waren an der Tagesordnung. Darüber hinaus eskalierten Schwierigkeiten, die sich schon zuvor angebahnt hatten. So trat das Missverhältnis zwischen den Staatseinnahmen und den exorbitanten Ausgaben immer deutlicher hervor. Es fehlten militärische Siege, die immer auch eine legitimierende und einheitsstiftende Wirkung gehabt hatten: Prozessionen, die anlässlich der Rückkehr siegreicher Armeen abgehalten wurden, hatten zu den größten festlichen Ereignissen für die städtische Bevölkerung gehört, doch unter an-Nāsir Muhammads Nachfolgern gab es selten Anlass zu solchen Feierlichkeiten.

Viel schwerer noch wog die Tatsache, dass Ägypten ab der Mitte des 14. bis zum Beginn des 16. Jahrhunderts dutzendfach von Beulen- und Lungenpestepidemien heimgesucht wurde. Die Auswirkungen dieser vermutlich aus Zentralasien über den Schwarzmeerhandel mit Sklaven oder Pelzen eingeschleppten Seuche hätten kaum dramatischer ausfallen können. Die ersten Epidemien im 14. Jahrhundert fielen mit Jahren ausbleibender Nilhochwasser zusammen, was dazu führte, dass bis zu ein Drittel der Bevölkerung dahingerafft wurde. Eine Erholung war für sehr lange Zeit nicht möglich, denn die Epidemien suchten Ägypten über eineinhalb Jahrhunderte hinweg in kurzen und regelmäßigen Abständen heim. Besonders heftig trafen Pest und Hunger langfristig die Landbevölkerung, deren Zahl so stark sank, dass die Flutsysteme nicht mehr in ausreichendem Maße instandgehalten und betrieben werden konnten. Während die Städte durch Lebensmittelimporte notdürftig versorgt werden konnten, verhungerten die Bauern oder flüchteten sich in die Städte. Die städtische Wirtschaft gewann dadurch im Vergleich zur Landwirtschaft an Bedeutung, obwohl auch sie litt. Die Städte profitierten außerdem von der Einwanderung aus den vielen Ländern im Westen und im Osten der islamischen Welt, in denen Turbulenzen herrschten. Auf dem Land hingegen verfielen tausende von Dörfern. Die immer weniger zahlungsfähige Regierung investierte nicht mehr ausreichend in die Bewässerungssysteme, sondern belastete die verbliebene Landbevölkerung zusätzlich durch brutale Steuereintreibungskampagnen, was die Landflucht weiter anheizte. Eine Folge der Verödung des Landes waren sinkende *iqtā*-Einnahmen. Dies wiederum veranlasste unterfinanzierte Rekruten in der Hauptstadt zu Plünderungen. Da auch die Mamluken, insbesondere die in Kasernen lebenden Rekruten, von der Pest heimgesucht wurden, standen nicht mehr genug Truppen zur Verfügung, um die Dörfer vor den von der Pest weniger stark betroffenen Beduinen zu sichern. Diese machten nicht nur das Niltal, sondern auch die Landrouten von Oberägypten zum Roten Meer so unsicher, dass der Handel dort praktisch zum Erliegen kam. Vormals große Städte wie Qūs versanken in Bedeutungslosigkeit, Assuan verödete ganz.

Besonders dramatisch war der Niedergang Alexandrias, das nicht nur von der Pest, sondern auch von einer verheerenden Invasion getroffen wurde. 1365 eroberte Peter I., König von Zypern und nominell auch König von Jerusalem, an der Spitze einer großen Armee die Stadt in dem Versuch, den Kreuzzugsgedanken wieder aufleben zu lassen; die zu erwartenden Einnahmen sowie die Aussicht auf Eliminierung eines konkurrierenden Handelshafens trugen allerdings wohl stark zu seiner Motivation bei. Nach wenigen Tagen zog seine Flotte sich vor einem anrückenden mamlukischen Heer zurück, aber nicht, ohne vorher die Stadt geplündert und zerstört zu haben. Große Teile der Bevölkerung wurden getötet oder versklavt. Die Kopten mitsamt ihren Kirchen blieben davon nicht verschont. Alexandria lag in Trümmern und erholte sich für Jahrhunderte nicht; ihre Tradition der Gelehrsamkeit war dauerhaft zerstört.

Im 14. Jahrhundert verschob sich die religiöse Zusammensetzung der Gesellschaft enorm. Das Christentum war zwar zuvor bereits eine Minderheit gewesen, aber immer noch eine starke und sichtbare Minderheit. Auf dem Land, vor allem in Oberägypten und im westlichen Delta, gab es viele ausschließlich oder überwiegend christliche Dörfer. Die wachsende Selbstvergewisserung des sunnitischen Islams, die sich seit der späten Fatimidenzeit angebahnt hatte, paarte sich allerdings mit einem zunehmend antichristlichen Klima. Dieses scheint sich vor allem gegen nichtmuslimische Staatsbeamte gerichtet zu haben, nicht nur wegen deren Religionszugehörigkeit, sondern auch wegen der koptischen Dominanz in der Steuerverwaltung. Diese hatte zur Folge, dass die Kopten mit der repressiven Steuerpolitik der Mamluken assoziiert wurden. Die Feindseligkeit gegen Christen kulminierte in allgemeinen Ausschreitungen: erstmals 1321, dann wieder 1354. Die Herrscher reagierten auf den öffentlichen Unmut mit dem – allerdings nie langfristig durchgehaltenen – Verbot der Beschäftigung von Nichtmuslimen im Staatsdienst. Es kam zu größeren Wellen der Konversion zum Islam. Dazu trugen auch die Folgen der Pestepidemien und des Niedergangs der Landwirtschaft bei. Die sesshafte Landbevölkerung, in der Christen überproportional vertreten waren, litt besonders stark unter der Pest. Der Zusammenbruch vieler koptischer Dorfgemeinschaften, die bislang in der Lage gewesen waren, Identifikation und sozialen Halt zu bieten, tat vielleicht ein Übriges, um die Konversionsrate ansteigen zu lassen. Gegen Ende der Mamlukenherrschaft hatte der Anteil der Christen im Land wohl einen Tiefpunkt erreicht und lag vermutlich deutlich unter zehn Prozent – sichere Aussagen lassen die Quellen nicht zu. Die jüdischen Gemeinden wurden ebenfalls in Mitleidenschaft gezogen, scheinen aber etwas weniger stark von den Feindseligkeiten betroffen gewesen zu sein.

1382 brach ein tscherkessischer Mamlukenemir namens Barqūq mit der Tradition der Mamluken, die Nachfahren Qalāwūns nominell an der Macht zu lassen und hinter den Kulissen zu regieren. Er zog das Sultanat an sich. Seinen Widersachern gelang es nach einigen Jahren, ihn zur Abdankung zu zwingen, doch aus der Haft in Syrien heraus war er in der Lage, Unterstützer zu mobilisieren, sich seiner Gegner zu entledigen und 1390 wieder die Macht zu ergreifen. Die zeitgenössische Geschichtsschreibung beschrieb diesen Machtwechsel als einschneidendes Ereignis, das den Übergang von einer «kiptschakischen» zu einer «tscherkessischen» Dynastie kennzeichnet. Tatsächlich waren seit dem späten 13. Jahrhundert zunehmend Tscherkessen für die Aufstockung der Mamlukenregimenter erworben worden. Qalāwūn hatte ein eigenes Regiment geschaffen, das überwiegend aus Tscherkessen bestand und, weil es in den Türmen (*burdsch*) der Zitadelle einquartiert war, als Burdschī-Regiment bezeichnet wurde. Daher unterscheidet die neuere Geschichtsschreibung oft die Herrschaftsperiode der Bahrī-Mamluken (1250/60–1382/90) von derjenigen der Burdschī-Mamluken (1382/90–1517). Von dieser Nomenklatur sollte man sich allerdings nicht darüber hinwegtäuschen lassen, dass in der ersten Phase mamlukischer Herrschaft gerade einmal zwei Sultane dem eigentlichen Korps der Bahrī-Mamluken entstammten, nämlich Baibars und Qalāwūn. Was dann folgte und bis zur Machtergreifung Barqūqs andauerte, ließe sich ebenso gut als Dynastie der Qalāwūniden bezeichnen.

Dieser Herrschaft der Qalāwūniden, die insgesamt durch die Konzentration von Macht und Ressourcen am Hof und die zunehmende Entmachtung des Militärs gekennzeichnet war, setzte Barqūq 1390 endgültig ein Ende. Es gelang ihm, die Staatsfinanzen zu konsolidieren, was er zum Teil dazu nutzte, weitere tscherkessische Mamluken zu kaufen. Er versuchte außerdem, die Landwirtschaft in Oberägypten wiederzubeleben und die Macht der Unruhe stiftenden arabischen Beduinen zu brechen, indem er dort Hawwāra-Berber ansiedelte, die durch Zuckerrohranbau und den Handel mit Nubien und Zentralafrika zu einigem Wohlstand kamen.

Nach Barqūqs Tod im Jahr 1399 bestieg sein elfjähriger Sohn Faradsch den Thron – die Zeichen schienen also zunächst auf Fortsetzung des dynastischen Prinzips zu stehen. Von Anfang an gab es allerdings heftige Opposition dagegen, vor allem in den

Reihen der tscherkessischen Emire, die Syrien kontrollierten. Faradsch gelang es dennoch, bis 1411 an der Macht zu bleiben, was er nicht nur seiner ungewöhnlichen Durchsetzungskraft verdankte, die mit erheblicher Grausamkeit kombiniert gewesen sein soll, sondern auch den unruhigen Zeiten, die Ägypten durchmachte. So wurde der Norden Syriens zwischen 1399 und 1402 durch den Mongolenherrscher Timur verwüstet. Statt allerdings von dort aus weiter nach Ägypten zu ziehen, wandte Timur sich – zum Glück für die Mamluken – Richtung Anatolien, um gegen die erstarkenden Osmanen vorzugehen. Dafür wurde Ägypten 1403 aufgrund niedriger Nilhochwasser von Hungersnöten getroffen, und 1405 suchte eine schwere und anhaltende Pestepidemie das Land heim. Die Tatsache, dass die Armee mit externen Bedrohungen und internen Machtkämpfen befasst war, ermöglichte zudem den Hawwāra den Aufstand, was dazu führte, dass Oberägypten bis 1413 dem Zugriff des Staates vollständig entglitt. Das Sultanat war wirtschaftlich so geschwächt, dass es nicht einmal mehr über eine eigene Goldwährung verfügte; die einzigen im Umlauf befindlichen Goldmünzen waren die der Venezianer.

1412 gelang es schließlich dem Mamlukenemir al-Muʾayyad Schaikh, sich gegenüber seinen Konkurrenten durchzusetzen. Von nun an spielte das dynastische Prinzip unter den Burdschī-Mamluken mit Bezug auf das Sultanat kaum noch eine Rolle. Kein Sultanssohn konnte sich länger als einige Monate an der Macht halten; er diente allenfalls als Marionette für die Übergangszeit, die die Emire brauchten, um sich auf einen Sultan aus ihren Reihen zu einigen. Es waren meistens Mamlukenemire fortgeschrittenen Alters, die sich durchsetzten; Mamluken früherer Sultane, aber normalerweise nicht ihres direkten Vorgängers. Dieses Prinzip der Seniorität war ein spezifisches Kennzeichen der tscherkessischen Elite, die den Staat dominierte und sich durch einen starken ethnischen Zusammenhalt auszeichnete.

Nachdem al-Muʾayyad Schaikh – beeinträchtigt von erneuten Pestepidemien – bis zu einem gewissen Grad die Autorität des Staates wiederhergestellt hatte und mit Steuerexpeditionen, die eher Raubzügen glichen, etwas Geld in die Staatskasse gespült hatte, war es vor allem Sultan Barsbāy (1422–1438), der das Mamlukensultanat konsolidierte. Er hatte verstanden, dass Ägypten sich angesichts der periodisch wiederkehrenden Pestepidemien und der Verödung tausender Dörfer nicht mehr im gleichen Maße auf die Landwirtschaft als Einnahmequelle stützen konnte wie zuvor. Auf der anderen Seite war die Handelsroute über das Rote Meer wichtiger denn je, denn der Landweg nach Indien war durch Timur und die Kriege der Turkmenenfürsten im irakischen und mesopotamischen Raum versperrt. Barsbāy baute Dschidda im Hedschas zum Hafen aus, erhob dort Zölle und reservierte dem Staat das Monopol auf den Gewürzverkauf, womit er die freien Händler, insbesondere die Kārimī-Gilde, sehr schwächte, aber der Staatskasse neue Einnahmen verschaffte. Von Dschidda aus wurden die Waren – vor allem Pfeffer aus Malabar – auf dem See- oder Landweg weiter nach Norden gebracht. Die Häfen auf der ägyptischen Seite des Roten Meers, die jahrhundertelang Drehscheibe des Gewürzhandels gewesen waren, waren in Bedeutungslosigkeit versunken, weil der Landweg durch die Wüste zum Nil zu sehr von Berbern bedroht war. Im Niltal selbst hatte die Ansiedlung der Hawwāra-Berber zwar geholfen, ein gewisses Maß an Ordnung wiederherzustellen; das hatte aber zur Folge, dass sie immer mehr zu einer Art halbautonomer Lokalfürsten wurden.

Die tscherkessischen Mamluken restaurierten die alte Struktur der Mamlukenkorps und die Dominanz des Militärs, die in der Spätphase der Bahrī-Zeit zum Teil verlorengegangen waren. Im Laufe des 15. Jahrhunderts scheint es aber zunehmend Probleme mit der Disziplin der in Kairo stationierten Truppen gegeben zu haben; immer wieder kam es zu Plünderungen und Unruhen, die der Zivilbevölkerung sehr zu schaffen machten. Dennoch erreichte das Mamlukensultanat in der ersten Phase der Herrschaft von Sultan Qāytbāy (1468–1496) noch einmal einen Zenith. Die politische und militärische Kontrolle der Mamlukenherrscher wurde landesweit durchgesetzt, selbst in Oberägypten gegenüber

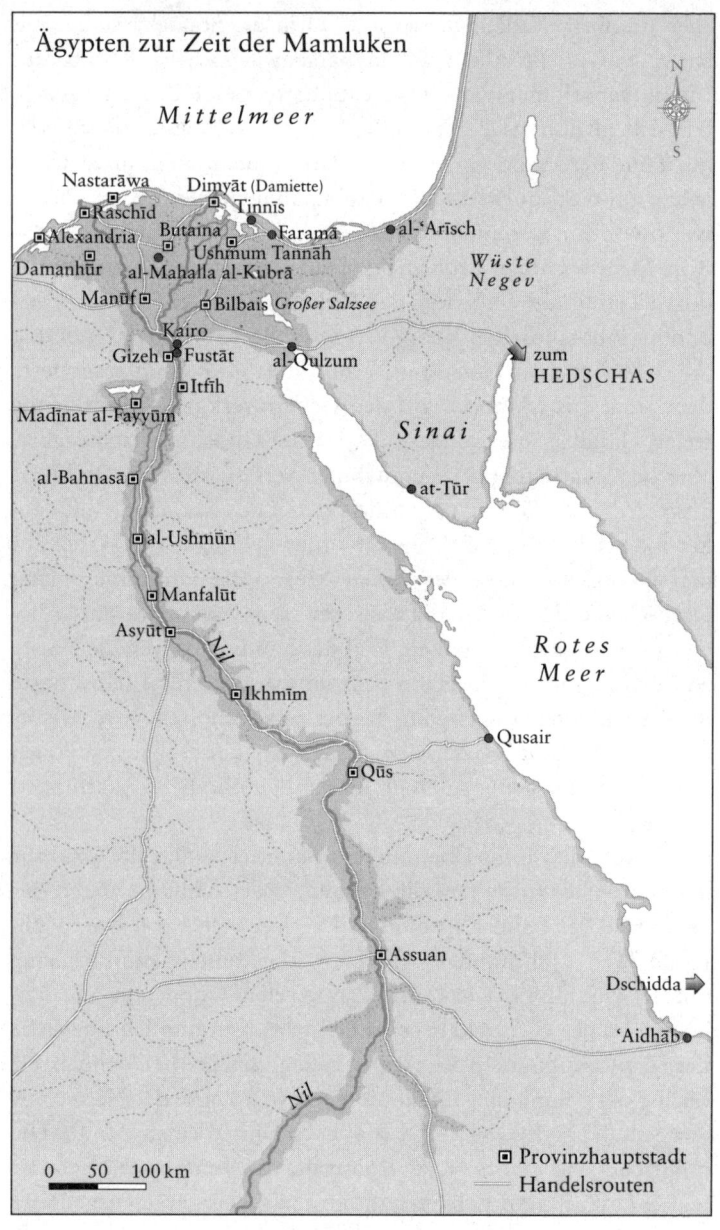

Ägypten zur Zeit der Mamluken

Mittelmeer

Nastarāwa
Dimyāt (Damiette)
Tinnīs
Raschīd
Butaina
Farama
al-'Arīsch
Alexandria
Ushmum Tannāh
Damanhūr
al-Mahalla al-Kubrā
Wüste
Negev
Manūf
Bilbais Großer Salzsee
Kairo
Gizeh Fustāt
al-Qulzum
zum
HEDSCHAS
Itfīh
Madīnat al-Fayyūm
Sinai
al-Bahnasā
at-Tūr
al-Ushmūn
Manfalūt
Rotes
Meer
Asyūt
Nil
Ikhmīm
Qusair
Qūs
Assuan
Dschidda
Nil
'Aidhāb

0   50   100 km

▣ Provinzhauptstadt
— Handelsrouten

N
S

den Hawwāra-Fürsten. Die Gelehrsamkeit und die literarische Produktion erlebten im spätmamlukischen Kairo eine Blüte.

Einer der prägendsten Aspekte der Mamlukenära betrifft die wachsende Bedeutung des sunnitischen Islams für den öffentlichen Raum und das geistige Klima. Das expandierende Stiftungswesen hatte einen Boom der sunnitischen Gelehrsamkeit zur Folge. Die unzähligen stiftungsfinanzierten Madrasen zogen Religionsgelehrte (*ʿulamāʾ*) aus aller Welt an und brachten wiederum neue Gelehrte hervor. Die Madrasen boten der einheimischen Bevölkerung den wichtigsten, vielleicht den einzigen Weg des sozialen Aufstiegs; auch Ägyptern vom Land konnte es gelingen, Bildung zu erwerben und in die Reihen der *ʿulamāʾ* aufzusteigen. Die wachsende Schicht der sunnitischen Gelehrten war daran interessiert, ihre Deutungshoheit und ihre Vorstellung von Orthodoxie sicherzustellen – weniger gegen den Staat als vielmehr gegen konkurrierende religiöse Einflüsse. Auch der Staat hatte daran ein Interesse, denn die Eingrenzung des religiös Erlaubten wirkte einheitsstiftend und eliminierte religiöse Bewegungen mit Rebellionspotenzial. Wiederholt sind Hinrichtungen von Ketzern überliefert, zum Beispiel aus der Schia oder radikal esoterischen Strömungen. Jedoch war das religiöse Feld nicht monolithisch; es gab immer noch eine große Bandbreite an akzeptablen religiösen Ideen und Praktiken.

Besonders erwähnenswert ist in diesem Zusammenhang die Expansion des Sufismus, der islamischen Mystik, die von den Mamluken stark gefördert wurde. Der Sufismus ist durch die Vorstellung charakterisiert, dass es mit geistiger Übung und Disziplin – für die der *dhikr*, das ritualartige Rezitieren des Gottesnamens und religiöser Formeln, eine zentrale Rolle spielte – gelingen könne, eine besondere Nähe zu Gott zu erlangen. Personen, denen zugesprochen wurde, eine besonders hohe Stufe auf diesem Weg erreicht zu haben, wurden hoch verehrt und standen im Ruf, über Segenskraft (*baraka*) zu verfügen. Dass in Zeiten der Pest die Vorstellung, von der Segenskraft eines Sufi-Scheichs profitieren zu können, attraktiv war, liegt nahe. In Ägypten entstanden eigene Sufi-Orden um die Nachfahren verehrter Gründerfiguren. Besuche an Gräbern dieser Heiligen sowie *mūlid*s, jährliche Feste zu ihren Ehren, bürgerten sich ein, unbeschadet der Kritik mancher Rechtsgelehrter. Einer der populärsten Orden beruft sich auf den 1276 in der Deltastadt Tantā verstorbenen Ahmad al-Badawī. Der nach ihm benannte Badawiyya-Orden gewann rasch eine Popularität, die bis heute anhält, und das jährliche *mūlid* zu seinen Ehren ist auch jetzt noch ein Großereignis in Tantā. Der Sufismus war vielleicht das wichtigste Bindeglied zwischen den verschiedenen Gesellschaftsschichten; er überbrückte die Kluft zwischen Mamluken und Nichtmamluken, zwischen Arm und Reich. Unter den Mamluken etablierte sich ein gemäßigter Sufismus, der keine allzu ekstatische Esoterik betrieb und keine Zweifel daran aufkommen ließ, dass die Befolgung der rituellen Pflichten sowie die Einhaltung des islamischen Rechts notwendig seien. Diese Art des Sufismus wurde praktisch zum Teil des sunnitischen Islams. Es gab eine erhebliche Überlappung zwischen sunnitischer Rechtsgelehrsamkeit und Mystik. In sufischen *khānqāh*s fand Lehre im islamischen Recht ebenso statt wie sufische Lehre in Madrasen; nicht wenige Sufis waren auch Rechtsgelehrte, und viele hochrangige Rechtsgelehrte waren Mitglieder in Sufi-Orden.

Gegen Ende des 15. Jahrhunderts wurden die Osmanen, die mittlerweile ganz Anatolien unter ihre Kontrolle gebracht hatten, zum außenpolitischen Problem für Ägypten. Ab 1483 kam es zu militärischen Auseinandersetzungen, die die Mamluken zunächst für sich entscheiden konnten, aber um einen hohen Preis. Hastige Zukäufe neuer Rekruten verschärften die Disziplinprobleme in den Kasernen in Kairo und belasteten zudem die Staatskassen über Gebühr. Da die Armee im Norden beschäftigt war, entglitten die Provinzen erneut der staatlichen Kontrolle; die Hawwāra in Oberägypten machten sich wieder quasi-selbstständig. Die Auflösung der Einheit zwischen Ober- und Unterägypten, die bis heute nachwirkt, hatte sich schon früher angebahnt. Eine wesentliche Ursache war der Bedeutungsverlust Oberägyptens durch die

Verödung der Gewürzhandelsrouten von den Häfen am Roten Meer an den Nil seit ungefähr 1360. In der Folge der Pestepidemien und inneren Wirren erodierte die staatliche Kontrolle derart, dass weite Teile des Landes zunächst von den Scheichs sesshafter Beduinenstämme, später von denen der Hawwāra-Berber regiert wurden. Das Sultanat war südlich von Kairo am Ende der Mamlukenära kaum noch präsent. Während in unterägyptischen Städten wie al-Mahalla al-Kubrā, Bilbais und Damanhūr die spätmamlukische Stiftungstätigkeit und damit die Moden des 15. Jahrhunderts ihre Spuren hinterließen, erhielten sich in Oberägypten vor- und frühmamlukische architektonische und kulturelle Muster. Auch blieb das Christentum in Oberägypten viel stärker vertreten als in Kairo und dem Delta. Ein Beispiel dafür ist das karnevaleske koptische Fest Nawrūz, das von allen Bevölkerungsschichten zum Beginn eines neuen Landwirtschaftszyklus gefeiert wurde. In Kairo und wohl in ganz Unterägypten wurde es im 15. Jahrhundert durch die dominante sunnitische Gelehrtenschaft eliminiert, in Oberägypten erfreute es sich anhaltender Beliebtheit. Als Resultat dieser unterschiedlichen Entwicklungen wurde Oberägypten in der späten Mamlukenzeit von der Hauptstadt aus als unterentwickelte Provinz jenseits der politischen Kontrolle Kairos wahrgenommen, der die städtische Bevölkerung nicht selten mit einer Mischung aus Misstrauen, Unverständnis und Verachtung begegnete – ein Muster, das sich bis in die Moderne fortsetzt.

Nach Qāytbāys Tod im Jahr 1496 setzte die Endzeit des Mamlukensultanats ein. Es kam zu einer fünfjährigen Staatskrise mit ständigen Herrscherwechseln, Rebellionen und weiteren Pestepidemien, bis 1501 Qānsūh al-Ghaurī widerstrebend den Thron bestieg. Er sah sich Herausforderungen gegenüber, die die seit 250 Jahren in ihrer Struktur und Militärtechnik nicht wesentlich modernisierte mamlukische Armee nicht mehr meistern konnte. Zwar führte er hastig Feuerwaffen ein, aber nur für die unterfinanzierten und schlecht qualifizierten nichtmamlukischen Regimenter, die unzureichend in die Armee integriert waren. Die

Mamluken setzten weiterhin auf ihre Identität als Reiter und Bogenschützen und lehnten Feuerwaffen mehrheitlich ab. Hinzu kam, dass um 1500 die Portugiesen auf dem Indischen Ozean aufgetaucht waren. Die Mamluken reagierten mit einem enorm teuren Ausbau ihrer Flotte. 1509 fügten die Portugiesen jedoch einem Flottenverband der Mamluken und ihrer indischen und europäischen Verbündeten vor dem indischen Hafen Diu eine vernichtende Niederlage zu, so dass nun unmittelbar das Rote Meer bedroht war. Da die mamlukischen Einnahmen aus dem Indienhandel dramatisch sanken, versuchte der Sultan auf andere Weise – insbesondere durch gewaltsame Geldeintreibung in den Provinzen –, seinen massiven Finanzbedarf zu decken. Einen gewissen Aufschub gewährte ein Bündnis mit den Osmanen, auf das diese sich eingelassen hatten, weil ihnen vorerst die Auseinandersetzung mit anderen Gegnern, etwa auf dem Balkan und im Iran, wichtiger war. Als es al-Ghaurī und seine Vasallen jedoch unterließen, 1514 den osmanischen Sultan Selim I. auf seinem Feldzug gegen die iranischen Safawiden zu unterstützen, obwohl die Osmanen noch kurz zuvor der mamlukischen Flotte auf dem Indischen Ozean und im Roten Meer zur Seite gestanden hatten, wandte sich Selim gegen seine früheren Verbündeten. 1516 marschierte er in Syrien ein und fügte den demoralisierten Mamluken eine entscheidende Niederlage zu, bei der al-Ghaurī den Tod fand. Die wenigen mit Feuerwaffen ausgestatteten mamlukischen Einheiten befanden sich zu diesem Zeitpunkt am Roten Meer. Die osmanische Armee hingegen verfügte nicht nur über Arkebusen und in ihrem Gebrauch ausgebildete Regimenter, sondern war auch zahlenmäßig stark überlegen. Die Versuche des letzten Mamlukensultans Tūmānbāy, hastig eine Artillerie aufzubauen und Soldaten mit Feuerwaffen auszustatten, kamen zu spät, zumal die Statthalter in Syrien flohen oder zu den Osmanen überliefen. Auch die Hawwāra in Oberägypten schlugen sich auf die Seite der Osmanen. Anfang 1517 nahm Selim I. Kairo ein, und Tūmānbāy wurde im April 1517 am Bāb Zuwaila, einem der alten Stadttore von Kairo, öffentlich erhängt.

4. Sklaverei

Sklaven waren von der Zeit der Pharaonen bis ins ausgehende 19. Jahrhundert ein integraler Bestandteil der ägyptischen Gesellschaft. In der Frühzeit der muslimischen Herrschaft über Ägypten handelte es sich vor allem um nichtmuslimische, in erster Linie byzantinische Kriegsgefangene. Nach dem Ende der großen Welle muslimischer Eroberungen im 8. Jahrhundert war diese Quelle nur noch bei wenigen Gelegenheiten von Bedeutung; stattdessen etablierte sich der Handel mit Sklaven. Da nach islamischem Recht nur Nichtmuslime versklavt werden durften, die in keinem Schutzverhältnis zu einem muslimischen Herrscher standen, wurden Menschen von jenseits der Grenzen der islamischen Welt importiert, sowohl von Süden, also aus Abessinien, dem Sudan und Zentralafrika, als auch von Norden: aus Europa, dem Kaukasus und Zentralasien. Die Zahl der Sklaven im Land dürfte in der Regel in die Zehntausende gegangen sein.

Im islamischen genau wie im römischen Recht war die Unterscheidung zwischen Sklaven und Freien eine fundamentale Kategorie des personalen Status. Dessen ungeachtet nahmen in der gesellschaftlichen Wirklichkeit Sklaven eine große Bandbreite von Rollen ein, von unterprivilegierten bis zu solchen mit sehr hohem sozialen Status. Während unter byzantinischer Herrschaft Sklaven in größerer Zahl für die Landwirtschaft eingesetzt wurden, war die Sklaverei in islamischer Zeit mit sehr wenigen Ausnahmen – namentlich einer kurzen Zeitspanne im 19. Jahrhundert – ein städtisches Phänomen. Das lag vor allem daran, dass es in byzantinischer Zeit reiche Grundbesitzer gab, während in islamischer Zeit die Eliten, die Sklaven erwerben und besitzen konnten, in den Städten lebten. Die ihnen oft nur befristet zugesprochenen Ländereien verwalteten sie aus der Ferne; ihre Sklaven setzten sie im eigenen städtischen Umfeld ein.

Unter diesen städtischen Sklaven traten bestimmte Gruppen besonders hervor. Zum ersten gab es die Gruppe der Militärsklaven, deren Status regelmäßig in den freier Soldaten überging. Anfänglich gehörten zu dieser Gruppe Menschen unterschiedlicher Herkunft: Slawen und Türken ebenso wie Soldaten aus dem subsaharischen Afrika. Auch war das Militärsklaventum zunächst nicht besonders klar strukturiert; es gab keine strenge Abgrenzung von den frei geborenen Truppen. Ab dem späten 11. Jahrhundert setzte sich eine immer stärkere Präferenz für «hellhäutige» Sklaven türkischer und kaukasischer Abstammung durch, denen eine höhere Kampfkraft nachgesagt wurde. Unter den Ayyubiden bildete sich schließlich ein System geschlossener mamlukischer Einheiten heraus, die gemeinsam ausgebildet wurden und sich durch die Bindung untereinander und an ihren Eigentümer definierten. Das System der Mamluken verdeutlicht ein Grundprinzip der sozialen Stellung von Sklaven im islamischen Ägypten: Sie wurden nicht nur Teil des Haushaltes ihres Eigentümers, sondern auch seines Patronagenetzwerkes, und dies auch nach der etwaigen Freilassung. Dadurch hing die gesellschaftliche Perspektive von Sklaven stark mit dem Status des Eigentümers zusammen. Zugang zu den höchsten Positionen im Staat hatten vor allem Sklaven des Herrschers, zumindest manche von ihnen.

Die Tradition byzantinischer Kaiser, Eunuchen am Hof zu halten, setzten muslimische Herrscher fort. Da die muslimischen Rechtsgelehrten allerdings zur Ablehnung der Kastration tendierten, wurden die betreffenden Jungen meist vor dem Eintritt in islamisches Territorium verschnitten und bereits als Eunuchen verkauft. Im Fall der aus dem Süden importierten Eunuchen betätigten sich jedoch auch in Ägypten selbst, in der Umgebung der oberägyptischen Stadt Asyūt, koptische Mönche und Priester in der Kastration männlicher Sklaven. Da viele Jungen an den Folgen des Eingriffs starben, waren Eunuchen sehr teuer, und nur die Reichsten konnten sie sich leisten – vor allem der herrscherliche Palast.

Die Eunuchen des Herrschers hatten durch das Leben im Palast eine besonders enge Beziehung zur Macht und gelangten regelmäßig in höchste Positionen. So gab es aus ihren Reihen Wesire, und der Eunuch Kāfūr brachte es im 10. Jahrhundert sogar bis zum Herrscher Ägyptens. Unter den Fatimiden übernahmen Eunuchen regelmäßig Ämter auch außerhalb des Palastes, insbesondere im Polizeidienst. Immer wieder fanden sich einige von ihnen als Teil des inneren Zirkels der Macht. Dabei differenzierten sich die Einsatzgebiete von hell- und dunkelhäutigen Eunuchen im Laufe der Jahrhunderte immer mehr. Unter den Mamluken wurden die hellhäutigen – denen meistens lediglich die Hoden amputiert worden waren – normalerweise zur Beaufsichtigung und Ausbildung der Rekruten in den Kasernen eingesetzt, was auch als Mittel galt, um Homosexualität zu unterbinden. Vereinzelt gelang es solchen Eunuchen sogar, den Oberbefehl über beträchtliche Truppenkontingente zu erlangen. Schwarze Eunuchen, denen meist das gesamte Glied entfernt worden war, waren eher im Palastdienst tätig. Das beinhaltete die Aufsicht im Harem (harīm), dem Wohnbereich der Frauen, Sklavinnen, Kinder und Familienangehörigen des Hausherrn, manchmal auch die Erziehung seiner Kinder.

Über andere Typen männlicher Sklaven wissen wir vergleichsweise wenig. In mamlukischer und osmanischer Zeit waren dies vor allem die dunkelhäutigen, nicht kastrierten Männer, die prinzipiell nicht im Militärdienst eingesetzt wurden. Sie gehörten oft Haushalten an, die nicht Teil der höchsten Gesellschaftsschichten waren, und wurden für alle Arten von Dienstleistungen, auch geschäftlicher Natur, herangezogen.

Der Status von Sklavinnen unterschied sich von dem der männlichen Sklaven dadurch, dass ihr Eigentümer das Recht auf ihre sexuelle Verfügbarkeit hatte. Dies war aber nicht ihr einziger Zweck; Konkubinen, also Sklavinnen, mit denen ihr Eigentümer verkehrte, waren auch nicht strikt von anderen Sklavinnen abgegrenzt. Sklavinnen verrichteten Hausarbeiten und bewegten sich oft frei in der Stadt, zum Beispiel für Einkäufe. Andere Sklavinnen tanzten oder sangen vor Gästen. Diejenigen, die den Status einer Konkubine erreichten, konnten beträchtlichen Einfluss erlangen. Dies galt umso mehr, wenn sie ihrem Eigentümer ein Kind gebaren; sie erlangten dann den Status einer *umm walad*: Sie konnten nicht mehr verkauft werden und wurden nach dem Tod des Eigentümers freigelassen. Das Kind wurde frei geboren und hatte den gleichen Status wie die Kinder etwaiger freier Ehefrauen seines Vaters. Die Fatimidenkalifen zum Beispiel waren ganz überwiegend Söhne von Konkubinen unterschiedlicher Herkunft; das konnten Griechinnen sein oder Nubierinnen. Spätestens unter den Mamluken und Osmanen bürgerte sich – ähnlich wie bei männlichen Sklaven – eine klare Hierarchie der Hautfarben ein. Hellhäutige Tscherkessinnen galten als besonders schön und kultiviert; dunkelhäutige Afrikanerinnen galten hingegen als wenig begehrenswert und wurden tendenziell für gröbere Arbeiten eingesetzt. Europäische Beobachter im 19. Jahrhundert berichteten allerdings, dass sie immer noch besser behandelt und stärker geschont wurden als freie Hausangestellte, die aus den ärmsten Bevölkerungsschichten stammten, billiger waren und geringer geschätzt wurden.

Der Sklavenstatus war häufig nicht von lebenslanger Dauer. Bei den Mamluken war die Freilassung regulärer Bestandteil des Werdeganges. Die *umm walad* musste zumindest dann freigelassen werden, wenn ihr Eigentümer vor ihr starb. In allen anderen Fällen unterlag die Freilassung dem Gutdünken des Eigentümers. Sie wurde manchmal aus persönlichem Wohlwollen vollzogen, manchmal aus religiösen Gründen, denn der Koran ermutigt sehr stark zur Freilassung von Sklaven und betont, dass dieser Akt von Gott belohnt werde. Es kam auch vor, dass Sklaven sich selbst freikauften. Sie durften Eigentum erwerben und darüber verfügen, so dass manche von ihnen es zu einigem Vermögen brachten. Freigelassene Sklaven blieben in das Klientelnetzwerk ihres früheren Eigentümers eingebunden und waren oft weiterhin für ihn tätig. Immer wieder finden sich Stiftungen, deren Nutznießer die freigelassenen Sklaven des Stifters sein sollten. In manchen Fällen ist es hingegen eher fragwürdig, ob ihnen die Freilassung einen Vorteil bot; so setzte der Fatimidenkalif al-Ḥākim in einem Akt der Frömmigkeit tausende Palastsklaven auf die Straße, für die der Kairoer Arbeitsmarkt kaum in ausreichendem Umfang Beschäftigung zur Verfügung gestellt haben dürfte.

Recht selten kamen in Ägypten Kinder als Sklaven zur Welt. Rechtlich war dies lediglich dann möglich, wenn der Vater des Kindes ein nichtmuslimischer Sklave war, der mit einer ebenfalls nichtmuslimischen Sklavin verheiratet war, und das war nicht der Regelfall. Angesichts dieser Tatsache sowie der vergleichsweise hohen Freilassungsraten wäre die Zahl der Sklaven beständig gesunken, wenn nicht immer neue Sklaven importiert worden wären. Der Sklavenhandel war somit ein großes Geschäft und für das Land ein wichtiger Wirtschaftsfaktor.

Die Sklaven, die nach Ägypten kamen – entweder aus Europa und Zentralasien über die Mittelmeerhäfen oder von Süden den Nil herauf –, wurden von Großhändlern dorthin gebracht, zum Teil unter staatlicher Regulierung. Diese Großhändler – nicht selten waren es christliche und jüdische Europäer – hatten sie auf Umschlagplätzen erworben. Für Sklaven aus dem Norden war lange Zeit Kaffa auf der Krim besonders wichtig, bevor das Osmanische Reich den Handel übernahm. Für Sklaven aus dem Süden war Darfur ein zentraler Umschlagplatz. Meist waren es Händler aus der Herkunftsregion, die die Sklaven dort anboten. Insbesondere die hellhäutigen Sklaven waren oft von ihren Eltern an diese Händler verkauft worden, manchmal auch von lokalen Herrschern. Auch Kriegsgefangene wurden versklavt. Raubzüge zur gewaltsamen Gefangennahme von Sklaven fanden ebenfalls statt, waren bei den Hellhäutigen aber – zumindest ab der Fatimidenzeit – wohl nicht die Regel. Anders sah es im subsaharischen Afrika aus. Die von dort stammenden Sklaven waren überwiegend gewaltsam gefangen genommen worden, wobei die Versklavung oft in Kooperation mit einheimischen Eliten erfolgte.

Bei der Ankunft der Sklaven in Ägypten erhob der Staat Zölle. Der Handel mit Mamluken war zudem staatlich reglementiert; zur Zeit des Mamlukensultanats durften nur Mamluken und der Sultan selbst Militärsklaven besitzen. Die Sklaven, die nicht un-

Sklavenmarkt in Kairo im 19. Jahrhundert. Der Handel mit weißen und mit schwarzen Sklaven fand getrennt voneinander statt; auf dem Bild werden sudanesische Sklaven zum Verkauf angeboten.

mittelbar nach der Ankunft für den Bedarf des Herrschers ausgewählt wurden, wurden auf Sklavenmärkten, vor allem in Kairo, zum Verkauf angeboten. Die afrikanischen Sklaven wurden auch in andere Länder weiterverkauft, in osmanischer Zeit vor allem nach Istanbul. Die Preise schwankten stark, abhängig von Faktoren wie der Verlustquote durch Schiffbruch oder Seeräuber. Besonders deutlich wirkte sich die Pest auf die Preise aus, da sie das Angebot verminderte und die Nachfrage in die Höhe trieb. Weiterhin beeinflussten Moden den Preis. Diese veränderten sich im Lauf der Jahrhunderte deutlich. Gängige Vorstellungen von rassischen Vorzügen und Nachteilen – die es auch in der Frühzeit islamischer Herrschaft schon gab – entwickelten sich hin zu einer klaren Dichotomie von Schwarz und Weiß. Das zeigte sich ganz offiziell in der Struktur des Zunftwesens, das sich in osmanischer Zeit etablierte. Der Handel mit weißen und der mit schwarzen

Sklaven fand in getrennten Zünften statt. Während die Zunft der Händler mit weißen Sklaven als sehr renommiert und prestigereich galt, wurde den Händlern mit schwarzen Sklaven eher Verachtung zuteil. Sklaverei war somit mit rassistischen Stereotypen untrennbar verknüpft, und dies wohl durch die Geschichte des islamischen Ägypten hindurch in zunehmendem Maße.

Dritter Teil

Osmanische Eroberung und ägyptische Autonomie

1. Ägypten als osmanische Provinz (1517–1798)

Mit der Niederlage der Mamluken gegen die Osmanen wurde Ägypten nach Jahrhunderten regionaler Vorherrschaft und imperialer Ambitionen wieder zu einer Provinz an der Peripherie eines Großreichs – allerdings zu einer wichtigen und prestigeträchtigen. Es war die größte Provinz des Reiches, wirtschaftlich bedeutsam und nahm in vieler Hinsicht eine Sonderstellung gegenüber anderen Provinzen ein. Die Integration in die Strukturen des Osmanischen Reiches war schwächer als zum Beispiel in Syrien und nahm im Verlauf der osmanischen Herrschaft immer weiter ab.

Nachdem Selim I. Kairo erobert hatte, blieb er nur einige Monate in Ägypten. Vor seiner Abreise ernannte er Khāyrbak, den ehemals mamlukischen Gouverneur von Aleppo, der hinter al-Ghaurīs Rücken mit den Osmanen paktiert hatte, zum Statthalter von Ägypten. Der Herrscherwechsel war für die einheimische Bevölkerung, zumindest in Kairo, in mancherlei Hinsicht spürbar. Der höfische Prunk und die zeremoniellen Anlässe, die Kairo als Hauptstadt eines Reiches zuvor erlebt hatte, entfielen nun. Die türkischen Besatzungstruppen wurden von der Stadtbevölkerung als ungehobelt und zügellos empfunden. Es kam zu Requirierungen, und Ägypter wurden zur Zwangsarbeit verpflichtet. Die Einführung der osmanischen Währung löste Chaos auf den Märkten aus. Am stärksten traf Ägypten jedoch in dieser Phase die osmanische Praxis der Deportation von Mitgliedern lokaler

Eliten wie auch von Handwerkern, die für das Wachstum der 1453 eroberten Metropole Konstantinopel/Istanbul benötigt wurden. Erst nach Selims Tod 1520 erlaubte sein Sohn und Nachfolger Süleyman den meisten von ihnen die Rückkehr, nicht allerdings dem letzten Abbasidenkalifen, der ebenfalls nach Istanbul deportiert worden war.

Khāyrbak war zwar frei geborener Georgier, aber er hatte es im späten Mamlukensultanat zu hohen Positionen gebracht und war mit den örtlichen Verwaltungsstrukturen vertraut. Er war verantwortlich dafür, die Mamlukeneliten zu entmachten, zum Beispiel durch die systematische Kassierung ihrer *iqtā*-Ländereien, die Streichung der Pensionen der *aulād an-nās* sowie die Auflösung vieler Stiftungen, die ausschließlich der Alimentation mamlukischer Familien dienten. Die Mamluken selbst wurden überwiegend begnadigt und in die osmanischen Militäreinheiten integriert. Im Zuge dieser Maßnahme mussten sie viele ihrer etablierten Statusmerkmale aufgeben und sich osmanischen Gepflogenheiten anpassen. So befahl ihnen Khāyrbak, ihre Bärte zu rasieren. Dennoch blieben anhaltende kulturelle Spannungen zwischen den in Ägypten verwurzelten Mamluken und den temporär stationierten osmanischen Truppen bestehen.

Tiefgreifende Änderungen vollzogen die Osmanen im Bereich des Rechts. Sie führten ihr Verwaltungsrecht ein und importierten türkisches Justizpersonal, das die Aufsicht über die Judikative übernahm. 1522 schafften sie das System der gleichberechtigten Kadis ab. Statt ihrer setzten sie einen türkischen, hanafitischen Oberkadi ein. Dieser stützte sich auf die Istanbuler Rechtstradition, die in einer Reihe von Aspekten – zum Beispiel, was die Rechte von Frauen im öffentlichen Raum anging – von ägyptischen Gepflogenheiten abwich. So verbot er Frauen, auf Eseln zu reiten; eine in Ägypten zuvor unbekannte Vorschrift.

In den ersten Jahren der osmanischen Herrschaft kam es zu einigen Revolten, vor allem gestützt durch mamlukische Kreise. So erklärte sich 1523 der tscherkessische Gouverneur Ahmad

Pascha zum Sultan. Nach der Niederschlagung dieser Revolte erhoben sich arabische Beduinenscheichs. Auch sie konnten durch osmanische Truppen besiegt werden. Fast 250 Jahre lang wurde nun die osmanische Herrschaft über die Provinz nicht mehr ernsthaft herausgefordert. Die osmanische Garnison konnte daher relativ klein bleiben; sie bestand aus ungefähr zehntausend Soldaten, die selten in Kriegseinsätze involviert waren und den Dienst in Ägypten als ruhig und angenehm empfanden.

1525 besuchte Süleymans Großwesir Ibrāhīm Pascha Ägypten und erließ dort ein Edikt, das die Verwaltungsregeln der Provinz festlegte. Dabei blieb die Kontinuität von lokalen Praktiken der Landverwaltung, Steuereintreibung, des Stiftungs- und Geldwesens und der Hafenverwaltung ungewöhnlich hoch für eine osmanische Provinz. Die Kontrolle über das Land sollte ein Vizekönig sichern, der mit einem Diwan zusammenarbeitete, einem obersten Verwaltungsgremium, mit dem er sich mehrmals wöchentlich beriet. Führende Positionen im Militär mussten an osmanisch-türkische Offiziere vergeben werden. Die Kaste der Mamluken wollten die Osmanen aussterben lassen, indem sie den Import neuer Militärsklaven verboten. Diese Vorschrift konnte sich allerdings nicht im Mindesten durchsetzen. Es wurden bis ins 19. Jahrhundert neue Mamluken importiert und ausgebildet, auch wenn das System weniger rigide strukturiert war als zuvor und die Trennlinien zu frei geborenen Soldaten stärker verschwammen – unter anderem dadurch, dass die Mamluken nun arabische statt türkischer Namen führten.

Der osmanische Vizekönig in Ägypten hatte in der Regel keine enge Bindung an das Land. Die ersten beiden Vizekönige nach dem Erlass des Verwaltungsgesetzes blieben jeweils etwas mehr als zehn Jahre in der Provinz, aber so lange Amtszeiten waren die Ausnahme; in der zweiten Hälfte des 17. Jahrhunderts betrug die typische Amtszeit lediglich zwei bis drei Jahre. Nicht wenige der Vizekönige waren Eunuchen aus dem Haushalt des Sultans. Andere waren zuvor Militärs, Finanzbeamte oder Statthalter kleinerer Provinzen gewesen. Der Sultan selbst war für die Ägypter weit weg; nach Selim I. besuchte über Jahrhunderte kein einziger osmanischer Sultan mehr das Land.

Die landwirtschaftliche Produktion hatte während der Mamlukenzeit durch klimatische Bedingungen, Seuchen und Misswirtschaft gelitten. Dennoch konnte Ägypten nach wie vor den Hedschas ernähren und Waren wie Zucker, Reis und Linsen nach Istanbul liefern. Das *iqtāʿ*-System schafften die Osmanen weitgehend ab. Staatliche Aufseher (*kāshif*) waren für die Organisation der Bewirtschaftung, die Instandhaltung und den Betrieb der Kanalsysteme sowie den Schutz vor Beduinen zuständig. Steuereintreiber erhoben Abgaben und brachten diese nach Kairo. Aus den so gewonnenen Einnahmen wurden die Soldaten und Verwaltungsbeamten mit einem festen Sold belohnt; außerdem führte Kairo einen Tribut nach Istanbul ab. Allerdings wurde dieses System nahezu von Anfang an dadurch aufgeweicht, dass die meisten der Gebiete im Delta und in Oberägypten, die vor der osmanischen Eroberung in der Hand von Beduinenscheichs gewesen waren, dies auch weiterhin blieben. Es handelte sich bei diesen Beduinen nicht immer um Nomaden. Sie waren aber, auch wenn sie längst sesshafte Bauern waren, weiterhin wie Stämme organisiert, waren stolz auf ihre arabische Abstammung, trugen im Unterschied zu den Fellachen Waffen und ritten Pferde. Ihre starke Stellung in der Verwaltung der Agrareinnahmen ermöglichte vielen Scheichs, sich auf Kosten der Staatskasse und der Bauern zu bereichern. Anfängliche Versuche der Osmanen, sie durch staatliche Verwalter zu ersetzen, waren nicht erfolgreich. Die Folge war, dass die vorerst zurückgewonnene staatliche Kontrolle über Oberägypten prekär und unvollständig blieb. In den nicht beduinisch dominierten Gebieten wurde das Amt des *kāshif* sehr häufig von Mamluken und ihren Nachfahren ausgeübt, die den Vorteil hatten, dass sie mit Ägypten und dessen kompliziertem System der Landverwaltung vertraut waren. Dieses Segment der Provinzadministration war die wichtigste Nische, in der die Mamluken mit ihren Traditionen überlebten. Auch im Kampf gegen marodierende Beduinen und als Aufseher der Pilgerkarawanen waren sie gefragt.

Das religiöse Leben Ägyptens florierte unter den Osmanen. Die Osmanen erkannten die religiösen Stiftungen der Mamlukenzeit an und investierten in den Bau weiterer Moscheen sowie in die Wohltätigkeit. Das trug sehr stark zu ihrer Legitimation bei, ebenso wie die wachsende Rolle, die sie der Ausstattung der Pilgerkarawanen beimaßen. Zwar ging die Bedeutung der ägyptischen Madrasen gegenüber denen in Istanbul stark zurück; allein die Azhar konnte ihren Rang nahezu beibehalten und sogar expandieren. Wie es für Kolonialstaaten typisch ist, konnten die dort ausgebildeten Gelehrten jedoch allenfalls in ihrer eigenen Provinz, nicht im Zentrum des Reiches Posten erhalten. Dennoch gab es keinen generellen Rückgang des Stiftungswesens, eher einen Funktionswandel. Stiftungen waren nun weniger auf imperiale Repräsentation und die Ausbildung staatstragender Gelehrter angelegt, sondern eher auf die Erfüllung der religiösen Bedürfnisse der Bevölkerung. So wurden viele Madrasen in Stadtteilmoscheen umgewandelt. Ebenso wurden die großen und repräsentativen *khānqāhs* der Mamlukenzeit durch eine Vielzahl kleiner lokaler Konvente ersetzt. Die ägyptischen Sufi-Orden erfreuten sich anhaltender Popularität. Darüber hinaus brachten die Osmanen neue Orden ins Land, insbesondere die Khalwatiyya, die sich von der in Ägypten etablierten Tradition der Mystik dadurch unterschied, dass sie Wert auf einsame Kontemplation legte und Entrückung und Ekstase Bestandteile ihres spirituellen Weges waren. Das führte zu Konflikten mit bestehenden lokalen Orden, zumal die Osmanen die Khalwatiyya und andere türkische Orden besonders förderten. Dennoch ging es auch den traditionellen und fortwährend neu entstehenden ägyptischen Orden gut; einige ihrer Scheichs brachten es in osmanischer Zeit zu enormem Reichtum.

Handel und Wirtschaft entwickelten sich nach der osmanischen Eroberung positiv. Im städtischen Raum etablierte sich ein elaboriertes und klar strukturiertes Zunftwesen, das hohe gesellschaftliche Bedeutung hatte. Die Oberhäupter der Zünfte hatten, ebenso wie die Oberhäupter der Stadtviertel, eine soziale Kontrollfunktion inne. Die Landwirtschaft nahm einen Aufschwung, wohl auch bedingt durch günstige Nilfluten. An die Stelle des Gewürzhandels trat nun der Handel mit Kaffee aus dem Jemen, der im Osmanischen Reich und Europa reißenden Absatz fand. Ägypten profitierte über weite Teile des 16. Jahrhunderts von Stabilität und einem gewissen Wohlstand. Nennenswerte kriegerische Aktivitäten gab es nicht. Allenfalls diente das Land als Basis für die Kontrolle des Jemen; die Osmanen entsandten des Öfteren Expeditionen dorthin. Für die Provinz Barqa – die Cyrenaika – war Ägypten hingegen ab dem 16. Jahrhundert nicht mehr zuständig. Dieses Gebiet hatte weite Strecken der islamischen Geschichte zum ägyptischen Einflussbereich gehört, wenn auch meist mit sehr schwacher staatlicher Kontrolle über die überwiegend nomadischen Einwohner. Die Osmanen unterstellten es dem Pascha von Tripolis, weswegen es dann später Teil der italienischen Kolonie Libyen wurde. Somit nahmen die osmanischen Verwaltungsgliederungen die heutigen Grenzen Ägyptens weitgehend vorweg.

Um die Wende zum 17. Jahrhundert wurde Ägypten – ähnlich wie andere Provinzen des Osmanischen Reiches – von einer Reihe von Militärrevolten erschüttert, die sich über zwanzig Jahre hinzogen und unter anderem in der Ermordung eines Vizekönigs sowie der Ernennung eines eigenen Sultans durch die meuternden Truppen gipfelten. Zu den Motiven der Aufständischen gehörten ausbleibende oder zu niedrige Besoldung, die zum Teil auf Geldentwertung – unter anderem bedingt durch spanische Silberimporte aus Amerika – zurückging; aber es gab auch tiefer liegende Ursachen. Seit Beginn der osmanischen Besatzung hatte die strikte imperiale Kontrolle in vielen Bereichen nachgelassen. Militär und Verwaltung waren übermäßig angewachsen und verschlangen enorme Ressourcen. Die klare Statustrennung zwischen osmanischen Truppen und einheimischer Bevölkerung hatte gelitten; die Soldaten beschwerten sich, dass sich Teile der ägyptischen Bevölkerung Privilegien erschlichen hätten, die ihnen nicht zustünden. Gleichzeitig pochten sie auf ihre eigenen Privilegien, auch wenn diese unrechtmäßig waren. So hatte sich unter den Kavalleriekorps die Praxis eingebürgert, zur Erhöhung der eigenen Einkünfte von der Landbevölkerung illegale Schutzabgaben zu erpressen. Als die Osmanen versuchten, dies zu unterbinden, meuterten die Truppen.

1609 konnte der neu entsandte Vizekönig Muhammad Pascha der Rebellion Herr werden und Ägypten wieder unter engere imperiale Kontrolle bringen, die allerdings nicht mehr das Niveau des 16. Jahrhunderts erlangte. Langsam und allmählich gelang es lokalen Eliten, im Verlauf des 17. Jahrhunderts ihre Einflusssphäre zu erweitern. Diese Entwicklung wurde dadurch begünstigt, dass die strategisch-militärische Bedeutung Ägyptens sank. Die Portugiesen stellten auf dem Indischen Ozean keine Bedrohung mehr dar, und nachdem die Osmanen um 1630 den Jemen verloren hatten, waren die ägyptischen Truppen noch weniger stark nachgefragt. Gleichzeitig stieg die Zahl der Immigranten aus Anatolien und dem Balkan: flüchtende Rebellen, arbeitslose Söldner nach beendeten Kriegszügen und Auswanderer aus Provinzen, in denen das Bevölkerungswachstum überhandnahm. Nach der osmanischen Niederlage vor Wien 1683 und den daraus resultierenden Gebietsverlusten kamen Soldaten, Beamte und Bewohner aus den verlorenen Gebieten hinzu. Die Zusammensetzung der ägyptischen Truppen wie auch der Bevölkerung veränderte sich dadurch; die Trennlinien zwischen Verwaltung, Armee und Zivilbevölkerung weichten immer mehr auf.

Besonders prägend wirkte die Etablierung des Systems der Steuerpacht (*iltizām*), das es Einzelpersonen ermöglichte, das Recht auf Steuereintreibung in einem Gebiet zu ersteigern. Neben der Landwirtschaft betraf das zum Beispiel auch die Zolleinnahmen der Häfen. Die Steuereinnahmen gingen in das Eigentum des Steuerpächters über, dem Staat blieben die Versteigerungserlöse. Das ermöglichte den Aufstieg einheimischer Eliten, seien es Offiziere, hohe Beamte, Sufi- oder Beduinenscheichs, die durch die Steuerpacht enormen Reichtum erwarben. Sie formten eine Oligarchie, der gegenüber der Vizekönig zunehmend machtlos war.

Innerhalb dieser Oligarchie wiederum bildeten sich große Fraktionen, in deren Zusammensetzung Familienloyalitäten, Klientelbeziehungen, aber auch ethnische Zugehörigkeit eine große Rolle spielten. Dominierend waren durchweg Gruppen, die von außerhalb Ägyptens und der arabischen Welt stammten wie Tscherkessen, Bosnier, Anatolier und Georgier.

Ein neuer politischer Faktor für Ägypten waren die obersten schwarzen Palasteunuchen der Hohen Pforte. Dieses Amt hatte sich im 16. Jahrhundert herausgebildet; dem obersten Eunuchen unterstanden alle religiösen Stiftungen des Reiches. Ab 1644 wurde es zur Norm, dass abgesetzte Obereunuchen nach Ägypten geschickt wurden, was zur Folge hatte, dass sie bereits während ihrer Amtszeit ein großes Interesse daran zeigten, in der Provinz Reichtum anzuhäufen und Stiftungen zu begründen. Spätestens im 18. Jahrhundert gehörten diese Eunuchen, die sich allesamt in dem gleichen wohlhabenden Viertel von Kairo niederließen, zu den wichtigsten lokalen Notabeln. Sie trugen außerdem beträchtlich zum politischen, wirtschaftlichen und kulturellen Austausch zwischen Istanbul und Kairo bei.

Das höhere Bildungswesen Ägyptens wies in osmanischer Zeit eine deutliche Tendenz zur Zentralisierung auf. Während die meisten Madrasen schrumpften oder ganz verschwanden, wuchs im 17. Jahrhundert der Zustrom von Studenten an die Azhar stark an. Zwar bot die Ausbildung dort keinen Zugang zur imperialen Elite in Istanbul, doch fand sie auf Arabisch statt, einer Sprache, die – im Gegensatz zum Türkischen – überall in der islamischen Welt gelehrt wurde. So begann die Azhar, Studenten aus entfernten Regionen von Westafrika bis Indonesien anzuziehen. Außerdem war sie Ziel einer immer größeren Zahl von Studenten aus dem ländlichen Raum. Um 1670 wählten die Azhar-Gelehrten aus ihren Reihen erstmals ein Oberhaupt, den Shaikh al-Azhar; ein Amt, das bis heute mit höchstem religiösen Prestige verbunden ist. Viele Amtsträger stammten aus Dörfern oder Kleinstädten und alle waren Malikiten oder Schafiiten, also keine Angehörigen der von den Osmanen favorisierten Rechtsschule der Hanafiten. Die Azhar-Leitung erfreute sich offensichtlich einiger Unabhängigkeit von der politischen Elite Kairos. Genau dieser Umstand verschaffte ihr hohes Ansehen bei der Bevölkerung: Die Azhar wurde – weit entfernt von ihrem Ursprung als fatimidische Staatsmoschee – nun als eigenständige religiöse Institution angesehen, die nicht durch politische Interessen und Verpflichtungen kompromittiert war.

Die hohe Zahl an Azhariten mit kleinbürgerlichem und ländlichem Hintergrund deutet auf ein Phänomen hin, das sich möglicherweise schon in der Mamlukenzeit angebahnt hatte, aber in der Osmanenzeit eine wachsende Rolle spielte: die Ausweitung des Zugangs zu Bildung durch institutionalisierten Unterricht in «Koranschulen», den *kuttāb*s. Der Unterricht wurde von lokalen Gelehrten oder Sufischeichs in Moscheen oder Konventen gegen kleine Geldbeträge oder Sachzuwendungen durchgeführt. Davon profitierte eine erhebliche Zahl von Familien aus unterschiedlichen Milieus im städtischen und ländlichen Raum: Handwerker, Kleingewerbetreibende, Händler. Die große Mehrheit der Bevölkerung war zwar nach wie vor nicht des Lesens und Schreibens kundig, insbesondere wenn man den Ausschluss der allermeisten Frauen vom Zugang zu Bildung in Betracht zieht; doch das alphabetisierte Segment der Bevölkerung expandierte weit über die kleine Gruppe der Religionsgelehrten und Verwaltungsfachleute hinaus. Als Folge dieser Entwicklung lässt sich eine Zunahme von Literaturformen feststellen, die narrativen Charakter hatten und populäres, zuvor vermutlich mündlich überliefertes Erzählgut verschriftlichten – ähnlich wie in Europa die Sammlung von Märchen. Dies ging einher mit einem Trend zur Verschriftlichung dialektaler Sprachformen des Arabischen, die sich stark vom Hocharabischen unterschieden und – anders als dieses – von breiten Bevölkerungsschichten verstanden wurden. In späterer Zeit sollte dieses Phänomen zur Etablierung eines ägyptischen Nationalismus beitragen.

Ein weiterer Faktor, der im 19. Jahrhundert zur Entstehung nationalistischer Diskurse beitrug und seinen Ausgangspunkt in

Kaffeerösterei, um 1800

der Osmanenzeit hatte, war die enorme Ausbreitung von Kaffeehäusern. Am Ende des 18. Jahrhunderts soll es allein in Kairo –
das grob geschätzt ca. 300 000 Einwohner hatte – über 1000
dieser Etablissements gegeben haben. Das Kaffeehaus stellte
eine neue Form des öffentlichen Raums außerhalb des religiösen
Feldes dar, die kulturellen und gesellschaftlichen Austausch
ermöglichte. Kaffeehäuser boten unterschiedlichen Genres des
Unterhaltungswesens wie Schattenspiel, Puppentheater, Satire,
Musik und Geschichtenerzählen eine Bühne sowie eine stabile
finanzielle Basis und erhöhten damit deren Einfluss und Bedeutung.

Im 18. Jahrhundert verstärkte sich der Autonomiegewinn lokaler Eliten gegenüber osmanischer Oberhoheit. Die Oberhäupter der mächtigen mamlukischen Familien besaßen eigene Mamluken, die sie akquiriert und ausgebildet hatten; die zwei mächtigsten politischen Fraktionen rivalisierten miteinander um die
Macht. Ägypten agierte in zunehmendem Maße als unabhängiger Staat. Die osmanische Regierung versuchte wiederholt erfolg-

los, Statthalter zu entsenden, die den Einfluss der örtlichen Notabeln eindämmen sollten. Die Gouverneure waren völlig machtlos, wurden von den einheimischen Beamten und Offizieren in der Zitadelle interniert, manchmal überhaupt nicht nach Kairo gelassen, manchmal nach Belieben abgesetzt, im Extremfall sogar ermordet. Ihre Steuerpachten waren von den einheimischen Notabelnfamilien usurpiert worden; ihre Truppen waren von ägyptischen Mamluken durchsetzt und wurden faktisch auch von diesen kommandiert. Die stärkste Rolle spielte das Janitscharenkorps, das die lukrativsten Steuerpachten an sich gezogen hatte. Darüber hinaus finanzierten sich die Soldaten durch Schutzgelderpressungen und eigene wirtschaftliche Aktivitäten. Mittlerweile lag die Herrschaft über Kairo – und damit auch über Ägypten – nicht mehr bei einer Gruppe von Oligarchen, sondern bei einer Einzelperson, dem *shaikh al-balad* oder Stadtoberhaupt von Kairo.

Trotz politischer Rivalitäten und der oft willkürlichen und despotischen Herrschaft der Eliten ging es Ägypten in den ersten zwei Dritteln des 18. Jahrhunderts recht gut. Begünstigt durch Frieden und moderat hohe Nilfluten wuchs die landwirtschaftliche Produktion, verdiente eine reiche Händlerschicht am Handel mit jemenitischem Kaffee und stieg die Bevölkerungszahl. Die in früheren Jahrhunderten angestrebte Trennung zwischen Osmanen und Einheimischen war weitgehend erodiert. Militärs betätigten sich in Handel und Gewerbe und kontrollierten über ihre Steuerpachten die Landwirtschaft. Ägypten war ein Ziel anhaltender Einwanderung aus anderen Teilen des Osmanischen Reiches von Anatolien bis zum Maghreb. Besonders um die Jahrhundertmitte investierten die führenden Eliten viel von ihrem Reichtum. Kairo und die Mittelmeerhäfen Rosette und Damiette erlebten einen Bauboom und wuchsen stark. Mamlukenemire und andere lokale Notabeln investierten sowohl in öffentliche Gebäude als auch in die Paläste ihrer Familien, in denen sich ihre Macht manifestierte.

Ägypten wurde in dieser Zeit von Haushalten dominiert, die

nicht nur Angehörige einer Familie umfassten, sondern ein weites Patronagenetzwerk, dem auch Mamluken und deren Nachfahren sowie andere Klienten angehörten. Die bis zur Mitte des 18. Jahrhunderts politisch dominanten Haushalte hatten frei geborene und mamlukische Eliten kombiniert. In der zweiten Hälfte des Jahrhunderts ergriffen neue Fraktionen die Macht. Ägypten entwickelte sich nun erneut zu einem Mamlukenstaat, in dem Militärsklaven nicht nur alle wichtigen Posten in der Armee besetzten, sondern auch die Politik und Finanzverwaltung kontrollierten. Besonders erfolgreich war das Haus der Qazdağlıs, das bereits seit Anfang des Jahrhunderts das Janitscharenkorps dominierte und in alle profitablen Wirtschafts- und Verwaltungsaktivitäten des Landes involviert war. Die Qazdağlıs übernahmen nun auch den Posten des *shaikh al-balad*. Sie setzten zunächst die Tradition ihrer Amtsvorgänger fort, die osmanische Oberhoheit formal zu akzeptieren, in gewissem Umfang Tribute und Truppen an die Hohe Pforte abzuführen und sich lediglich intern autonom zu gebärden – dies aber mit Bedacht auf einen Ausgleich mit anderen Interessengruppen, etwa den Beduinenscheichs im Delta und den Hawwāra-Emiren, die seit der späten Mamlukenzeit weite Teile Oberägyptens kontrollierten.

In den sechziger Jahren des 18. Jahrhunderts kam jedoch mit ʿAlī Bey Bulut Kapan ein Qazdağlı an die Macht, der sich damit nicht mehr zufriedengeben wollte. Ab 1767 durchsetzte er die gesamte Verwaltung und das Militär mit seinen Mamluken, entmachtete die Janitscharen, entriss den Hawwāra in Oberägypten und den Beduinen im Delta viel von ihrer Macht und tötete oder vertrieb alle potenziellen Rivalen. Einen osmanischen Gouverneur duldete er nicht mehr. Er verbündete sich vielmehr mit europäischen Händlern gegen die Osmanen. Diese hatten bis dahin versucht, Ägypten wirtschaftlich zu protegieren, indem sie ausländischem Handel strenge Beschränkungen auferlegten. So durften die Europäer den Golf von Sues nicht befahren, mussten in abgegrenzten Stadtvierteln residieren und durften nur über ägyptische Zwischenhändler Handel betreiben. In seinem Streben nach dem Aufbau eigenständiger Außenbeziehungen ermutigte ʿAlī Bey die Europäer, diese Beschränkungen zu ignorieren. Er verhalf außerdem griechisch-katholischen Christen aus Syrien zu einem rasanten Aufstieg. Sie waren eng mit den Franzosen assoziiert und übernahmen in kürzester Zeit die zuvor von Juden kontrollierte Zollverwaltung. Zudem rief ʿAlī Bey europäische Militärberater ins Land, die seine Artillerie modernisieren sollten. 1770/71 beauftragte er schließlich – nachdem er ein Bündnis mit dem Zaren gegen die Osmanen geschlossen hatte – eine Armee mit der Eroberung Syriens, was darauf hindeutet, dass ihm letztlich eine Restauration des Mamlukensultanats vorschwebte.

Seine Pläne scheiterten daran, dass sich weite Teile seiner eigenen Familie von ihm abwandten; 1772 wurde er vertrieben, 1773 bei einem Rückkehrversuch tödlich verwundet. Seine Gegner warfen ihm unter anderem vor, Ägypten den Christen ausgeliefert zu haben. In der Tat erlebte die ägyptische Wirtschaft als Folge der stärkeren Öffnung für den Handel mit Europa einen rapiden Niedergang. Europäische Produkte und billige landwirtschaftliche Erzeugnisse aus der Neuen Welt drängten auf den Markt und beschnitten die Absatzchancen einheimischer Waren empfindlich. Europäische Handelsgesellschaften kauften den jemenitischen Kaffee nun selber an und umgingen die ägyptischen Zwischenhändler.

Trotz ihrer Kritik distanzierten sich ʿAlī Beys Nachfolger allerdings nur oberflächlich von seiner Politik. Einerseits ließen sie zwar wieder einen osmanischen Gouverneur ins Land, leisteten ihre Zahlungen an die Hohe Pforte und lösten das Bündnis mit Russland. Andererseits jedoch versuchten sie weiterhin, Ägyptens Einfluss in Syrien auszubauen und auf ökonomischer Ebene die europäischen Händler zu protegieren. Diese kurzsichtige Politik, die auch durch den eklatanten Mangel an Weltgewandtheit unter den Eliten bedingt war, schadete der bis dahin prosperierenden ägyptischen Wirtschaft extrem. Das Muster der Übervorteilung durch europäische – allen voran britische und französische – Akteure sollte eine wiederkehrende Rolle in der Geschichte Ägyptens auf dem Weg in die Moderne spielen.

Im letzten Viertel des 18. Jahrhunderts waren die Geschicke des Landes geprägt durch wirtschaftlichen Niedergang sowie das Auseinanderbrechen des Qazdağlı-Clans, das zu gewaltsamen Auseinandersetzungen zwischen den Fraktionen und einem Zerfall der Einheit Ägyptens führte. Die dominanten Akteure konzentrierten sich auf die Bekämpfung ihrer Gegner und die hemmungslose Bereicherung auf Kosten der Staatskasse. Für die Befriedung der Beduinen blieb keine Zeit, was der Bevölkerung, den Pilgerkarawanen und dem Handel massiv zusetzte. Oberägypten war der Hauptzufluchtsort von vorübergehend unterlegenen Mitgliedern der Kairoer Eliten. Sie entzogen die Region immer mehr der Kontrolle Kairos, was zur Folge hatte, dass die Getreidelieferungen in die Hauptstadt häufig ausblieben. Immer mehr ausländische Händler versuchten wegen des exorbitanten Anstiegs der Zölle, Ägypten zu umgehen; immer mehr Bauern verließen ihre Dörfer, weil Investitionen in die Kanalsysteme ausblieben und die Höhe der Steuern ihnen nicht genug zum Leben ließ. Epidemien und Hungersnöte waren die Folge.

Ausländische, vor allem französische Händler versuchten sich den ständig zunehmenden Erpressungen durch die Qazdağlı-Clans zu entziehen, indem sie in das bis dahin recht kleine und unbedeutende Alexandria auswichen. Diese Kaufleute waren von den Qazdağlıs ins Land gelockt worden, sahen aber nun ihr Eigentum und ihre Sicherheit bedroht. 1786 appellierten sie an die osmanische Regierung, zu ihrem Schutz zu intervenieren. Die von den Osmanen gesandte Armee konnte die Macht der verfeindeten Mamlukenemire aber nicht brechen, sondern sie lediglich nach Oberägypten treiben, wo sich ihr Einfluss noch verfestigte. Bevor der osmanische Kommandeur Ghāzī Hasan Pascha Weiteres unternehmen konnte, wurde er von seiner Regierung, die an immer mehr Fronten bedroht war, mit dem größten Teil seiner Armee nach Russland abberufen. In Ägypten blieben beträchtliche Kontingente albanischer Soldaten.

1791 raffte eine Pestepidemie die pro-osmanische Verwaltung, die Kairo und den Norden des Landes kontrollierte, dahin. Dies ermöglichte den mamlukischen Eliten die sofortige Rückkehr aus Oberägypten und die Fortführung ihrer Politik der hemmungslosen Ausbeutung des Landes. Nachdem sie damit schon Oberägypten ruiniert hatten, gelang ihnen dies in kürzester Zeit nun auch in Unterägypten. Die Drohungen Frankreichs, das seine Handelsinteressen gefährdet sah, nahmen sie nicht ernst, zumal die dortige Lage in Folge der Revolution unübersichtlich wirkte. Das sollte sich als schwerer Fehler erweisen, der zum endgültigen Zusammenbruch des ägyptischen Mamlukenregimes führte.

2. Juden und Christen

Jüdische Gemeinden gab es in Ägypten seit der Antike. In Alexandria und anderen größeren Städten lebten insgesamt vermutlich einige tausend Juden. Damit unterschied sich ihre Situation zur Zeit der islamischen Eroberung stark von der der Christen, die die große Mehrheit der Bevölkerung stellten. Unter den Christen dominierten zahlenmäßig die Kopten, die allerdings von der byzantinischen Reichskirche diskriminiert wurden; ihr Patriarch wurde verfolgt und musste sich versteckt halten. Insofern brachte die muslimische Herrschaft für keine der beiden Gruppen eine unmittelbare Verschlechterung mit sich, eher eine Verbesserung. Zudem übernahmen die neuen Herrscher weitgehend die hergebrachten steuerlichen und administrativen Praktiken. Allerdings kürzten sie recht bald die Privilegien der Klöster, die allzu viel Land dem Zugriff des Fiskus entzogen.

Erst im Laufe der folgenden zwei bis drei Jahrhunderte entwickelten muslimische Rechtsgelehrte konsistente Vorstellungen vom Status der jüdischen und christlichen «Schutzbefohlenen» (*dhimmī*) in einem muslimisch regierten Gemeinwesen. Dabei konnten sie sich auf vorislamische Vorbilder stützen. So hatten im Byzantinischen Reich die Juden eine Kopfsteuer zahlen müssen. Außerdem waren ihnen die Renovierung von Synagogen und der Bau neuer Synagogen verboten gewesen. Beide Vorschriften finden sich in den Listen islamischer Rechtshandbücher über die Bedingungen, denen *dhimmī*s unterworfen sein sollten, wieder. Daneben finden sich dort Statusmarkierungen, die den Normen des persischen Sassanidenreichs ähneln – zum Beispiel das Verbot, Seide und Pelze zu tragen oder Pferde zu reiten, sowie die Pflicht, sich in Kleidung und Haartracht von Muslimen zu unterscheiden. Weitere Vorschriften zielten darauf ab zu verhindern, dass Christen und Juden Aggressionen gegenüber Muslimen an den Tag legten oder ihre Religion in der Anwesenheit von Muslimen ostentativ ausübten. In Grundzügen waren diese Bedingungen ab dem 9. Jahrhundert muslimischen Herrschern und Gelehrten offenkundig bekannt. Sie stellten allerdings eher eine Idealvorstellung dar, von der die Praxis meist deutlich abwich. Dass die meisten dieser Bedingungen nicht dauerhaft eingehalten wurden, wird allein schon an der Vielzahl der in islamischer Zeit erbauten Kirchen und Synagogen deutlich. Immer wieder finden sich Erlasse, die zur Einhaltung der *dhimma*-Regeln aufriefen und dadurch die Religiosität des Herrschers unterstreichen sollten. Das zeigt auch, dass diese Regeln zwar über weite Strecken im Alltag ägyptischer Juden und Christen kaum eine Rolle spielten, dass es jedoch muslimischen Autoritäten immer und jederzeit möglich war, zumindest kurzzeitig ihre Befolgung einzufordern.

Die *dhimma*-Regeln zielten auf eine fundamentale Statusunterscheidung zwischen Muslimen und Nichtmuslimen ab, vergleichbar der Unterscheidung zwischen Mann und Frau oder Freien und Sklaven. Ihnen lag jedoch kein Konzept von Fremdheit zugrunde; die Christen und Juden wurden – genau wie Frauen und Sklaven – vielleicht als Bürger zweiter Klasse, aber nichtsdestotrotz als Mitglieder der nahöstlichen Gesellschaften betrachtet. Insbesondere in der Fatimidenzeit, von Teilen der Regierungszeit al-Hākims abgesehen, war das Zusammenleben friedlich und die

Interaktion zwischen den Religionsgemeinschaften rege. Ab dem 12. Jahrhundert änderte sich jedoch, unter anderem beeinflusst durch die Kreuzzüge, das Klima für Juden und Christen deutlich zum Negativen. Wiederholt zielten Kampagnen auf ihre Entfernung aus dem Staatsdienst oder zumindest aus dessen höheren Ebenen ab. Die bislang starken und profitablen jüdischen Handelsnetzwerke im Mittelmeerraum litten unter dem Verlust muslimischer Territorien, unter anderem an der syrischen und palästinensischen Küste; zudem wurden Juden ab der Ayyubidenzeit aus wichtigen Handelsgilden verdrängt. Ihren Tiefpunkt erreichte die Situation religiöser Minderheiten in Ägypten während der Mamlukenzeit, als es wiederholt zu Pogromen gegen Christen kam. Wie bedrängt sich die Kopten gefühlt haben müssen, zeigt sich an wiederholten Versuchen einer Kirchenunion mit Rom zwischen dem 13. und dem 15. Jahrhundert, die jedoch keine greifbaren Resultate brachten. Unter osmanischer Herrschaft verbesserte sich die Situation der Juden und Christen wieder spürbar. Vermutlich nahm auch ihr Anteil an der Bevölkerung wieder zu. Bei den Juden war dafür vor allem die Zuwanderung vertriebener spanischer Juden in alle Provinzen des Osmanischen Reiches verantwortlich. Diese führte auch zum Wiederaufleben jüdischer Handelsnetzwerke im Mittelmeerraum. Bei den Christen waren es vermutlich die verbesserten Lebensumstände der Landbevölkerung, die zu einem leichten relativen Wachstum ihrer Gemeinschaft führten.

Ein Gegenstand anhaltender Klagen durch diese religiösen Minderheiten war die oppressive Besteuerung. Diese betraf zwar durchaus auch muslimische Untertanen; jedoch zahlten Juden und Christen zusätzlich zu den Abgaben, die alle entrichten mussten, noch eine Kopfsteuer (*dschizya*). Deren Erhöhung und rücksichtslose Eintreibung ging allerdings selten auf gezielte religiöse Diskriminierung zurück, sondern war ein gängiger Bestandteil der Strategie finanzschwacher Herrscher, die auf jede Geldquelle zugriffen, die ihnen zugänglich war. Innerhalb der großen Bandbreite theoretisch verfügbarer Geldquellen bot die *dschizya* – anders als zum Beispiel Zölle und Gewerbesteuern – den Vorteil, vom islamischen Recht legitimiert zu sein.

In die religiösen Angelegenheiten der jüdischen und christlichen Gemeinden griffen die ägyptischen Machthaber in der Regel nicht ein. Sie überließen ihnen auch die interne Jurisdiktion und die Regelung von Ehe- und Familienrechtsfragen. Die koptischen Christen wurden durch ihren Patriarchen gegenüber dem Staat repräsentiert. Bei den Juden etablierte sich erst im späten 11. Jahrhundert das Amt eines Gemeindeoberhaupts, das in der Regel ein prominentes Gemeindemitglied innehatte. Diese Person entstammte meist der in Ägypten dominanten palästinensischen Schule des Judentums, war aber kein Geistlicher. Oft übernahmen zum Beispiel die jüdischen Hofärzte der Fatimiden dieses Amt. Das Gemeindeoberhaupt vertrat auch jüdische Minderheitenströmungen wie die babylonische Schule, die karaitischen Juden und die Samaritaner, die ebenfalls in Ägypten präsent waren. Die wechselseitige Akzeptanz und der Zusammenhalt unter diesen Strömungen – mit Ausnahme der Samaritaner, die von allen anderen Juden abgelehnt wurden – waren recht hoch. Das war bei den Christen anders; heftige Konflikte zwischen den verschiedenen Konfessionen waren an der Tagesordnung, und manchmal wurden muslimische Autoritäten mit der Bitte angerufen, sie beizulegen.

Auseinandersetzungen um hohe jüdische und christliche Amtsträger waren ein Dauerthema. Juden waren stark repräsentiert in der Finanz- und Zollverwaltung und leiteten traditionell die Münzerei. Oft hatte ein Jude die Aufsicht über den Staatshaushalt. Christen waren stärker in den unteren und mittleren Ebenen der Verwaltung vertreten, gelangten jedoch manchmal ebenfalls in hohe Positionen. Die allerhöchsten Ämter, insbesondere das des Wesirs, konnten Juden und Christen kaum erreichen, wenn sie nicht zum Islam konvertierten. Dennoch scheinen die Konvertiten von der Bevölkerung oft weiterhin als Christen oder Juden wahrgenommen worden zu sein. Immer wieder, gehäuft ab dem 12. Jahrhundert, kam es zu muslimischen Ausschreitungen im

Zuge von Protesten gegen die Tatsache, dass ein Nichtmuslim sich in einer Position der Machtausübung über Muslime befand. Die Religionszugehörigkeit der Amtsinhaber wurde mit Machtmissbrauch oder unpopulären Besteuerungspraktiken assoziiert und die resultierende Feindseligkeit auf ihre Religionsgemeinschaft übertragen. Bei solchen Auseinandersetzungen ging es weniger um die Frage, was das islamische Recht erlaubte und verbot, als vielmehr um Statusdifferenzierung. Dies spiegelte sich auch in wiederkehrenden Forderungen wider, die Sklavenhaltung durch Juden und Christen zu untersagen. Ein solches Verbot hatte im islamischen Recht keine Basis, entsprach aber offenbar verbreiteten Vorstellungen über Statusunterschiede.

Juden gab es fast ausschließlich in Städten. Die Kopten waren besonders stark unter der Landbevölkerung vertreten, insbesondere im Umfeld großer Klöster, lebten jedoch als Folge der Landflucht ebenfalls in beträchtlicher Zahl in Städten. Offiziell verordnete räumliche Segregation fand in Ägypten nie statt. Bis in die Gegenwart existieren muslimisch-christliche Dörfer und religiös gemischte Stadtteile. Es gab allerdings schon früh eine Tendenz zur Ansiedlung um die Kultstätten der eigenen Religionsgemeinschaft, so dass es deutliche Konzentrationen von Juden und Christen in bestimmten Stadtteilen gab, in denen Synagogen und Kirchen standen. In der Mamlukenzeit erreichte die Abschottung ihren Höhepunkt.

In allen Religionsgemeinschaften waren sämtliche sozialen Schichten vertreten und war die Bandbreite der ausgeübten Berufe hoch. Die meisten der Zünfte, die es in osmanischer Zeit gab, waren gemischtreligiös. Es gab nur wenige Berufsgruppen, die Juden und Christen nicht zugänglich waren, so etwa das Militär. Einige andere Berufe – wie etwa im Bereich der Produktion und des Ausschanks von Alkohol sowie des Geldwechsels – wurden nur von Juden und Christen ausgeübt, weil sie Muslimen nicht erlaubt waren. Es gab außerdem historisch bedingte Schwerpunkte; so waren besonders viele Juden Ärzte. In osmanischer Zeit wurden vor allem die Juden von ihren Zeitgenossen als reich wahrgenommen, weil zu ihnen eine Reihe wohlhabender Händler und staatlicher Würdenträger gehörten und fast alle Geldwechsler Juden waren. Diese Wahrnehmung blendete die Existenz armer Juden aus und führte dazu, dass jüdisch dominierte Stadtteile besonders häufig das Ziel von Plünderungen, vorwiegend durch marodierende Soldaten, wurden – eine Tradition, die schon für die Mamlukenzeit belegt ist. Die Regierung bemühte sich meist darum, ihrer Verpflichtung nachzukommen, die nichtmuslimischen Einwohner vor solchen Aktionen zu schützen. Wenn sie dazu nicht durchsetzungsstark genug war, litten alle Bevölkerungsschichten, Juden aber oft in besonderem Maße.

Der Anteil von Juden und Christen an der Gesamtbevölkerung lässt sich für die Vormoderne kaum zuverlässig benennen, weil in Ägypten, anders als in den stärker zentralistisch regierten osmanischen Provinzen, nie ein Zensus stattfand. Die Franzosen versuchten sich erstmals an einer Erfassung der Bevölkerung, die aber auf unvollständigen Daten und problematischen Prämissen beruhte. Den ersten wirklichen Zensus gab es 1846 unter Muhammad ʿAlī. Demnach scheint es in der ersten Hälfte des 19. Jahrhunderts wenige tausend Juden im Land gegeben zu haben. Ungefähr sieben bis acht Prozent der Bevölkerung waren Christen, davon die große Mehrheit Kopten. In der zweiten Hälfte des 19. Jahrhunderts nahmen Zahl und Status der Juden sowie bestimmter christlicher Konfessionen wie etwa der Katholiken und Armenier durch den wachsenden europäischen Einfluss deutlich zu. Zu größeren Konflikten führten diese sozialen Veränderungen aber erst im 20. Jahrhundert unter dem Einfluss des ägyptischen Nationalismus.

3. Napoleon und das Reich der Khediven (1798–1882)

Ende Juni 1798 landete Napoleon Bonaparte, damals französischer General, mit einer Armee von mehr als 30 000 Mann bei Alexandria. Es folgte eine dreijährige französische Besatzung, die in der früheren Geschichtsschreibung oft als Zeitenwende dargestellt wurde; sie habe ein stagnierendes Land gleichsam aus dem Dornröschenschlaf geweckt und ihm Modernisierungsperspektiven eröffnet. Diese Einschätzung ist aus heutiger Sicht nicht haltbar. Die französische Invasion markierte weder den Beginn des Interesses europäischer Großmächte an Ägypten und dem Vorderen Orient noch ermöglichte sie eine wirtschaftliche Interaktion zwischen Europa und Ägypten, die es vorher nicht bereits gegeben hätte. Auch stellte sie keine direkte Inspirationsquelle für spätere Reformen dar. Dennoch war Napoleons Machtübernahme ein Einschnitt in die Geschichte Ägyptens, denn sie schuf die Voraussetzungen für die Entmachtung der mamlukischen Eliten und für den radikalen Umbau des ägyptischen Staates. Sie weckte außerdem in Europa vermehrtes Interesse an dem bislang wenig beachteten Land am Nil. Die Franzosen brachten einen Stab von Wissenschaftlern mit, die in Wort und Bild umfassende Beschreibungen ihrer Sicht auf das Land lieferten. Dies löste in Europa eine Begeisterung für das Alte Ägypten aus, die im späteren Verlauf des 19. Jahrhunderts zahlreiche Abenteurer und Ausgräber ins Land lockte.

Der napoleonischen Armee konnten die zerstrittenen Mamlukenhaushalte wenig entgegensetzen, so dass es den Franzosen rasch gelang, Kairo und das Delta zu besetzen. Allerdings sah sich Napoleon innerhalb kürzester Zeit mit massiven Problemen konfrontiert; das bedrohlichste war die Allianz zwischen Briten und Osmanen mit dem Ziel seiner Vertreibung aus Ägypten. Die Briten zerstörten kurz nach Napoleons Landung seine Flotte und schnitten so seine Nachschubwege ab. Darüber hinaus hatten sich Teile der Mamlukenarmee nach Oberägypten zurückgezo-

gen und stellten eine ständige Bedrohung dar. Im Oktober kam
es zu einem antifranzösischen Aufstand in Kairo, der den anfänglichen französischen Hoffnungen, als Befreier von der mamlukischen Tyrannei und als «Freunde des Islams» willkommen gehei-
ßen zu werden, einen herben Dämpfer versetzte.

Napoleon nahm einige Restrukturierungen vor, doch die meisten seiner Maßnahmen waren lediglich auf kurzfristige Kapital-
beschaffung sowie die Entmachtung der Mamluken angelegt. Um
tiefgreifende Reformen durchzusetzen, war seine Zeit in Ägypten
zu kurz, sein Interesse vielleicht auch zu begrenzt, und er war zu
sehr damit beschäftigt, osmanische und britische Angriffe aus Palästina und vom Mittelmeer abzuwehren. Nach vorläufigen Siegen an diesen Fronten verließ Napoleon im August 1799 heim-
lich das Land, um seine Ambitionen in Frankreich weiterzuver-
folgen. Sein Nachfolger Kléber sah sich konfrontiert mit erneut
in Richtung Sinai vorrückenden osmanischen Armeen, Verlusten
durch die Pest, der völligen Isolation von Frankreich sowie der
sinkenden Moral seiner Truppen. Unter diesen Umständen entschied er sich, über die Evakuation zu verhandeln. Ein diesbe-
züglicher französisch-osmanischer Vertrag kam zwar zustande,
wurde aber von den Briten, die auf eine militärische Lösung setzten, konterkariert. Die Franzosen konnten sich noch eine Weile
behaupten, sahen sich aber nicht nur äußeren Angriffen, sondern
auch wachsendem Widerstand in Kairo und im Delta gegenüber.
Sie konnten die Kontrolle über diese Gebiete nur unter massivem
Gewalteinsatz zurückgewinnen und um den Preis eines Abkommens mit dem Mamlukenemir Murād Bey, dem sie im Gegenzug
für seine Unterstützung die Herrschaft über Oberägypten übertrugen.

Kléber wurde im Juni 1800 ermordet. Sein Nachfolger Abdul-
lah Menou, der zum Islam konvertiert war und eine Ägypterin
geheiratet hatte, strebte, anders als Kléber, nicht die Evakuation,
sondern eine dauerhafte koloniale Herrschaft mitsamt der für
den französischen Kolonialismus typischen Idee einer zivilisieren-
den Mission an. Zu den umfassenden Reformen, die er durchzu-

führen versuchte, gehörte die Abschaffung des *iltizām*-Systems, das durch eine direkte Besteuerung ersetzt werden sollte. Seine Pläne wurden durch eine britisch-osmanische Invasion vereitelt, die die Franzosen vom Mittelmeer, vom Roten Meer und aus Palästina in die Zange nahm und im Sommer 1801 zur Kapitulation und zum Abzug zwang.

Es folgte eine Phase intensiver politischer und militärischer Auseinandersetzungen zwischen diversen mamlukischen Fraktionen, osmanischen Gouverneuren, relativ autonom handelnden albanischen Kontingenten der osmanischen Armee und weiteren Akteuren. Für die ägyptische Bevölkerung brachte diese Phase einige Härten mit sich. Requirierungen, Plünderungen und die Unterbindung der Getreidelieferungen aus Oberägypten waren an der Tagesordnung. Durch ihre verheerende militärische Niederlage gegen die Franzosen hatten die Mamluken den letzten Rest von Legitimität verspielt; sie waren zahlenmäßig dezimiert, untereinander zerstritten und vieler ihrer Pfründe beraubt.

In dieser Situation verweigerten die Kairoer Gelehrten und Händler den Mamluken ihre Unterstützung und ermöglichten damit den Aufstieg eines neuen Akteurs: Muhammad ʿAlī, Führer der im Land stationierten albanischen Truppen. In seiner mazedonischen Heimat war er Tabakhändler gewesen und hatte einer Einheit osmanischer Hilfstruppen angehört. In Ägypten war er klug genug, sich so lange aus den mamlukisch-osmanischen Auseinandersetzungen herauszuhalten, bis sich beide Seiten gegenseitig zermürbt hatten; währenddessen baute er seine Unterstützerbasis aus. 1805 verhalfen ihm die Kairoer Notabeln bei seinem Griff nach dem Amt des Vizekönigs zum Erfolg. Sie sahen in ihm denjenigen «starken Mann», der in dem vom Bürgerkrieg zerrissenen Land wieder Stabilität herstellen konnte. Vermutlich hofften sie auch darauf, dass er ihnen zum Dank für ihre Unterstützung mehr Privilegien einräumen würde, als sie unter den Mamluken genossen hatten. Zumindest die erste dieser beiden Annahmen erwies sich als zutreffend. Muhammad ʿAlī beherrschte Ägypten über mehr als vierzig Jahre und etablierte eine

Muhammad ʿAlī Pascha. Das Ölgemälde wurde von dem französischen Maler
Louis Charles Auguste Couder (1790–1873) angefertigt.

Dynastie, die bis 1952 an der Spitze des ägyptischen Staates stehen sollte.

Muhammad ʿAlī sah sich nicht als bloßen Gouverneur, sondern eher als eine Art Vasallenfürst der Osmanen. Das schlug
sich auch in der Titulatur nieder: Neben den gängigen Titeln «Pascha» und *wālī* (Statthalter) bezeichnete er sich als «Khedive»,
was einer der höchsten Titel des Osmanischen Reiches war. 1867
erkannten die Osmanen die Führung des Titels durch seine Nachfahren offiziell an. Muhammad ʿAlī baute eine der größten Armeen seiner Zeit auf und machte mit ihrer Hilfe Ägypten zu einer

regionalen Großmacht, die auf territoriale Expansion setzte – eine Entwicklung, die sich vielleicht schon bei dem gescheiterten mamlukischen Versuch der Eroberung Syriens 1770/71 angebahnt hatte. Um dies zu finanzieren, führte er umfassende wirtschaftliche, administrative und politische Reformen durch, die einerseits dazu dienen sollten, das Land zu entwickeln, andererseits aber auch zum Ziel hatten, alle Ressourcen in der Hand des Staates zu konzentrieren. Dieser Staat wiederum war faktisch das Privateigentum von Muhammad ʿAlīs erweitertem Haushalt, der – ähnlich wie die Mamlukenfraktionen vergangener Jahrhunderte – Familienmitglieder, Sklaven und freigelassene Sklaven umfasste, aber auch Personen, die zum Beispiel durch die Verheiratung mit einer Konkubine oder einem weiblichen Familienmitglied in den Haushalt kooptiert wurden. In dieser Hinsicht handelte es sich bei Muhammad ʿAlīs Projekt um eine Fortsetzung der ägyptischen Politik des 18. Jahrhunderts, der allerdings weitaus größerer Erfolg beschieden war. Es ging ihm weniger um das Wohlergehen der Ägypter, sondern vor allem um die Maximierung des Ertrags aus dem Land für seinen Haushalt und um die langfristige Etablierung einer Dynastie.

Diesen Zielen widmete sich Muhammad ʿAlī von Anfang an mit großer Energie. Zwischen 1805 und 1811 verwendete er beträchtliches Geschick sowie List und Skrupellosigkeit darauf, die Mamluken niederzuschlagen und seinen Gouverneursposten gegen Angriffe seitens der Osmanen sowie der Briten zu verteidigen. Ein Wiedererstarken der Mamluken verhinderte vor allem deren innere Zerstrittenheit. 1811, nach einigen Jahren des Taktierens, entledigte sich Muhammad ʿAlī schließlich des Problems auf denkbar radikale Weise. Er lud die Mamluken zu einer Zeremonie auf die Zitadelle ein. Sie kamen dieser Einladung fast ausnahmslos nach – und wurden von seinen Soldaten gnadenlos niedergeschossen. 470 Männer sollen diesem Massaker zum Opfer gefallen sein. Die finanzielle Basis der mamlukischen Eliten zog Muhammad ʿAlī durch die komplette Abschaffung des *iltizām*-Systems an sich, das nach dem Abzug der Franzosen zunächst überwiegend wiedereingeführt worden war. Dadurch wurde der größte Teil der Ertrag bringenden Fläche Ägyptens zu Staatsland. Ähnlich skrupellos ging er bei der Beschneidung der Einflusssphäre örtlicher Notabeln vor, obwohl es genau diese Gruppe war, die ihm zur Macht verholfen hatte. Die Kairoer Gelehrtenschaft im Umfeld der Azhar sowie die Sufi-Orden waren bislang von der Regierung recht unabhängig gewesen. Durch das Stiftungswesen waren sie zumeist ausreichend alimentiert; ihre internen Hierarchien hatten sie untereinander ausgehandelt. Muhammad ʿAlī hingegen verschaffte sich 1812 ein Mitspracherecht bei der Benennung des Shaikh al-Azhar nach dem Tod des bisherigen Amtsinhabers. Kurz darauf nutzte er den Tod des Oberhauptes des Bakriyya-Sufi-Ordens, um das neue Oberhaupt zu ernennen. Er übertrug diesem auch die Autorität über alle ägyptischen Sufi-Orden – ein Amt, das ein Novum in der religiösen Struktur Ägyptens war.

Dass Muhammad ʿAlī kein Einheimischer war und sich für ägyptische Traditionen der Herrschaft und Gelehrsamkeit recht wenig interessierte, war kaum zu übersehen. Er sprach Türkisch und umgab sich mit einer osmanisch geprägten, ebenfalls türkischsprachigen Elite. In seinem Stil der Herrschaftsrepräsentation orientierte er sich an den aktuellen osmanischen Moden. Das zeigte sich zum Beispiel an der riesigen Moschee, die er auf der Zitadelle bauen ließ und die das Stadtbild Kairos dominiert wie keine andere. Sie ist der im 17. Jahrhundert erbauten «Neuen Moschee» in Istanbul nachempfunden; ihr Baumeister war ein griechischer Architekt aus der Hauptstadt.

Muhammad ʿAlī erkannte, dass er für den Erhalt seiner Macht ein großes stehendes Heer brauchte. Schon in der Frühzeit seiner Herrschaft, zwischen 1811 und 1818, eroberte er auf Bitten der Osmanen den Hedschas mit den Heiligen Stätten von zentralarabischen Stämmen unter der Führung des Hauses Saʿūd zurück und zerschlug das von einer radikal-religiösen Ideologie geprägte saudische Fürstentum; damit sicherte er auch seinen Machterhalt gegenüber einem osmanischen Sultan, der eigentlich auf die Restauration der Mamlukenherrschaft gesetzt hatte. Muhammad ʿAlī wollte mittelfristig die alte, aus der Mamlukenzeit übernommene Armee durch ein neues Heer ersetzen, das modern organisiert war und allein ihm unterstand. Das war der Hauptgrund für die Eroberung des Sudan, die er ab 1820 unternahm; er wollte dort in großer Zahl Männer versklaven und seiner Armee zuführen. Das Vorhaben scheiterte jedoch, denn ein großer Teil der Sklaven starb schon auf dem Transport. Die französischen Militärberater, die Muhammad ʿAlī engagiert hatte, rieten ihm nunmehr dazu, mittels einer Wehrpflicht Einheimische zu rekrutieren, wie es in Frankreich inzwischen üblich war. In Ägypten war dies ein Novum. Die Wehrpflicht, die mit brutaler Gewalt durchgesetzt wurde, war bei den ägyptischen Bauern verhasst. Es gab keine klaren Regeln für die Rekrutierung und keine Höchstdauer, sondern es wurden nach Bedarf Rekruten eingezogen und auf unbestimmte Zeit dienstverpflichtet. Aufstiegsmöglichkeiten hatten sie nicht; Offiziersposten waren der kleinen Elite aus Türken, Tscherkessen und Albanern vorbehalten. Zu Spitzenzeiten um 1840 umfasste Muhammad ʿAlīs Armee 150 000 bis 200 000 Mann – eine extreme Belastung für die ägyptische Landbevölkerung.

Derartige Reformprojekte waren mit hohen Kosten für die Staatskasse verbunden. Zunächst kam Muhammad ʿAlī die Tatsache entgegen, dass in Europa die napoleonischen Kriege tobten. Dadurch waren die Nachfrage nach Weizen und mit ihr die Preise entsprechend gestiegen. Weitere Mittel trieb Muhammad ʿAlī durch die Einführung neuer und die Erhöhung bestehender Steuern ein. Um die Erlöse aus der Landwirtschaft langfristig zu steigern, investierte er in großem Maßstab in die landwirtschaftliche Infrastruktur. Dies ging weit über die Renovierung der bestehenden Flutsysteme hinaus. Erstmals ließ er ganzjährig nutzbare Bewässerungskanäle anlegen, die die Fläche des bewirtschafteten Landes stark vergrößerten und die Techniken der Landwirtschaft grundlegend veränderten. Die Bewässerungswirtschaft ermöglichte den intensiven Anbau von Pflanzen mit hohem Wasserbedarf wie Indigo und Reis, vor allem aber Baumwolle. Die langfaserige Baumwolle, die Muhammad ʿAlī einführte, sollte in den kommenden Jahrzehnten zum wichtigsten Exportprodukt Ägyptens werden. Muhammad ʿAlī organisierte die Landwirtschaft in Form einer zentralistischen Planwirtschaft; die Bauern wurden faktisch zu Arbeitern auf Staatsdomänen.

Ähnlich verfuhr er mit der handwerklichen Produktion. Gegen massiven Widerstand der Kleingewerbetreibenden verstaatlichte er die Produktion, vor allem im Textilbereich. Die traditionellen Kleinbetriebe und Herstellungsmethoden des Spinnens und Webens blieben dabei bestehen. Ab den zwanziger Jahren des 19. Jahrhunderts kamen Staatsfabriken hinzu, die mit zehntausenden Arbeitskräften besetzt wurden. Fanden sich nicht genug Freiwillige, wurden ehemals selbstständige Handwerker oder Fellachen zur Zwangsarbeit verpflichtet. Der größere Teil der Fabriken diente administrativen und militärischen Zwecken, so etwa eine Druckerei, Werften, Waffen- und Uniformfabriken. Muhammad ʿAlī versuchte außerdem, eine einheimische Textilindustrie nach britischem Vorbild aufzubauen, indem er große Spinn-, Web- und Stoffdruckbetriebe errichten ließ. Dazu kaufte er Maschinen aus Europa, insbesondere dampfmaschinenbetriebene Spinnmaschinen. Der weitaus größte Teil der Baumwollspinnereien blieb allerdings hand- und maultierbetrieben, weil es für den Betrieb und die Instandhaltung der Dampfmaschinen keine qualifizierten Fachkräfte gab. Den Handel monopolisierte Muhammad ʿAlī nahezu vollständig. Dadurch konnte er ausländische Konkurrenz kontrollieren und den Absatz der Produkte seiner Industrialisierung sicherstellen. Der Staat bestimmte die Einkaufspreise für einheimische Rohstoffe wie auch die Verkaufspreise der Endprodukte.

Der Versuch der Industrialisierung erforderte Fachkräfte für Produktion und Verwaltung. Muhammad ʿAlī rekrutierte vor allem Europäer; insbesondere französische Saint-Simonisten – Anhänger einer Bewegung, die auf Fortschritt durch Produktion setzte – folgten seinem Ruf. Europäer kamen auch als Lehrer an die neuen Fachschulen, die Muhammad ʿAlī eröffnen ließ. Sie lehrten Fächer mit praktischem Nutzen wie Militärwesen, Technik, Medizin, Hebammenwesen, Landwirtschaft, Verwaltung und Sprachen. Ab 1826 entsandte Muhammad ʿAlī Studienmissionen nach Europa, vor allem nach Frankreich. Die jungen Männer, die an ihnen teilnahmen, waren Absolventen religiöser Ausbildungsstätten. Sie sollten im Ausland praktisch verwertbare Kenntnisse erwerben und damit den Grundstein einer neuen technokratischen Elite bilden. In den zwanziger Jahren des 19. Jahrhunderts eröffnete Muhammad ʿAlī die erste Druckerei des Landes, die unter anderem Verwaltungshandbücher und Schulbücher druckte sowie ab 1828 auch die erste Zeitung Ägyptens, Al-Waqāʾiʿ al-Misriyya, die gleichzeitig eine Art Staatsbulletin war und sich an die wachsende Schicht von Funktionären, Lehrern und Offizieren neuen Typs wandte. Der junge Gelehrte Rifāʿa at-Tahtāwī, der die erste Studienmission als Imam begleitet und fünf Jahre in Paris verbracht hatte, veröffentlichte in dieser Druckerei 1849 einen umfassenden arabischsprachigen Bericht über die Pariser Kultur und Lebensweise, der in der zweiten Hälfte des Jahrhunderts zu einer wachsenden Europabegeisterung unter der gebildeten Bevölkerung beitrug.

1835 setzte Muhammad ʿAlī seine Strategie der Vereinnahmung und Verstaatlichung des religiösen Feldes fort, indem er ein weiteres religiöses Amt einführte: Er ernannte einen hanafitischen Mufti – einen unabhängigen Rechtsgelehrten, der auf Anfrage Rechtsgutachten verfasste – zum obersten Mufti Ägyptens. Vermutlich war er durch die religiösen Hierarchien des Osmanischen Reiches inspiriert und wollte in Ägypten Strukturen schaffen, die das Land von Istanbul unabhängig machten. Das Resultat war ein bis heute anhaltender Trend, muslimische religiöse Institutionen zu bürokratisieren und unter staatliche Kontrolle zu bringen. Mit dieser Strategie im Einklang stand die Konfiszierung zahlreicher religiöser Stiftungen, die Muhammad ʿAlī in Staatseigentum überführte. Die verbleibenden Stiftungen besteuerte er, was dem islamischen Recht eigentlich widersprach. Sein Enkel und Nachfolger ʿAbbās richtete eine Behörde ein, die die religiösen Stiftungen kontrollierte. Unabhängige Gelehrte wurden so zu einer Art Staatsbediensteter. Diese Entwicklung wurde von manchen Gelehrten kritisiert, von manchen aber auch begrüßt. Einige von letzteren wurden Teil einer neuen, reformorientierten intellektuellen Elite. Da sie mit ihren Plädoyers für eine Wiedereinführung und Stärkung nichtreligiöser Wissenschaftszweige an der Azhar auf wenig Gegenliebe stießen, engagierten sie sich zunehmend in den neuen staatlichen Institutionen des Bildungswesens, der Diplomatie und des Publikationswesens. Dadurch setzte eine langsame Spaltung der intellektuellen Elite ein.

Die meisten von Muhammad ʿAlīs Reformen waren zunächst staatlich dirigierte, wenn nicht gar erzwungene Maßnahmen, die mit einer Reihe von Problemen behaftet waren. Es gab einen hohen Mangel an Arbeitskräften; Fellachen konnten nicht gleichzeitig als Bauern, als Zwangsarbeiter in Industrie und Infrastrukturprojekten und in der Armee dienen. Deswegen ist für das 19. Jahrhundert der eigentlich für die Gesellschaft Ägyptens in islamischer Zeit untypische Einsatz von Sklaven in der Feldarbeit dokumentiert. Qualifizierte Industriearbeiter gab es nicht; auch die neuen Fachschulen brachten eher eine technokratische Elite als Facharbeiter hervor. Außerdem verfügte Ägypten kaum über Rohstoffe wie Holz, Kohle oder Erz, so dass die nichtlandwirtschaftlichen Rohstoffe für die Industrialisierung fast vollständig importiert werden mussten. Hinzu kam ein tiefer liegendes Problem: Selbst ein Autokrat wie Muhammad ʿAlī konnte nicht völlig ohne Unterstützung agieren. Um sich Loyalitäten zu sichern, aber auch zur Deckung kurzfristiger Finanzengpässe verkaufte er ab den dreißiger Jahren des 19. Jahrhunderts staatlichen Grundbesitz an Angehörige der Militär- und Verwaltungselite. Diese neuen Großgrundbesitzer hatten jedoch kein Interesse an der Aufrechterhaltung des Staatskapitalismus; die Zwangsarbeit in Armee und staatlichen Fabriken entzog ihnen Arbeitskräfte, und das Handelsmonopol des Staates beschnitt ihre Gewinnmöglichkeiten.

Einige der Kriege, die Muhammad ʿAlī mit Hilfe seiner erdrückenden Militärmacht führte, dienten vor diesem Hintergrund wohl auch dazu, neue Rohstoffquellen und Absatzmärkte zu erschließen. Der Feldzug in den Sudan, wo Ägypten bis 1955 präsent bleiben sollte, war in dieser Hinsicht allerdings eher ein Fehlschlag. Muhammad ʿAlīs Einsatz auf Kreta, Zypern und in Griechenland in den zwanziger Jahren war zunächst erfolgreich, bis die europäischen Mächte 1827 seine Flotte zerstörten. Kreta blieb dennoch in ägyptischer Hand. Muhammad ʿAlī baute sofort nach dieser Niederlage eine neue Flotte auf und richtete seinen Blick nun auf Syrien, das traditionelle Einflussgebiet Ägyptens seit den Tagen Ibn Tūlūns. Als tausende ägyptischer Fellachen beim osmanischen Gouverneur von Akkon Zuflucht vor Wehrdienst und Zwangsarbeit suchten, nahm Muhammad ʿAlī das zum Vorwand, 1831 seinen Sohn Ibrāhīm an der Spitze einer Armee nach Syrien zu senden. Ibrāhīm begnügte sich jedoch nicht mit der Einnahme Palästinas, sondern drang bis nach Anatolien vor und besiegte dort die osmanische Armee. Eine Fortsetzung des Feldzugs bis nach Istanbul verhinderte sein Vater aus Sorge vor einer Intervention der europäischen Großmächte, denen am Fortbestand des Osmanischen Reiches gelegen war.

Die gleichen Großmächte hatten keinerlei Interesse an einem starken ägyptischen Imperium. Sie vertrieben die Ägypter, die die Osmanen militärisch bereits besiegt hatten, 1840 aus Syrien, Kilikien und Kreta, zwangen Muhammad ʿAlī zur Reduktion seiner Armee auf 18 000 Mann und zur Auflösung seiner Flotte und nötigten ihn, die staatlichen Monopole und protektionistischen Maßnahmen aufzugeben. Ägypten musste von nun an die osmanischen Handelsvereinbarungen mit europäischen Staaten anwenden, die Händlern aus diesen Staaten erhebliche Privilegien einräumten. Damit brach Muhammad ʿAlīs Versuch, das Land von oben zu industrialisieren, in sich zusammen. Der Binnenmarkt wurde von europäischen Waren überschwemmt, was einheimischen Industrieprodukten keine Chance ließ. Ägypten lebte nun fast ausschließlich vom Export von Agrarprodukten;

Wertschöpfung fand in Europa statt. Genau dies war auch im Interesse der Franzosen und Briten. Sie wünschten sich ein quasi-autonomes Regime, das sich für europäischen Handel öffnete und nur noch über eingeschränkte militärische Stärke verfügte. So bewogen sie die Osmanen dazu, Muhammad ʿAlī und seinen Nachfahren trotz des Syrienkonflikts die erbliche Regentschaft über Ägypten zuzusagen. Nach Muhammad ʿAlīs Tod im Jahr 1848 folgte ihm demzufolge sein Enkel ʿAbbās auf dem Thron.

Muhammad ʿAlīs lange Herrschaft hatte enorme Auswirkungen auf allen Ebenen der Gesellschaft. Die große Masse der armen Bauern litt sehr unter seiner Politik der rigiden landwirtschaftlichen Kontrolle, Zwangsarbeit und Wehrpflicht. Wie so oft in der Geschichte Ägyptens wurde Landflucht zum Problem, dessen Muhammad ʿAlī mit drakonischen Maßnahmen Herr zu werden versuchte. Verlassenes Land wurde entweder an Mitglieder seines erweiterten Haushalts und seiner Verwaltungselite übertragen oder an lokale Notabeln. Dadurch entwickelte sich eine wachsende Kluft zwischen wohlhabenden Landbesitzern und verarmten Bauern, die immer öfter als Tagelöhner oder Landarbeiter im Dienst der Großgrundbesitzer arbeiteten.

Es gab aber auch deutliche Verbesserungen. Die Intensivierung der Landwirtschaft und die Einführung einer Bewässerungswirtschaft in Kombination mit sicheren Transportwegen sorgten für eine gute Versorgung mit Lebensmitteln. Zu Hungerkatastrophen kam es nur noch sehr selten. Muhammad ʿAlī führte außerdem die Pockenimpfung ein und erließ Quarantänevorschriften, was das Problem der Seuchen eindämmte. Besonders eklatant war die Verbesserung der Sicherheitslage. Marodierende Soldaten waren über Jahrhunderte, wenn nicht für mehr als ein Jahrtausend, ein Problem für Stadt- und Landbevölkerung gewesen. In der späten Mamlukenzeit hatten die Stadtviertel sich mit Mauern und Toren, die über Nacht verschlossen wurden, zu schützen versucht; auch viele Dörfer umgaben sich mit Mauern. Die Tore der Stadtviertel hatten die Franzosen abgeschafft, und offensichtlich entstand kein erneuter Bedarf nach ihnen. Bis zur Jahrhundertmitte fielen auch die Mauern um die Dörfer weg. Unter diesen Bedingungen setzte das Bevölkerungswachstum, das schon in den ersten zwei Dritteln des 18. Jahrhunderts begonnen hatte, wieder ein. Zu Beginn des 19. Jahrhunderts hatte das Land vermutlich noch weniger als vier Millionen Einwohner, um die Jahrhundertmitte fast eine Million mehr.

Die Zeit nach der Jahrhundertmitte, insbesondere die Regentschaften von Muhammad ʿAlīs Sohn Saʿīd (1854–1863) und seinem Enkel Ismāʿīl (1863–1879), waren charakterisiert durch eine starke wirtschaftliche und kulturelle Hinwendung nach Europa. Das war auch insofern erklärlich, als Saʿīd der erste ägyptische Herrscher war, der europäische Erzieher gehabt hatte. Durch Europäisierung sollte Ägypten Anschluss an die entwickelten Nationen finden und europäisches Kapital sollte den Weg dorthin öffnen. Im Unterschied zu der Zeit von Muhammad ʿAlīs autokratischen Reformen entwickelten jetzt breitere Kreise der Bevölkerung, insbesondere in den Städten, Begeisterung für dieses Projekt. Es handelte sich um Absolventen der säkularen Schulen, Diplomaten, Verwaltungsbeamte, Technokraten, aber auch reformorientierte Absolventen der traditionellen islamischen Bildungseinrichtungen. Europäische Literatur, Kunst, Architektur und Stadtplanung galten ihnen als erstrebenswert. Ab den fünfziger Jahren des 19. Jahrhunderts entstanden private Verlage. Die Produktion und der Absatz arabischer Bücher stiegen; Übersetzungen aus europäischen Sprachen waren gefragt, aber auch neue literarische Formen wie der Roman etablierten sich. Dutzende von Zeitungen kamen auf den Markt, überwiegend in der Kairoer Variante der arabischen Umgangssprache, die sich durch die neuen Massenmedien immer mehr zum Inbegriff des «ägyptischen Arabisch» entwickelte. Die Reichweite der Zeitungen war höher, als die damals geringe Alphabetisierungsquote vermuten ließe, denn sie wurden in Kaffeehäusern vorgelesen und erreichten damit ein großes Publikum.

Der Bau von Eisenbahnlinien von Kairo nach Alexandria und

Sues in den fünfziger Jahren des Jahrhunderts öffnete Kairo für die Hafenstädte und damit für Europa. Die Stadt erhielt aber nicht nur einen neuen Bahnhof, sondern eine Zwillingsstadt mit komplett neuem Gesicht. Ismaʿīl war tief beeindruckt von dem Paris des Stadtplaners Haussmann, das er zum Anlass der Weltausstellung 1867 intensiv besichtigt hatte. In der Folge ließ er in kürzester Zeit außerhalb der bestehenden Stadt ein neues Zentrum und weitere Stadtteile errichten. Dieses Neu-Kairo erhielt gerade Achsen, große Plätze, öffentliche Gärten, mehrgeschossige Häuser im Pariser Stil und ein Opernhaus. In den sechziger Jahren bekam Ägypten außerdem ein Telegraphennetzwerk; erste befestigte Straßen entstanden – auch zu den Pyramiden, die ein beliebtes Ziel europäischer Besucher wurden.

Neue Bildungseinrichtungen, neue Medien, neue Transport- und Kommunikationswege begünstigten die Entstehung einer ägyptischen Öffentlichkeit und den Aufstieg einheimischer Eliten. Der Aufbau technokratischer Verwaltungsstrukturen und die Rekrutierung von Offizieren aus den neuen Militärschulen ermöglichten Einheimischen den sozialen Aufstieg jenseits des traditionellen Weges der religiösen Gelehrsamkeit. Allerdings waren die Ministerämter und höheren Offiziersränge nach wie vor Mitgliedern der osmanischen – also türkischen, tscherkessischen oder albanischen – Elite vorbehalten.

Die offizielle Unabhängigkeit des ägyptischen Rechtssystems vom Osmanischen Reich ab 1875 war der Ausgangspunkt für Reformen der Justiz und der Gesetze. Neben die Konsulate, die die Angelegenheiten ihrer Staatsbürger regelten, und die Schariagerichte traten «Gemischte Gerichte», die für Fälle zuständig waren, von denen Angehörige unterschiedlicher Staaten betroffen waren. Es folgten «Einheimischengerichte», die Fälle mit rein ägyptischer Beteiligung behandelten. Sukzessive wurden neue, säkulare Gesetze erlassen, die sich an europäischen Rechtsordnungen orientierten. Das Familien-, Personenstands- und Erbrecht fiel jedoch weiterhin in den Bereich des religiösen Rechts.

Die ländlichen Notabeln waren dank Eisenbahn, Dampfschiffen und Telegraph immer besser an die Hauptstadt angebunden und gewannen so an politischem Gewicht. Dieser Tatsache trug Ismāʿīl 1866 durch die Einrichtung eines Konsultativrates Rechnung, der vor allem aus Repräsentanten der wichtigsten Familien aus den Provinzen bestand und damit zum ersten Mal formal auch Eliten von außerhalb Kairos in das politische Geschehen einband. Das Gremium hatte jedoch keinerlei Entscheidungsbefugnisse, auch wenn es sich redlich um die Kontrolle des Finanzgebarens der Regierung bemühte.

Dafür bestand durchaus Anlass, denn finanzielle Probleme gab es zuhauf. Die Ausgaben des Staates überstiegen die Einnahmen bei weitem. Muhammad ʿAlī hatte die ägyptische Privatwirtschaft zugunsten seines Staatsmonopols stark geschwächt. Als dieses fiel, war europäischen Investoren, Spekulanten und Händlern Tür und Tor geöffnet. Sie engagierten sich im Handel mit Agrarprodukten, insbesondere ägyptischer Baumwolle, mit der zur Zeit des amerikanischen Bürgerkriegs (1861–1865) viel Geld zu verdienen war. Durch die Einführung der Dampfschifffahrt brachten Import- und Exportgeschäfte noch mehr Gewinn. Europäische Händler und Unternehmer sowie Mitglieder nahöstlicher nichtmuslimischer Gemeinschaften, die von europäischen Staaten protegiert wurden, profitierten von den Privilegien, die das Osmanische Reich ihren Regierungen eingeräumt hatte. So zahlten sie extrem niedrige Zölle, waren in Ägypten – auch wenn sie dort ständig ansässig waren – nicht steuerpflichtig und unterstanden nicht der ägyptischen Gerichtsbarkeit. Unter diesen günstigen Bedingungen strömten Migranten aus Europa und dem gesamten Mittelmeerraum ins Land, die vor allem in Alexandria, aber auch in Kairo und anderen Städten eine neue, kosmopolitische, überwiegend französisch kommunizierende Bourgeoisie bildeten.

Um ihre Modernisierungsprojekte zu finanzieren, waren die Vizekönige auf europäische Banken angewiesen, denn Institutionen, die in vergleichbarem Umfang Mittel zur Verfügung stellen konnten, gab es in Ägypten und dem Osmanischen Reich nicht.

Die Staatsschulden wuchsen in astronomische Höhe – auch deswegen, weil von den teuren Infrastrukturprojekten oft ausländische Investoren mehr profitierten als die einheimische Wirtschaft.

Symptomatisch für die Finanzprobleme Ägyptens war der Bau des Sueskanals. Den Bau eines Kanals, der das Rote Meer mit dem Mittelmeer verband, hatten schon die Osmanen zu Beginn ihrer Herrschaft über Ägypten erwogen, aber wieder verworfen. Ähnliches galt für Muhammad ʿAlī, der ihn für nicht finanzierbar hielt. Tatsächlich handelte es sich um ein gigantisches Unterfangen in einem Gebiet, das weder über Süßwasser noch über Infrastruktur oder Nahrung verfügte. Dem französischen Diplomaten Ferdinand de Lesseps gelang es jedoch, Saʿīd für das Projekt zu begeistern; dieser setzte es daraufhin gegen osmanischen und britischen Widerstand durch. De Lesseps stellte die Finanzierung durch eine internationale Aktiengesellschaft in Aussicht. Allerdings entwickelte sich der Verkauf der Anteile nicht wie geplant, so dass schließlich Saʿīd 44 Prozent des Grundkapitals aufbrachte und sich dafür hoch verschuldete – und dies, obwohl er bereits vertraglich zugesagt hatte, den Löwenanteil der Bauarbeiten zu übernehmen. Der Kanal wurde von zehntausenden ägyptischer Zwangsarbeiter überwiegend von Hand ausgehoben. Die Ägypter leisteten auch den Herbeitransport von Nahrung, Trinkwasser und Material, anfangs auf Kamelen. Der antike Kanal, der die Sueskanalregion mit dem Nildelta verbunden hatte, wurde neu ausgehoben, um Süßwasser in die Kanalregion zu liefern, und eine Eisenbahnlinie wurde eigens zur Versorgung der Baustelle angelegt. Als Ismāʿīl später merkte, dass die Zwangsarbeiter auf seinen Staatsgütern fehlten, und sie vom Kanalbau abziehen wollte, verstieß er damit gegen die Vertragsbedingungen, die Saʿīd akzeptiert hatte. Der französische König Napoleon III. ließ sich auf die Rücknahme der Bedingungen ein, forderte dafür aber exorbitante Schadensersatzzahlungen, für die sich Ägypten erneut verschulden musste, und dies zu extrem ungünstigen Konditionen. So verschlechterte sich ab der Mitte der sechziger Jahre die finanzielle Situation des Staates immer mehr, zumal das Ende des amerikanischen Bürgerkrieges die Baumwollpreise drastisch fallen ließ. Der Sueskanal wurde 1869 mit großem Pomp eröffnet, der den Khediven weitere Millionen kostete, brachte aber anfangs geringe Einnahmen. Diese fielen einer internationalen, europäisch dominierten Kanalgesellschaft zu. Der Khedive hielt an ihr einen Anteil, den er aber 1876 zum Schuldenausgleich an die Briten abtreten musste. Erst 1938 erhielt Ägypten erstmals eine kleine Beteiligung an den Einnahmen aus dem Kanalbetrieb.

Der Sueskanalbau hatte den Aufstieg des kleinen Hafenstädtchens Sues sowie die Gründung zweier neuer Städte zur Folge: Port Saʿīd an der Mittelmeermündung und Ismāʿīliyya an der Mündung des Süßwasserkanals, ungefähr auf halber Strecke des Sueskanals. Port Saʿīd wurde nach Alexandria, das in Folge der wirtschaftlichen Öffnung und Europäisierung Ägyptens boomte, zum zweitwichtigsten Hafen des Landes.

1876 kulminierte der unaufhaltsame Anstieg der Schulden in der Erklärung des Staatsbankrotts durch Ismāʿīl. Frankreich und Großbritannien verweigerten jedoch einen Schuldenerlass. Stattdessen stellten sie Ägypten unter britisch-französische Finanzaufsicht mit der Begründung, das Land sei zahlungsfähig und lediglich durch einen verschwendungssüchtigen Khediven inkompetent verwaltet worden. Tatsächlich hatte Ismāʿīls Ziel, Herrscher eines nach europäischen Maßstäben zivilisierten Landes zu werden, gleichrangig mit den gekrönten Häuptern Frankreichs und Großbritanniens, viel Geld gekostet. Er hatte jedoch einen großen Teil dieses Geldes in produktive Infrastruktur investiert; allerdings hatten die einheimische Wirtschaft wie auch die ägyptische Staatskasse kaum von diesen Investitionen profitieren können. Briten und Franzosen kam der Staatsbankrott jedoch sehr gelegen, bot er ihnen doch einen Vorwand, Ägypten und die Erträge ihrer dortigen wirtschaftlichen Aktivitäten enger zu kontrollieren.

Damit trieben sie den Khediven auch innenpolitisch in die Defensive. Die Schuldenverwalter nötigten ihn zu drakonischen

Steuererhöhungen und zur Entlassung tausender Staatsange-
stellter. Zum ersten Mal seit langer Zeit kam es wieder zu einer
Hungersnot. Zudem kassierten die Verwalter die Domänen des
Khediven ein und nahmen ihm damit auch die Möglichkeit, die
negative Stimmung im Land durch die Vergabe von Privilegien
und Geschenken zu seinen Gunsten zu wenden. 1878 setzten Briten und Franzosen schließlich die Bildung einer neuen Regierung
durch, an der europäische Minister beteiligt waren. Gegen diese
Maßnahme versuchte Ismāʿīl sich zu wehren, auch, um nicht den
letzten verbliebenen Rückhalt in der Bevölkerung zu verspielen.
Er stützte sich auf ein «nationales Manifest», das kurz zuvor ein
Kollektiv aus hunderten von Notabeln unterzeichnet hatte: Mitglieder des Konsultativrates, Offiziere, Beamte, Intellektuelle, Religionsgelehrte, Händler. Die Folge von Ismāʿīls Widerstand war,
dass der osmanische Sultan ihn auf britischen und französischen
Druck hin absetzte und ins Exil schickte.

Das «nationale Manifest» machte deutlich, dass sich in Ägypten eine bürgerliche politische Öffentlichkeit herausgebildet
hatte. Dazu beigetragen hatten das staatliche Bildungswesen,
ägyptische Medien, die Kultur der Kaffeehäuser, der Aufstieg
einer einheimischen Schicht von Staatsbediensteten und Ansätze
repräsentativer politischer Strukturen. Bei dieser Öffentlichkeit
war die Begeisterung für Europa, die noch zwei Jahrzehnte zuvor
geherrscht hatte, der Erkenntnis gewichen, dass die Imperial-
mächte Großbritannien und Frankreich vor allem nach Dominanz und Sicherung ökonomischer Gewinne strebten. Gleichzeitig hatte das neue Bürgertum als Folge der rasanten Entwicklung
des Landes einen Wohlstand und sozialen Status erreicht, den es
nicht kampflos aufzugeben bereit war. Somit ging es dieser Keimzelle einer Nationalbewegung vor allem um die Abwehr europäischer Dominanz und die Forderung nach politischer Mitbestimmung. Die Zugehörigkeit Ägyptens zum Osmanischen Reich
stand hingegen noch nicht in Frage. Auch wenn die politischen
Aktivitäten der Oppositionellen ausschließlich auf Ägypten bezogen waren, wurden sie oft mit panislamischen Ideen verknüpft.

Als Ismāʿīls Sohn und Nachfolger Taufīq die europäischen Minister, die sein Vater entlassen hatte, wieder einsetzte, weitere Einschnitte im Militärhaushalt vornahm und die höheren Offiziersränge strikt auf Osmanen beschränkte, verstärkte sich der Unmut der ägyptischen Eliten. 1881 kam es schließlich zum Aufstand gegen einen Prozess, der als schleichende Kolonisierung empfunden wurde. Er begann als Meuterei in der Armee, als einige Offiziere den Rücktritt des Kriegsministers forderten, was auf breite Unterstützung im Militär stieß. Bald kamen weitere Forderungen hinzu: die Wahl eines neuen Konsultativrates mit parlamentarischen Befugnissen, die Entlassung der europäischen Minister und die Stärkung der Armee, die seit 1878 um mehr als zwei Drittel verkleinert worden war. Als Repräsentant der Bewegung trat ein Offizier namens Ahmad ʿUrābī auf, der rasch die Unterstützung derselben Gesellschaftsschichten erlangte, die das nationale Manifest von 1879 getragen hatten. Britische und französische Unterstützung für den Khediven erwies sich als kontraproduktiv. Aus Angst vor einer Ausweitung des Aufstandes und dem Verlust jeglicher Unterstützung gab Taufīq nach und ließ sich auf die Einsetzung eines neuen Kabinetts ein – des ersten Kabinetts, in dem die Mehrheit der Ministerposten durch Ägypter besetzt war, darunter ʿUrābī als Kriegsminister. Er war faktisch die einflussreichste Figur der Regierung. ʿUrābī gab das Motto «Ägypten den Ägyptern!» aus und forderte ein Ende der Schuldenverwaltung. Taufīq setzte ihn ab, wogegen Teile des Militärs und der städtischen Bevölkerung jedoch so heftig protestierten, dass ʿUrābī sein Amt zurückerhielt. Als Reaktion tauchten britische und französische Kriegsschiffe vor Alexandria auf, woraufhin es in der Stadt zu Gewaltausbrüchen gegen Ausländer kam. Während Frankreich beschloss, sich zurückzuziehen und auf seine Interessen im Maghreb zu konzentrieren, nahm Großbritannien die Eskalation der Situation in Alexandria zum Anlass, Ägypten zu besetzen und unter seine direkte Kontrolle zu bringen. Die Koalition der Aufständischen, die von Anfang an instabil und von disparaten Interessen getragen gewesen war, zerfiel angesichts der britischen Intervention endgültig. ʿUrābī wurde von den Briten militärisch besiegt und nach Ceylon verbannt. Ägypten blieb zwar formal eine vom Khediven regierte Provinz des Osmanischen Reiches, stand aber von nun an unter britischer Verwaltung.

4. Schnittstellen des Handels: Qūs und Alexandria

Von Beginn der islamischen Herrschaft über Ägypten war Fustāt-Kairo das unumstrittene Zentrum von Macht und Kultur; alle anderen Städte des Landes fielen weit hinter Kairo zurück. Dennoch brachten einige von ihnen es periodisch zu beträchtlichem Einfluss und Wohlstand. Die Geschichte solcher Städte ist auch ein Spiegel der gesamtägyptischen Geschichte, veranschaulicht sie doch die Entwicklung von Handelsrouten und Wirtschaftsleben sowie die sich wandelnde Bedeutung einzelner Regionen. Qūs, zur späten Fatimidenzeit eine blühende Handelsmetropole und ein wichtiges politisches Zentrum, ist heute eine unbedeutende Provinzstadt. Alexandria, die antike Hauptstadt, hingegen erlebte im 19. Jahrhundert nach einem jahrhundertelangen Niedergang einen kometenhaften Aufstieg als Sitz einer kosmopolitischen levantinischen Bourgeoisie.

Die oberägyptische Stadt Qūs liegt an der Biegung des Nils, die dem Roten Meer am nächsten kommt. Diese Lage, nur ungefähr 200 Kilometer von dem Rotmeerhafen Qusair entfernt, prädestinierte sie für den Karawanenhandel zwischen Rotem Meer und Nil. In ptolemäischer und römischer Zeit scheint Qūs unter dem Namen Apollinopolis Parva in dieser Hinsicht bereits eine gewisse Rolle gespielt zu haben, verlor dann aber an Bedeutung, als die Aktivitäten räuberischer Nomaden in der Arabischen Wüste den Handel zum Erliegen brachten. Im 9. und 10. Jahrhundert übernahm die nunmehr christlich dominierte Stadt eine führende Rolle im Handel mit Nubien. Die Wiederaufnahme des Handels mit dem Indischen Ozean durch die Fatimiden hingegen kam zunächst vor allem Assuan zugute, das dem Rotmeerhafen ʿAidhāb am nächsten lag. 1067, während der Unruhen, die fast das Ende des Fatimidenreichs bedeutet hätten, wurde Assuan allerdings zum Zufluchtsort afrikanischer Truppen, und im südlichsten Teil Oberägyptens brach Chaos aus. Der Rotmeerhandel verlagerte sich in das sicherere Qūs.

In der Folge wurde Qūs zur Provinzhauptstadt des südlichen Oberägypten, was zur Zunahme der muslimischen Bevölkerung und zum Ausbau ihrer religiösen Infrastruktur führte. Auch eine jüdische Gemeinde, die im Handel engagiert war, gab es in Qūs. Mit dem Beginn der Kreuzzüge wurde Qūs zu einer Station der Pilgerroute, die nun nicht mehr auf dem Landweg über Palästina, sondern über Qūs, ʿAidhāb und das Rote Meer führte. Die Pilger statteten sich in Qūs mit Reittieren und Proviant für den Weg durch die Wüste aus, was der Stadt eine weitere große Einnahmequelle verschaffte. Der Gouverneur von Qūs avancierte zum wichtigsten Mann nach dem Wesir; der Posten galt als Sprungbrett zur Macht. Die Stadt Qūs mit ihren Gouverneuren war entscheidend an den politischen Intrigen und Konflikten der späten Fatimidenzeit beteiligt.

Der Sturz der Fatimiden brachte einige Unruhen mit sich. Politisch verlor Qūs an Bedeutung, was unter anderem daran lag, dass es infolge der Wiedereingliederung Syriens an die Peripherie des Reiches rückte. Zudem widersetzten sich die schiitischen Muslime der Region recht hartnäckig der Sunnifizierung. Dennoch setzte sich der sunnitische Islam im 13. Jahrhundert durch. Zahlreiche Madrasen und Moscheen zogen bildungswillige Muslime aus dem Umland in die Stadt, die nun endgültig von Muslimen dominiert wurde. Die christliche Altstadt, in deren Zentrum ein ehemaliger altägyptischer Tempel lag, blieb allerdings unangetastet. Wirtschaftlich wuchs Qūs unter den Ayyubiden und Bahrī-Mamluken weiter, vor allem durch den Gewürzhandel mit Indien. Infolge des wachsenden Reichtums der Stadt entwickelte sich auch das Umland. Die Region begann, Zuckerrohr anzubauen, das in Qūs zu Zucker verarbeitet wurde. Es gab dort außerdem eine florierende Textilproduktion.

Als das Sultanat der Bahrī-Mamluken in die Krise geriet, konnte es die oberägyptischen Beduinen nicht mehr kontrollieren. Die ständige Bedrohung durch Raubüberfälle brachte den Karawanenhandel in der Region zum Erliegen; die Routen von Qūs ans Rote Meer verfielen. Spätestens in den siebziger Jahren des 14. Jahrhunderts verlagerte sich der Rotmeerhandel weit nach Norden sowie in den Hedschas. Dürren, Hungersnöte und Epidemien setzten Qūs zu. Zu Beginn des 15. Jahrhunderts löschte die Pest einen großen Teil der Bevölkerung aus. Hinzu kam der generelle Bedeutungsverlust Oberägyptens. Die politischen, militärischen und wirtschaftlichen Aktivitäten, die in der Region verblieben, verlagerten sich in andere oberägyptische Städte wie Asyūt, Qinā und Girgā, was zur Folge hatte, dass die meisten Muslime Qūs verließen. Trotz einer gewissen Erholung gegen Ende des 18. Jahrhunderts hatte Qūs zum Zeitpunkt der französischen Besatzung nur 5000 Einwohner. Ab dem Ende des 19. Jahrhunderts wuchs die ägyptische Bevölkerung rasant, und der Zustrom in die Städte, wo Schulen und Arbeitsplätze in der Industrie entstanden, stieg stark an. Wie alle ägyptischen Städte profitierte davon auch Qūs, das heute ungefähr 60 000 Einwohner hat, in begrenztem Maße, ohne aber wieder besondere Bedeutung zu erlangen. Von den Bauten, die in der Blütezeit der Stadt zwischen dem 11. und dem 14. Jahrhundert entstanden, ist heute fast nichts mehr erhalten.

Einen ganz anderen Verlauf nahm die Geschichte Alexandrias, das zum Zeitpunkt der muslimischen Eroberung die wichtigste Stadt Ägyptens sowie das zweitwichtigste geistige und kulturelle Zentrum des Byzantinischen Reiches war. Nach der Eroberung verließen viele Griechen, insbesondere die Anhänger der byzantinischen Reichskirche, die Stadt, die nun zum Sitz des koptischen Patriarchen wurde. Neben der christlichen Bevölkerung gab es eine starke jüdische Gemeinde. ʿAmr ibn al-ʿĀs ließ unmittelbar nach der Eroberung eine Moschee bauen, doch die Islamisierung ging nur langsam vor sich. Politisch war die Stadt marginalisiert. In den ersten Jahrhunderten muslimischer Herrschaft wurde sie separat von der Provinz Ägypten verwaltet; erst unter den Fatimiden wurde sie administrativ integriert. Als Flottenstützpunkt, Handelshafen und kulturelles Zentrum spielte Alexandria trotz seines Bedeutungsverlustes weiterhin eine gewisse Rolle. Dank der Entfernung vom Machtzentrum Fustāt war die Stadt wiederholt eine Basis von Aufständen sowie ein Rückzugsort für um die Macht kämpfende unterlegene Thronprätendenten. Keiner dieser Bestrebungen war Erfolg beschieden; Alexandria geriet immer wieder unter die Kontrolle Kairos.

Genau wie Qūs erlebte auch Alexandria dank der Zunahme des Handels unter fatimidischer Herrschaft eine Blütezeit. Im 12. Jahrhundert sollen Händler aus 28 afrikanischen, nahöstlichen und europäischen Nationen Niederlassungen in der Hafenstadt unterhalten haben. Die hochwertigen Textilien, die in ihr hergestellt wurden, waren weltweit gefragt. An Kairo, die nach wie vor ökonomisch dominante Stadt, war Alexandria durch Überlandrouten angebunden. Sein Wohlstand trug dazu bei, dass hier im 12. Jahrhundert das religiöse Stiftungswesen in Ägypten seinen Ausgangspunkt nehmen konnte. Weitere entscheidende Faktoren waren der Zustrom von Migranten und Flüchtlingen aus dem Maghreb und dem muslimischen Spanien sowie die Lage Alexandrias auf der Pilgerroute vom Westen der islamischen Welt nach Mekka: Die Stadt wurde zu einem kulturellen Zentrum des sunnitischen Islams, in dem sich Gelehrte aus aller Welt niederließen. Ab dem 13. Jahrhundert kam eine starke mystische Tradition hinzu. Die maghrebinische Prägung blieb bis ins 19. Jahrhundert hinein erhalten.

Obwohl die Mamluken Alexandria zunächst einige Aufmerksamkeit schenkten und in die Stadt investierten, erlebte sie ab dem 14. Jahrhundert einen dramatischen Niedergang. Ein schweres Erdbeben forderte 1302 viele Todesopfer und zerstörte große Teile der Stadt, darunter den antiken Leuchtturm; an seiner Stelle ließ der Mamlukensultan Qāytbāy später eine Festung erbauen.

Die Pest, die 1347 vom Schwarzen Meer aus Alexandria erreichte, hatte verheerende Folgen. Von der Plünderung und Zerstörung durch den König von Zypern 1365 erholte die Stadt sich über Jahrhunderte nicht. Hinzu kam die Entdeckung des Seewegs nach Indien durch die Portugiesen, der die Bedeutung des Mittelmeerhandels minderte.

Zu einer gewissen Erholung kam es unter den Osmanen, die Alexandria zu ihrem wichtigsten Marinestützpunkt in Ägypten machten. Außerdem war es die Basis für den Handel mit Istanbul. Die Altstadt von Alexandria wurde zugunsten einer neuen «türkischen Stadt» aufgegeben, die jedoch keine eigene Trinkwasserversorgung und daher nur begrenztes Wachstumspotenzial hatte. Mit dem Rückgang osmanischer Kontrolle erlangten die Garnisonen in Alexandria faktisch die Oberhoheit über die Stadt. Sie bereicherten sich an den Zolleinnahmen nach Belieben, was die Attraktivität des Handels schmälerte. Erst ʿAlī Pascha brach um 1770 die Macht der mamlukischen Garnisonen, warb europäische Händler an und verhalf griechisch-katholischen Christen zum Aufstieg in der Zollverwaltung. Zum Zeitpunkt der napoleonischen Invasion hatte Alexandria zwar nicht mehr als 15 000 Einwohner; sein Aufstieg zum internationalen Handelshafen setzte sich im 19. Jahrhundert jedoch fort. Muhammad ʿAlī ließ einen Kanal bauen, der die Stadt mit Süßwasser aus dem Nildelta versorgte, baute sie zum Militärhafen aus und siedelte militärische Industrien dort an. Infolge des Baumwollhandels und des Baus der Eisenbahnlinie nach Kairo, die 1854 eröffnet wurde, erlebte die Stadt einen Boom. Zwischen 1825 und 1863 verzehnfachte sich die Bevölkerung. Immer mehr Europäer und Migranten aus dem gesamten Mittelmeerraum ließen sich dort nieder.

1882 waren 25 Prozent der Bevölkerung Ausländer. Alexandria war Anziehungspunkt für eine kosmopolitische levantinische Elite, zumeist christlicher und jüdischer Religionszugehörigkeit, die aus Europa und allen Ländern des Mittelmeerraums stammte, auf Französisch kommunizierte und durch den Handel reich

Illustration eines Balls zu Ehren des Khediven in Alexandria, 1868. Die Stadt war durch die starke Präsenz von Europäern und einer europäisch orientierten merkantilen Levantiner Bourgeoisie geprägt.

wurde. Gegenüber der prächtigen Neustadt mit ihren repräsentativen Fassaden im europäischen Stil fielen die Lebensbedingungen der alteingesessenen Bevölkerung stark ab. Dies führte wiederholt zu Unruhen; im Zusammenhang mit dem ʿUrābī-Aufstand war Alexandria das Zentrum antibritischer und antichristlicher Ausschreitungen, was die Briten veranlasste, die Stadt zu bombardieren. Unter kolonialer Herrschaft wie auch unter der ägyptischen Monarchie erhielt Alexandria Schulen und Hochschulen, von denen viele in europäischen Sprachen lehrten. Alexandria war die erste Stadt in Ägypten, in der eine Art repräsentative Kommunalregierung etabliert wurde, von der allerdings die große Mehrheit der Stadtbevölkerung, die über kein Landeigentum verfügte, ausgeschlossen war.

Als 1952 die «Freien Offiziere» an die Macht kamen, betrieben sie eine intensive Nationalisierungspolitik, die das Gesicht Alexandrias radikal veränderte. Die internationale Bourgeoisie

Alexandrias verließ Ägypten zum größten Teil. Gleiches galt für die ungefähr 25 000 Personen umfassende jüdische Gemeinde, zum Teil erzwungenermaßen, zum Teil aufgrund von mehr oder weniger freiwilliger Auswanderung nach Israel. Gleichzeitig wuchs die Stadt explosionsartig durch Zuwanderung aus allen ägyptischen Provinzen, hohe Geburten- und niedrige Sterberaten. 1950 zählte sie ungefähr eine Million Einwohner; heute sind es offiziell viereinhalb Millionen, inoffiziell wohl weit mehr. Dadurch ist Alexandria hinsichtlich seiner Bevölkerungszusammensetzung mittlerweile eine recht typische ägyptische Stadt, die zweitgrößte des Landes; von dem kosmopolitischen levantinischen Flair ist wenig geblieben.

Vierter Teil

Im Zeichen
britischer Hegemonie

1. Die Briten und ihre zivilisierende Mission (1882–1918)

Eigentlich war die britische Invasion als kurzfristige Intervention zur Niederschlagung des ʿUrābī-Aufstands gedacht. Großbritannien versprach dem Khediven, den Osmanen und Franzosen, sich nach einer Stabilisierung der Lage wieder zurückzuziehen. Tatsächlich blieben britische Truppen bis 1956 im Land. Zum einen gab es dafür strategische Gründe: Großbritannien wollte die Kontrolle über den Sueskanal und damit auch über den Zugang zu seiner wichtigsten Kolonie, Indien, behalten. Zum anderen glaubten führende britische Politiker an die zivilisierende Mission ihres Staates. Lord Cromer, Ägyptens Generalkonsul von 1883 bis 1907, trat – seinen eigenen Worten zufolge – an, «die ägyptische Gesellschaft zu retten». Das sei nur durch einen langfristigen Verbleib im Land möglich. Ägypten sei über Jahrtausende von korrupten, willkürlichen Despoten beherrscht worden, und die Ägypter seien, bedingt durch den Islam sowie ihre orientalische Natur, ein fatalistisches Volk, unfähig, ihre Zukunft in die Hand zu nehmen. Die Briten müssten daher auf unbestimmte Zeit die Kontrolle über das Land übernehmen, um Sparsamkeit, eine effiziente Verwaltung und Rechtsstaatlichkeit zu schaffen. Da eine direkte Kolonisierung politisch nicht durchsetzbar gewesen wäre, begnügte sich Cromer mit einem verkappten Protektorat (*veiled protectorate*), bei dem die einheimische Regierung im Amt belassen, aber das Land praktisch von den Briten durch ihren Hochkonsul verwaltet wurde. Damit ist Ägypten ein Paradebeispiel für die stufenweise Entwicklung des europäischen Imperialismus im 19. Jahrhundert. Mit Muhammad ʿAlīs Vertreibung aus Syrien 1840/41 setzte ein Freihandelsimperialismus ein, der die beginnende Industrialisierung zusammenbrechen ließ. Zur Zeit der Herrschaft Saʿīds und Ismāʿīls ging er in einen Finanzkapitalismus über, der mit Investitionen und der Vergabe von Krediten operierte und das Land in die Verschuldung trieb. Schließlich folgte die direkte politische Einflussnahme, die Ägypten jeglicher Autonomie beraubte.

Einen ersten Testfall erlebte das neue Verhältnis der ägyptischen Regierung zum britischen Hochkonsul 1883, als der bis dahin ägyptisch besetzte Sudan von der Mahdi-Bewegung erobert wurde. Nach der verheerenden Niederlage einer ägyptischen Armee unter einem britischen Offizier setzte Cromer gegen den Willen der Regierung durch, dass Ägypten sich aus dem Sudan zurückziehen und auf die Verteidigung seiner Grenzen beschränken solle.

Cromer nahm sich daraufhin seiner selbst gestellten Aufgabe der Rettung Ägyptens mit großem Elan an. Er entließ die ägyptische Armee, die er für korrupt und reformunfähig hielt, und baute eine neue Armee unter britischen Offizieren auf. Außerdem konsolidierte er den Staatshaushalt. Die Verringerung der Schuldenlast hatte natürlich ihren Preis. Cromers Entscheidungen über Einsparungen und Ausgaben zeigen deutlich, welche Prioritäten und Interessen die Briten in Ägypten hatten. Der einzige Bereich der öffentlichen Infrastruktur, in den sie investierten, war die Landwirtschaft. 1902 wurde ein Staudamm in Assuan eröffnet, der die Höhe der Nilfluten regulierte. Das sollte die ganzjährige Bewässerung des Landes ermöglichen; zu diesem Zweck wurde das Bewässerungssystem deutlich ausgebaut. Gleichzeitig wurde die Landwirtschaft vollständig auf die Interessen der britischen Industrie ausgerichtet. Bis zum Ersten Weltkrieg stieg der Anteil der Baumwolle an den Exporten Ägyptens von 75 auf 92 Prozent, was vor allem den britischen Textilfabriken nutzte, Ägypten aber extrem anfällig für Preisschwankungen auf dem Weltmarkt machte. Darüber hinaus musste Ägypten, früher die Kornkammer großer Reiche, nun Weizen importieren, um seine wachsende Bevölkerung ernähren zu können.

Die landwirtschaftlichen Erträge wuchsen zwar insgesamt deutlich; allerdings öffnete sich gleichzeitig die Schere zwischen Arm und Reich immer weiter. Während in früheren Jahrhunderten das zu bewirtschaftende Land zumindest formell dem Staat gehört hatte und zu Beginn jeder Saison neu unter den Bauern aufgeteilt wurde, hatte sich nun vollständig das Prinzip des Privateigentums durchgesetzt. Im Verlauf des 19. und frühen 20. Jahrhunderts traten immer mehr arme Bauern ihr Land an reichere Bauern ab, um Schulden auszugleichen oder weil die Erträge nicht ausreichten, um sie zu ernähren. Zu Beginn des 20. Jahrhunderts besaßen 70 Prozent der bäuerlichen Haushalte Flächen unterhalb des Subsistenzminimums, und 21 Prozent besaßen überhaupt kein Land. Weniger als 10 Prozent der Haushalte hatten den größten Anteil am Landeigentum. Diese Großgrundbesitzer ließen Tagelöhner auf ihren Feldern arbeiten.

In den Aufbau ägyptischer Industrien investierten die Briten nicht, im Gegenteil, sie behinderten ihn sogar aktiv durch massive Besteuerung. Ebenfalls stiefmütterlich behandelten sie das Bildungswesen. Sie verkleinerten die Zahl der Schulen und machten die vormals kostenlosen staatlichen Schulen gebührenpflichtig. Ein Sektor des Bildungswesens, der hingegen florierte, waren die christlichen Missionsschulen. Sie wurden vor allem von ägyptischen Christen frequentiert, was dazu führte, dass deren durchschnittliches Bildungsniveau rascher stieg als das der muslimischen Bevölkerung. Zudem erhielten sie zumeist eine gute Ausbildung in europäischen Sprachen, was vielen Christen den sozialen Aufstieg ermöglichte. Zahlreiche gebildete, aufstiegsorientierte Kopten verließen ihre Konfession und schlossen sich katholischen und protestantischen Kirchen an, die ihnen moderner erschienen. Diese sozialen Veränderungen führten dazu, dass bei manchen Muslimen der Eindruck entstand, Christen seien Handlanger der Kolonialherren, die sich auf Kosten der Bevölkerung bereicherten. Dass es weiterhin einen erheblichen Anteil armer, bäuerlich lebender Kopten gab, wurde aus dieser Wahrnehmung ausgeblendet.

Zu den vielen gesellschaftlichen Umbrüchen, die Ägypten in der zweiten Hälfte des 19. Jahrhunderts erfassten und die sich unter der britischen Kolonialherrschaft intensivierten, gehört das Verschwinden der Sklaverei. Erste Versuche, den Import von Sklaven aus dem ägyptisch kontrollierten Sudan zu verbieten, hatte schon der Khedive Saʿīd in den fünfziger Jahren unternommen. Das Verbot zeigte aber keine Wirkung, weil die Nachfrage nach Sklaven in Ägypten anhaltend hoch war. Die Sklavenhändler waren in der gesamten Gesellschaft vernetzt, so dass sich kaum ein Beamter bereit fand, ernsthaft gegen sie vorzugehen. Eher stieg die Anzahl der Sklaven mit dem Baumwollboom der sechziger Jahre, durch den manche Landeigentümer reich wurden. Ein weiteres Problem der Initiativen des Khediven gegen die Sklaverei war, dass es für freigelassene Sklaven keinen Arbeitsmarkt gab. Frauen endeten oft als Prostituierte, Männer boten sich nicht selten erneut zur Sklaverei an.

Ismāʿīl, der großen Wert darauf legte, sich als moderner und zivilisierter Herrscher zu inszenieren, sah den fortdauernden Sklavenhandel als Ärgernis an und suchte ihn durch den Einsatz europäischer Beamter im Sudan zu bekämpfen, denen er diesbezüglich mehr Engagement zutraute als Ägyptern. Das ging so weit, dass er sogar den Gouverneursposten mit Europäern besetzte. 1877 schloss er eine Konvention mit den Briten über Maßnahmen zur Unterdrückung des Sklavenhandels ab, die erstmals eine Bestrafung von Sklavenhändlern vorsah. Im folgenden Jahrzehnt stiegen die Freilassungszahlen rapide an.

Die Briten betrieben nach ihrer Machtergreifung die Verfolgung von Sklavenhändlern konsequent. 1896 erließen sie ein umfassendes Gesetz, das jede Beteiligung am Import und Verkauf von Sklaven mit harten Strafen belegte, bis hin zur Todesstrafe für die Kastration von Jungen. Ihre Politik war von Erfolg gekrönt, was sie allerdings zum Teil schlicht den veränderten politischen und gesellschaftlichen Umständen zu verdanken hatten. Zunächst einmal versiegten mit der Mahdi-Bewegung, die den Sudan eroberte und von Ägypten loslöste, die Quellen des Sklavenhandels. Das Osmanische Reich, zuvor Lieferant tscherkessischer Sklaven, unterband den Menschenhandel, vor allem den mit weißen Sklaven, ebenfalls zunehmend. Hinzu kamen enorme Veränderungen auf dem Arbeitsmarkt. Zwischen 1887 und 1890 schafften die Briten das Zunftwesen ab, das zuvor ein Monopol auf die Organisation aller Gewerbe und auf die Zulassung neuer Gewerbetreibender gehabt hatte. Dadurch konnte sich nun jede Person in jedem Gewerbe betätigen und beliebig viele Arbeitnehmer einstellen. Außerdem stieg aufgrund der sinkenden Sterblichkeitsrate die Einwohnerzahl des Landes immer weiter an. Zwischen 1882 und 1920 verdoppelte sich Ägyptens Bevölkerung; das machte die Arbeitskraft freier Ägypter sehr billig. Der Besitz von Sklaven war nicht mehr rentabel. Gleichzeitig wurde er unter den europäisch beeinflussten Eliten unmodern. Gegen Ende des Jahrhunderts engagierten sich immer mehr Intellektuelle gegen die Sklaverei. In den neunziger Jahren erschienen erste Bücher, die sie zu einer unislamischen, lediglich übergangsweise tolerierten Institution erklärten.

Durch das Verschwinden der Sklaverei änderte sich die Struktur von Haushalten grundlegend. Dazu trug auch die parallele Etablierung eines neuen, an europäische Muster angelehnten Familienbildes bei. Vergleichbar mit modernistischen Positionen zur Sklaverei traten gegen Ende des 19. Jahrhunderts Verfechter der Auffassung, die Monogamie sei die eigentlich wünschenswerte und vom Islam angestrebte Form der Ehe, an die Öffentlichkeit; die Polygamie sei lediglich eine in bestimmten historischen Situationen unvermeidbare Notlösung. Das zeitgemäße Ideal war nun das der bürgerlichen Kleinfamilie, die aus einem Mann, einer Frau und ihren gemeinsamen Kindern bestand. Die Frau war dabei für das Führen des Haushaltes und die Erziehung der Kinder zuständig, was unter den ägyptischen Eliten eine durchaus neuartige Idee war. Damit die Frau diese Funktionen erfüllen konnte, brauchte sie Bildung und Lebenserfahrung, die sie nur durch Kontakt mit der Außenwelt erwerben konnte. Heftige Debatten um die vor allem unter den türkischen Eliten übliche Praxis der Segregation und Vollverschleierung von Frauen sowie um deren postulierte mangelnde Bildung entbrannten. Bis dahin hatte Mädchenbildung vor allem in Privathaushalten sowie in einigen christlichen Missionsschulen stattgefunden, nun forderten Gesellschaftsreformer staatliche Mädchenschulen.

Diese Debatten konvergierten mit einem religiösen Reformdiskurs, der im ausgehenden 19. Jahrhundert seinen Ausgangspunkt nahm und zu dessen Zentren Kairo gehörte. Der wichtigste ägyptische Vertreter dieses Diskurses, sowohl in der Wahrnehmung europäischer Beobachter als auch hinsichtlich seines Einflusses auf muslimische Intellektuelle inner- und außerhalb Ägyptens, war Muhammad ʿAbduh (1849–1905). Absolvent traditioneller religiöser Bildungseinrichtungen, lernte er als Student an der Azhar 1870 Dschamāl ad-Dīn al-Afghānī (1838–1897) kennen, einen aus dem Iran stammenden Intellektuellen und Aktivisten. Al-Afghānī wirkte in verschiedenen Ländern der islamischen Welt mit dem Ziel, die dortigen Muslime und ihre Herrscher dazu zu bewegen, gegen die europäische Dominanz zu kämpfen. Dabei müssten sie sich ebenso vor einer unkritischen Übernahme alles Europäischen hüten wie vor einem Festhalten am gegenwärtigen Zustand des Islams, der von Spaltung, Unbildung, Wissenschaftsfeindlichkeit und Aberglauben gekennzeichnet sei. Al-Afghānī und ʿAbduh wurden 1879 wegen ihrer politischen Agitation des Landes verwiesen. ʿAbduh durfte nach kurzer Zeit zurückkehren, betätigte sich journalistisch in einflussreichen regierungsnahen Positionen, musste aber infolge seiner Beteiligung am ʿUrābī-Aufstand 1882 Ägypten zum zweiten Mal verlassen. In Paris traf er 1884 erneut auf al-Afghānī, mit dem er nun die Zeitschrift al-ʿUrwa al-Wuthqā («Das festeste Band», eine Anspielung auf den Koranvers 2:256) veröffentlichte. In ihr riefen sie die Muslime zum vereinten Kampf gegen den Imperialismus und zur Rückkehr zum wahren Islam der ersten Generationen auf, der rationalistisch und fortschrittlich gewesen sei und keine Zersplitterung in verschiedene Konfessionen und Glaubensrichtungen gekannt habe. In Ägypten verboten die Briten die Zeitschrift sofort; sie fand dennoch Verbreitung und hinterließ bei vielen Intellektuellen tiefen Eindruck.

1889 konnte 'Abduh nach Kairo zurückkehren und erhielt einen Posten als Richter; 1899 wurde er oberster Mufti Ägyptens. Er scharte einen Schülerkreis um sich, aus dem später eine Reihe prominenter religiöser und gesellschaftlicher Reformer sowie nationalistischer Politiker hervorgingen. Sein unmittelbar politisches Wirken hatte er zugunsten einer religiösen Reformagenda aufgegeben, die das mittelbar politische Ziel einer Renaissance des Islams verfolgte. In Vorlesungen bemühte er sich um eine neue Interpretation des Korans, die an dessen ethischen Zielen sowie den Erfordernissen der modernen Gesellschaft orientiert sein sollte. So stellte er zum Beispiel die Polygamie in Frage und deutete an, dass auch Anhänger anderer Religionen als des Islams Heilsperspektiven haben könnten. Diese Vorlesungen wurden ab 1900 von 'Abduhs Schüler Muhammad Raschīd Ridā (1865–1935) in dessen Zeitschrift *al-Manār* («Der Leuchtturm») veröffentlicht, kommentiert und nach 'Abduhs Tod über weitere drei Jahrzehnte fortgesetzt.

Ridā und *al-Manār* sind ein gutes Beispiel für den Wandel religiöser Diskurse und ihrer Träger in Ägypten um die Wende zum 20. Jahrhundert. Anders als 'Abduh hatte der aus dem heutigen Libanon stammende Raschīd Ridā keine klassische religiöse Bildung erhalten, wandte sich mit seiner Zeitschrift nicht ausschließlich an religiöse Gelehrte und schrieb auch nicht in deren Stil. Er griff vielmehr neben religiösen auch politische und naturwissenschaftliche Themen auf, beantwortete Fragen von Muslimen aus Thailand oder Südafrika und schlug für Probleme wie das Zinsverbot Lösungen vor, die weniger an Rechtsurteilen früherer Gelehrter als an aktuellen realpolitischen Bedingungen orientiert waren. Das religiöse Feld differenzierte sich zunehmend in drei Bereiche aus: erstens die Azhar, die für eine seit dem

18. Jahrhundert kaum veränderte Tradition islamischer Bildung stand und diese immer monopolistischer verkörperte, während die anderen Madrasen nach und nach ausstarben; zweitens den Sufismus, der nach wie vor sehr populär war, aber von den Briten ebenso wie von den europäisch orientierten Eliten mit Misstrauen und Unverständnis betrachtet wurde; und drittens das Feld der religiösen Reformer, die Presse und Druckwesen für sich nutzten, um für ihr Programm einer Modernisierung zu werben, die sie gleichzeitig als Rückkehr zum ursprünglichen Islam deuteten. Sie bedrohten damit das Monopol der Azhariten auf die richtige Auslegung des Islams, was auch erklärt, warum die Reformer mit ihren Ideen immer wieder heftigen Gegenwind verspürten – seien es Qāsim Amīn mit seinem Buch «Die Befreiung der Frau» (1899) oder ʿAlī ʿAbd ar-Rāziq mit seiner Schrift «Der Islam und die Grundlagen der Herrschaft» (1925), in der er die Notwendigkeit des Kalifats anzweifelte.

Im ersten Jahrzehnt des 20. Jahrhunderts begann der Aufstieg der ägyptischen Nationalbewegung. Der junge Khedive ʿAbbās Hilmī II., der 1892 auf Taufīq gefolgt war, akzeptierte seine Gängelung durch die Briten nur widerwillig und sympathisierte mit nationalistischen Bestrebungen. Er trug zu ihnen auch insofern bei, als die Khediven sich öffentlichkeitswirksam als Monarchen nach dem Vorbild europäischer Nationen präsentierten. Einen willkommenen Anlass zur Verstärkung dieser Botschaft bot 1905 das hundertjährige Jubiläum der Machtübernahme durch Muhammad ʿAlī. ʿAbbās nutzte die Gelegenheit, um seinen Vorfahren als Begründer des modernen Ägypten zu inszenieren. Einen albanischen Offizier in dieser Rolle zu sehen, war nur deswegen möglich, weil der Begriff des «Ägyptischen» in der im Entstehen begriffenen Nationalbewegung keine besondere ethnische Konnotation hatte. Nachfahren von Osmanen und Mamluken galten ebenso als Ägypter wie Araber und Nachfahren der vorislamischen Bewohner des Niltals. Nennenswerte sprachliche Konfliktlinien gab es nicht; darüber, dass Arabisch die Sprache Ägyptens war, herrschte Einigkeit. Komplexer war die Frage der religiösen Komponente nationaler Identität. Viele muslimische Nationalisten sympathisierten mit der Idee des Panislamismus. Auf Kopten wirkte das eher abschreckend; sie betonten die Einzigartigkeit Ägyptens gegenüber der arabischen Welt sowie seine jahrtausendealte Geschichte.

Die nationalistische Bewegung war eng verknüpft mit der massiven Expansion einer politischen Öffentlichkeit auch über die gebildeten Eliten hinaus. Der Zeitschriften- und Buchmarkt wuchs um die Jahrhundertwende exponentiell. Tonträger kamen als Medien hinzu, die besonders in Kaffeehäusern eingesetzt wurden. Direkt und indirekt beförderten sie eine Vorstellung von ägyptischer nationaler Identität. Diese kam zum Beispiel im Gebrauch des «ägyptischen» Dialekts, also der Mundart von Kairo, in Druckmedien und auf Tonträgern zum Ausdruck. Karikaturen und volkstümliche Theaterstücke kontrastierten Ägypter mit Europäern und schufen so eine Palette von stereotypen nationalen Eigenschaften – ein Bild dessen, was «den Ägyper» ausmachte.

Der Sieg Japans im Japanisch-Russischen Krieg von 1905 beflügelte die Hoffnungen vieler Nationalisten auf Selbstbehauptung. Ein noch wichtigerer Katalysator war ein Vorfall, der sich im Juni 1906 in dem Dorf Dinschawāy im Nildelta ereignete. Eine Gruppe britischer Offiziere war dort auf Taubenjagd gegangen; einer ihrer Schüsse hatte ein Strohdach entzündet, woraufhin es zu Tumulten kam, bei denen eine Frau angeschossen wurde. Die wütenden Dorfbewohner verletzten im anschließenden Handgemenge einen Briten, der zu Fuß zum mehrere Kilometer entfernten Jagdlager der Offiziere zurück zu flüchten versuchte und auf dem Weg an einem Hitzschlag starb. Ein Bauer, der ihm zu helfen versuchte, wurde von britischen Soldaten, die ihn für den Täter hielten, erschlagen. Die Briten reagierten auf den vermeintlichen Mord an einem ihrer Offiziere mit großer Härte. Sie setzten ein Tribunal aus zwei ägyptischen und drei britischen Richtern ein, dem der koptische Jurist Butrus Ghālī vorsaß; die Entscheidungsgewalt lag aber wohl bei den britischen Richtern, die kaum des Arabischen mächtig waren. Das Gericht verhängte Auspeitschungen, lange Zuchthausstrafen sowie vier Todesurteile. Die Todesurteile und Auspeitschungen wurden öffentlich vollstreckt, und die Dorfbevölkerung wurde zum Zuschauen gezwungen.

Der Vorfall wurde zu einem nationalen Märtyrermythos, zum Gegenstand zahlloser Veröffentlichungen, volkstümlicher Lieder, Gedichte, Bilder, eines Romans und eines Theaterstücks, dessen Aufführung die Briten beharrlich zu unterbinden suchten. Mustafā Kāmil, ein prominenter Nationalist und in Frankreich ausgebildeter Jurist (und schon allein deswegen dem britischen Generalkonsul Cromer verhasst) reiste nach Paris und London, um öffentlich gegen das Vorgehen der britischen Armee zu protestieren. Zu den Resultaten des Besuchs gehörte der erzwungene Rücktritt von Lord Cromer 1907. In der Folge war die britische Verwaltung einige Jahre lang etwas konzilianter gegenüber ägyptischen Forderungen. So ließ sie 1908 die Gründung einer Universität zu, wogegen sich Cromer immer gesperrt hatte. Die Ägyptische Universität – Vorläuferin der heutigen Universität Kairo – war privat finanziert; die Familie des Khediven trug einen großen Anteil daran. Eine weitere Konzession der Briten war die Ernennung des Ägypters Saʿd Zaghlūl zum Bildungsminister, denn die britische Sparsamkeit im Bildungswesen und die fast ausschließliche Förderung englischsprachiger Schulen war einer der Hauptkritikpunkte der Nationalisten. Generell wurden in den folgenden Jahren mehr Ministerien mit Einheimischen besetzt. Außerdem führten die Briten gewählte Provinzräte ein. Der unter Cromer machtlose nationale Legislativrat erhielt mehr Befugnisse und einen höheren Anteil an gewählten Mitgliedern.

Als Folge des Rückenwindes für die Nationalisten entstanden 1907 gleich drei politische Parteien. Sie unterschieden sich in ihrer Haltung zum Khediven, zum Osmanischen Reich, zum Panislamismus und zu einem Abzug der Briten. Letztere favorisierten die Umma-Partei, die vor allem die Interessen der ländlichen Notabeln vertrat und der Ansicht war, das Ende der britischen Herrschaft müsse graduell erfolgen, denn Ägypten sei zur

Selbstregierung noch nicht in der Lage. Die Nationalpartei Mustafā Kāmils und die Partei der Konstitutionellen Reform waren hingegen radikal antibritisch und appellierten sowohl an osmanische als auch an panislamische Solidarität. Sie unterschieden sich aber in ihrer Haltung zum Khediven, mit dem Mustafā Kāmil gebrochen hatte, während die Partei der Konstitutionellen Reform ihm nahestand.

1910 wurde Butrus Ghālī, der es mittlerweile zum Premierminister gebracht hatte, von einem ägyptischen Nationalisten ermordet. Auch wegen seiner Rolle in Dinschawāy hatte er vielen Ägyptern als Lakai der Briten gegolten; sie machten ihn unter anderem mitverantwortlich für ein neues Pressegesetz, das nationalistische Periodika verbot. Das Attentat löste Spannungen zwischen Kopten und Muslimen aus, die ein wiederkehrender Bestandteil der politischen Landschaft Ägyptens blieben. Sie wurden begleitet von nachdrücklichen Rufen nach nationaler Einheit zwischen Muslimen und Christen, die bis heute ein ritueller Bestandteil des politischen Diskurses sind.

Der Ausbruch des Ersten Weltkriegs änderte die strategischen Interessen Großbritanniens in Ägypten fundamental. Nach dem Kriegseintritt des Osmanischen Reiches auf Seiten der Achsenmächte riefen die Briten im Land das Kriegsrecht aus und erklärten die Unabhängigkeit Ägyptens vom Osmanischen Reich. Es wurde nunmehr zum Sultanat unter britischem Protektorat. Zum Sultan setzten die Briten nicht den bisherigen Khediven ʿAbbās Hilmī II. ein, dessen nationalistische Neigungen ihnen gefährlich erschienen, sondern seinen Onkel Husain Kāmil. Sie unterdrückten politische Aktivitäten, suspendierten den Legislativrat und verfügten die Einstellung nationalistischer Zeitschriften. Von den Kriegshandlungen des Erstens Weltkriegs war Ägypten kaum direkt betroffen; lediglich in der Sueskanalregion und in der Libyschen Wüste kam es im ersten Kriegsjahr zu Kämpfen. Die Bevölkerung litt jedoch unter massiven Truppenstationierungen, Requirierungen und Zwangsarbeit. Die britische Verwaltung orientierte sich ausschließlich an Kriegsinteressen, war blind gegenüber den Härten, die das für die Bevölkerung bedeutete, und sorgte so für wachsenden Unmut. Immer mehr Ägypter artikulierten Hoffnungen auf eine selbstbestimmte Zukunft des Landes, die mit den Absichten der Briten unvereinbar waren.

2. Frauen und Männer

Einer der größten Umbrüche, die das 19. und 20. Jahrhundert mit sich brachten, betrifft die Geschlechterrollen – ein bis heute umstrittenes und umkämpftes Feld in der ägyptischen Gesellschaft.

Durch die islamische Geschichte hindurch waren Familienbeziehungen fundamental für die Gesellschaftsstruktur. Frei geborene Ägypterinnen und Ägypter waren von Anfang an Teil eines Familienverbandes, der allerdings erheblich größer war als die moderne Kleinfamilie. Frauen wurden, sobald sie die Geschlechtsreife erreicht hatten, in eine andere Familie hineinverheiratet – oder in einen anderen Zweig ihrer eigenen Familie, denn Cousinenehen waren sehr verbreitet und sind es bis heute. Zumindest unter den Juden und Christen war die Ehelosigkeit weder für Männer noch für Frauen eine Option, für Frauen aber noch viel weniger, weil sie nicht über die Möglichkeit verfügten, mit Sklaven sexuell zu verkehren, wie es Männer mit ihren Konkubinen durften. Bei den Kopten boten die klösterlichen Strukturen einen Raum für Ehelosigkeit; außerhalb der Klöster kam sie wohl kaum vor.

Ehen waren keine individuelle Angelegenheit der Ehepartner, sondern wurden durch die Familien der Beteiligten angebahnt, die auch die Eheverträge aushandelten. Der gesellschaftliche Freiraum, den eine Frau besaß, wurde zu einem erheblichen Teil durch die Bedingungen ihrer Ehe definiert. Aus einer starken familiären Verhandlungsposition heraus konnte sich eine muslimische Frau vertraglich ausbedingen, dass ihr Mann nicht ohne ihre

Darstellungen von Ägypterinnen und einem Ägypter, um 1800. Viele muslimische Frauen, vor allem aus der Oberschicht, trugen Gesichtsschleier.

Zustimmung seinen Wohnsitz verlegen oder eine zweite Frau
nehmen durfte oder dass sie das Recht hatte, ihre Familie zu besuchen. Konnte sie solche Bedingungen nicht durchsetzen, dann
war sie vom Wohlwollen ihres Mannes und seiner Familie abhängig. Die Ehe war nicht zwangsläufig auf lebenslange Dauer
angelegt. Scheidungen waren unter Juden und Muslimen erlaubt
und gängig, was für manche Kopten – bei denen dies nicht galt –
einen Konversionsgrund darstellte. Allerdings war es in der Regel
der Mann, der die Entscheidung über die Scheidung traf; Frauen
hatten extrem eingeschränkte Möglichkeiten, eine Scheidung zu
erwirken.

In den historischen Quellen des muslimisch regierten Ägypten
vor dem 19. Jahrhundert sind Männer, wie nahezu überall auf
der Welt, weitaus stärker wahrnehmbar als Frauen; sie dominierten schließlich Politik und Militär. Dennoch waren Frauen inner-
und außerhalb der Ehe in allen Bereichen des gesellschaftlichen
Lebens präsent. In der Landwirtschaft und in anderen Gewerben
waren Frauen an der Erwerbsarbeit beteiligt. Bei den wohlhabenden Schichten brachten sie eigenes Vermögen ein und konnten
darüber frei verfügen, es investieren oder Handel treiben. Sie erhielten von ihrem Ehemann bei der Eheschließung ein Brautgeld
in erheblicher Höhe. Das islamische Erbrecht gab ihnen darüber
hinaus Anrecht auf einen Anteil am Erbe verstorbener Verwand-
ter; dieser war zwar nur halb so groß wie der Teil, der Männern

gleichen Verwandtschaftsgrades zustand, musste aber nicht zur Unterhaltung der Familie verwendet werden. So konnten Frauen beträchtlichen Reichtum erwerben. In der Mamluken- und Osmanenzeit waren Frauen in großer Zahl als Stifterinnen aktiv und betätigten sich auch in der Verwaltung ihrer Stiftungen. Viele Frauen scheinen eine recht hohe Bewegungsfreiheit genossen zu haben, und ihre Präsenz auf den Märkten war Teil des Straßenbildes, was immer wieder zu Kritik durch Rechtsgelehrte, bisweilen auch zu Verbotsversuchen durch Herrscher führte. Frauen nahmen an religiösen Ritualen teil, insbesondere an sufischen Zeremonien und öffentlichen Predigten. Vereinzelt finden sich Hinweise auf Frauen, die in der Nachfolge eines männlichen Verwandten Sufi-Orden leiteten. Oberschichtfrauen konnten im Elternhaus Bildung erwerben; manche studierten bei Gelehrten und sind als Überlieferinnen von religiösem Wissen verzeichnet. Frauen in Elitehaushalten, insbesondere im Palast, konnten auch politischen Einfluss ausüben. Zu bestimmten Zeiten dominierten Konkubinen, Frauen, Schwestern und Mütter von Herrschern die Regierung des Landes. So konnte Schadschar ad-Durr als Witwe eines verstorbenen Sultans es bis zur Sultanin bringen – dies allerdings immer innerhalb der Spielräume, die ein von männlichen Militärs dominiertes Umfeld ihr ließ.

Gegen Ende des 19. Jahrhunderts wurde in Ägypten Kritik am «traditionellen» Status der Frau laut. Diese Kritik beschrieb die ägyptischen Frauen als vollständig segregiert, was durch den Gesichtsschleier symbolisiert wurde, und als ebenso vollständig ungebildet. Sie seien komplett von ihren Vätern und Ehemännern abhängig. Schuld daran seien vor allem die religiösen Traditionen des Islams. Solche Darstellungen waren stark durch europäische Sichtweisen auf das damalige Ägypten beeinflusst. Diese gingen davon aus, die «traditionelle», vormoderne ägyptische Gesellschaft zu beschreiben; doch tatsächlich nahmen sie die – fast ausschließlich städtische – Gesellschaft eines Landes wahr, das sich bereits in einem Prozess der Nationalstaatswerdung befand und von europäischem Einfluss tief geprägt war.

Noch im späten 18. und frühen 19. Jahrhundert konnten ägyptische Frauen die Schwäche staatlicher Institutionen nutzen, um sich vor allem im wirtschaftlichen Bereich erhebliche Freiräume zu schaffen. In den oberen Gesellschaftsschichten gab es eine nennenswerte Zahl gebildeter und ökonomisch aktiver Frauen – und dies auch dann, wenn sie sich in der Öffentlichkeit mit Gesichtsschleier bewegten. Der Aufbau eines Nationalstaats, der unter Muhammad ʿAlī begann, und die Abschaffung der gesellschaftlichen Grundeinheit des erweiterten Haushalts zugunsten einer Kleinfamilie nach europäischem Vorbild schränkten die Spielräume von Frauen deutlich ein. Dies geschah zum Beispiel durch Staatsbürgerschaftsgesetze, die die Frau – wie in allen damaligen Staaten Europas – als Anhängsel ihres Vaters oder Ehemannes definierten. Staatliche Institutionen des Bildungswesen ersetzten zunehmend die zuvor existierenden informellen Bildungswege; und diese Institutionen mitsamt den formalen Qualifikationen, die sie boten, standen nur Jungen und Männern offen. Ein Familienmodell, in dem die monogame Ehe zum Ideal erklärt wurde und die Sklaverei keine Rolle mehr spielte, erhöhte den Druck auf Frauen, ihrem Mann Kinder zu gebären und diese zu erziehen. Diese Restriktionen fielen zusammen mit den weiterhin bestehenden Benachteiligungen durch das islamische Familienrecht.

All dies trug zu einem Bild der ungebildeten, abhängigen, sozial und wirtschaftlich marginalisierten ägyptischen Frau bei, das in den neunziger Jahren des 19. Jahrhunderts zum Gegenstand öffentlicher Debatten wurde. Diese Debatten hatten, ohne dass dies den Beteiligten immer so recht bewusst war, stets die Oberschicht im Blick. Qāsim Amīn, ein Mitglied des Reformzirkels um Muhammad ʿAbduh, propagierte in seinem Buch *Die Befreiung der Frau* (1899) Ideen zur Verbesserung der Situation von Frauen, die zwar auf Kritik stießen, aber dennoch weite Verbreitung fanden. Das von ihm präsentierte Familienideal entsprach dem des viktorianischen England; es wurde in einen nationalen Entwicklungsdiskurs eingebettet: Zur moralischen und intellektuellen Entwicklung der Nation sei es geboten, Frauen zu bilden, damit sie ihre Kinder angemessen erziehen und ihrem Ehemann eine echte Partnerin sein könnten. Um die Verelendung von Witwen und ihren Kindern zu verhindern, müssten Frauen außerdem eine Berufsausbildung, idealerweise in weiblichen Berufen wie dem der Krankenschwester, erhalten. Diese Thesen stützten sich zwar einerseits auf koloniale und elitäre Vorurteile über die Unkultiviertheit muslimischer ägyptischer Frauen, trugen aber andererseits dazu bei, bei Männern der Oberschicht ein Bewusstsein für Themen wie institutionelle Mädchenbildung zu wecken.

Um die gleiche Zeit begannen Bemühungen, Frauen einen eigenen öffentlichen Raum zu verschaffen. 1892 wurde von einer Frau die erste ägyptische Frauenzeitschrift, *al-Fatāt* («Die junge Frau»), gegründet. Die aufblühende Presselandschaft dieser Zeit artikulierte erstmals Anliegen von Frauen und schuf bei ihren Leserinnen das Bewusstsein, einer gesellschaftlichen Gruppe mit eigenen Problemen und Anliegen anzugehören. 1900 entstand eine Ausbildungsstätte für Lehrerinnen an Mädchenschulen. Die Universität Kairo eröffnete unmittelbar nach ihrer Gründung eine kleine Frauenabteilung, die sie allerdings 1912 schon wieder schloss, unter anderem deswegen, weil es nur wenige ägyptische Interessentinnen gegeben hatte.

Parallel zu diesen Prozessen veränderte sich auch das Männerbild. Der Effendi, der säkular gebildete Technokrat oder Verwaltungsbeamte mit dem Tarbūsch (Fes), diszipliniert und körperlich durchtrainiert, wurde zum Ideal, das sich von der *futuwwa*, der undisziplinierten, als gewalttätig geltenden städtischen Unterschichtjugend, klar abgrenzte. Ebenso klar abgrenzen wollten sich die Effendis von der recht realitätsfernen westlichen Idee des sexualisierten Orients mit den lasziven Haremsdamen, die die orientalistische Malerei bevölkerten. Der Bauchtanz – eine stark stilisierte und exotisierte Variante von Tänzen, die mit Haremsszenarien wenig zu tun hatten – spielte für die Verbreitung dieser Idee außer- wie innerhalb Ägyptens eine große Rolle. 1893 trat ein ägyptisches Bauchtanzensemble auf der Weltausstellung in Chicago auf und beflügelte die Fantasie Hollywoods. Als der bedeutende Nationalist Mustafā Kāmil 1894 Zeuge einer ägyptischen Bauchtanzaufführung in Europa wurde, fühlte er sich abgestoßen – sowohl von der Vorführung als auch von der ihr zugrunde liegenden Annahme, sie repräsentiere sein Land. Die Effendi-Maskulinität war auch ein Versuch, die vermeintlich degenerierte und passive, somit «weibliche», ägyptische Identität durch ein Modell selbstbestimmter, aktiver Männlichkeit zu ersetzen.

Nach der Revolution von 1919 erreichte die Effendiyya den Höhepunkt ihres gesellschaftlichen Einflusses. Gleichzeitig entstand eine ägyptische Frauenbewegung, in deren Zentrum Hudā Schaʿrāwī (1879–1947) stand. Sie entstammte einer politisch einflussreichen Familie von Landnotabeln, wuchs in einem Harem auf und wurde im Alter von dreizehn Jahren mit ihrem Cousin verheiratet. Bereits als Kind hatte sie Unterricht erhalten und unter anderem Französisch gelernt. Als ihr Mann entgegen seiner Zusage nach der Eheschließung die Beziehung zu seiner Konkubine nicht abbrach und diese auch noch schwängerte, trennte sich Schaʿrāwī für die nächsten sieben Jahre von ihm. Ihr Vater war bereits verstorben, und sie hatte Vermögen geerbt. Das ermöglichte es ihr, weitere Bildung zu erwerben und eine gewisse Unabhängigkeit zu entwickeln. Sie hielt Vorträge über Frauenrechte, engagierte sich karitativ für Frauen der Unterschicht und gründete eine Mädchenschule. 1919 organisierte sie eine große Frauendemonstration gegen die Briten. Sie versuchte zunächst, Frauenrechten im Rahmen der politischen Parteien zur Geltung zu verhelfen, war dabei jedoch erfolglos. Nach dem Tod ihres Mannes im Jahr 1922 entschied sie sich, den Gesichtsschleier abzulegen; zuerst auf Veranstaltungen in Europa, dann publikumswirksam nach der Rückkehr von einem Frauenrechtskongress in Rom bei ihrer Ankunft am Kairoer Hauptbahnhof. Sie beeinflusste damit andere Oberschichtfrauen, die es ihr gleichtaten – zumeist solche, die, genau wie sie, unverheiratet und unabhängig waren. Die Frau des bedeutenden Nationalisten und Politikers Saʿd Zaghlūl hingegen durfte ihren Schleier nur im Ausland ablegen. Erst als 1927 das Fatwakomitee der Azhar urteilte, dass das Tragen des Gesichtsschleiers nach islamischem Recht nicht verpflichtend sei, begann er aus der städtischen Öffentlichkeit zu verschwinden.

1923 gründete Hudā Schaʿrāwī die Ägyptische Feministische Vereinigung. Diese zog bis Ende der zwanziger Jahre ungefähr 250 Frauen der Oberschicht an. Auch wenn sie über die Verbesserung der Lebensbedingungen von Frauen der Unterschicht debattierte, repräsentierte sie doch vor allem weibliche Mitglieder einer europäisch orientierten Elite. So erschien bis 1937 die Zeitschrift, die sie herausgab, nur in französischer Sprache. Gleichzeitig brachten die neuen Institutionen der Mädchenbildung und die Universitäten, an denen ab 1928 auch Studentinnen zugelassen waren, eine wachsende Zahl lokal verwurzelter, rein arabischsprachiger Mittelschichtaktivistinnen hervor, die sich von der bourgeoisen, europäisch orientierten Ägyptischen Feministischen Vereinigung nicht repräsentiert fühlten und Konkurrenzorganisationen aufbauten. So gründete Zainab al-Ghazālī 1936 die Muslimschwesternschaft; 1944 entstand die Feministische Partei Ägyptens und 1948 die sozialreformerische Frauenorganisation «Tochter des Nils».

1956, unter der Herrschaft Nassers, bekam Ägypten eine neue Verfassung, in der Frauen erstmals das aktive Wahlrecht erhielten. Das war mangels eines Parlaments und freier Wahlen zunächst eher von symbolischer Bedeutung. Dafür berief Nasser mit Hikmat Abū Zaid 1962 erstmals eine Frau auf einen Ministerposten – den der Sozialministerin. Mit Sadats Verfassung von 1971 erhielten die Ägypterinnen auch das passive Wahlrecht; zudem wurde die Möglichkeit vorgesehen, ihnen eine Mindestanzahl von Sitzen in beiden Kammern des Abgeordnetenhauses zu reservieren. Weibliche Kandidatinnen gelangten allerdings in der Regel nur über die vom Präsidenten direkt zu besetzenden Sitze ins Parlament.

Ebenfalls unter Nasser profitierten ägyptische Mädchen und Frauen vom massiven Ausbau des staatlichen, kostenfreien Bildungswesens. Zwar gab es Mädchenschulen schon früher, und in der Theorie galt bereits seit 1923 eine allgemeine Schulpflicht für die Primarstufe; diese war jedoch nicht annähernd in die Praxis umgesetzt worden. Nassers Reformen schufen bis zu einem gewissen Grad Abhilfe. Dennoch wurde Mädchen, insbesondere in den ärmeren Bevölkerungsschichten, der Schulbesuch nach wie vor deutlich seltener ermöglicht als Jungen, so dass die Alphabetisierungsrate von Frauen derjenigen der Männer lange Zeit weit hinterherhinkte. Auch heute herrscht hier noch keine Geschlechtergleichheit, wenngleich es in den vergangenen Dekaden zu einer deutlichen Annäherung gekommen ist.

Der zunehmende Bildungsgrad von Frauen in breiteren sozialen Schichten führte zu gesellschaftlichen Veränderungen. So ist das durchschnittliche Alter von Frauen bei der ersten Eheschließung auf deutlich über zwanzig Jahre gestiegen, auch wenn ein nennenswertes Segment der sehr armen und gering gebildeten Frauen nach wie vor jung verheiratet wird. Die Geburtenrate sank seit den sechziger Jahren von ungefähr sieben auf drei Kinder pro Frau. Die Verbreitung der Mädchenbeschneidung, gegen die die Regierung und hohe koptische wie muslimische Institutionen seit Mitte der neunziger Jahre vorzugehen versuchen, nimmt ab, liegt allerdings noch auf einem hohen Niveau.

Im Familien- und Erbrecht – dem Bereich des sogenannten Personalstatuts – gilt bis heute religiöses, für Muslime also islamisches Recht, das bislang nur in einzelnen Punkten kodifiziert worden ist. Das führt dazu, dass Frauen und Männer in vieler Hinsicht nicht über gleiche Rechte und Pflichten verfügen. Die Frauenbewegung opponiert seit den zwanziger Jahren zum Beispiel gegen die fehlende Absicherung geschiedener Frauen, das einseitig den Männern vorbehaltene Scheidungsrecht, das Recht von Männern auf polygame Ehen auch ohne Einverständnis oder sogar Wissen der Erstfrau sowie gegen das Recht eines Ehemannes, über den Aufenthaltsort seiner Frau zu bestimmen und ihr die Erwerbstätigkeit zu untersagen. Reformansätze in diesem Bereich hatten jedoch durchweg mit massiven religiösen Vorbehalten zu kämpfen, so dass Regierungen sich nur sehr zögerlich an Änderungen wagten und dabei darauf bedacht waren, einen islamrechtlich zu rechtfertigenden Rahmen nicht zu überschreiten. In der Zwischenkriegszeit wurde zunächst eine Pflicht zur staatlichen Registrierung von Ehen eingeführt, die es Frauen erleichtern sollte, im Konfliktfall ihre Ansprüche geltend zu machen. Im Rahmen dieser Registrierungspflicht wurde ein Mindestalter von sechzehn Jahren festgelegt, das eine Frau erreicht haben musste, damit ihre Ehe registriert werden konnte – nicht direkt ein Mindestheiratsalter, aber eine Annäherung daran. Frauen erhielten zudem 1929 das Recht, eine gerichtliche Scheidung zu beantragen, wenn sie eine Schädigung durch ihren Ehemann nachweisen konnten.

Auf den Sturz der Monarchie folgten mehrere Jahrzehnte der familienrechtlichen Stagnation. Reformen des Status von Ehefrauen, die bei Teilen der muslimischen Bevölkerung möglicherweise kontrovers gewesen wären, waren Nasser kein besonderes Anliegen, obwohl er von allen Herrschern des 20. Jahrhunderts aufgrund seiner Popularität, seiner Machtfülle und der radikalen Unterdrückung islamistischer Opposition vielleicht die besten Voraussetzungen dafür gehabt hätte, sie auch gegen Widerstände durchzusetzen. Erst unter Sadat und Mubarak kam es wieder zu Reformversuchen, die aber mit heftiger Opposition durch die immer stärker werdenden islamistischen Bewegungen zu kämpfen hatten. Sadat erließ 1979 ein Gesetz, das vom Verfassungsgericht aus formalen Gründen aufgehoben und 1985 daher in abgeschwächter Form erneut erlassen wurde. Unter Mubarak kam 2000 eine weitere Gesetzesreform hinzu. Insgesamt erhielten durch diese Gesetze geschiedene Frauen, die die Sorge für gemeinsame Kinder hatten, ein Recht auf Verbleib in der Ehewohnung; im Fall einer polygamen Eheschließung mussten Erst- und Zweitfrau über die Polygamie informiert werden. Frauen wurde außerdem das Recht eingeräumt, sich aus der Ehe «loszukaufen» (*khulʿ*). Weitergehende Reformen wie zum Beispiel der Verzicht auf das Aufenthaltsbestimmungsrecht des Ehemannes waren hingegen nicht durchzusetzen.

Seit einigen Jahren, verstärkt nach der Revolution von 2011, gibt es eine öffentliche Debatte über Gewalt gegen Frauen. Ein extrem hohes Maß an Übergriffen gegen Frauen in der Öffentlichkeit konnte durch mehrere Studien belegt werden; Kampagnen zur Bewusstmachung dieses Problems und zur Änderung verbreiteter Einstellungen häufen sich. Häusliche Gewalt wird hingegen noch kaum außerhalb der Kreise von Frauenorganisationen diskutiert. Ein Thema, das die ägyptische Öffentlichkeit stärker beschäftigt, ist die «Krise auf dem Heiratsmarkt». Hier wird vor allem auf das steigende Heiratsalter, insbesondere bei Männern, sowie einen Trend zur Ehelosigkeit verwiesen. Dies sei unter anderem auf steigende Kosten für eine Hochzeit – die fast ausschließlich der Mann tragen muss – bei gleichzeitiger grassierender Arbeitslosigkeit und niedrigem Lohnniveau zurückzuführen. Manche ägyptische Kommentatoren befürchten vor diesem Hintergrund eine Aushöhlung der Institution der Ehe durch informelle Partnerschaften. Tatsächlich lassen sich diese Ängste bislang kaum statistisch belegen; doch es ist nicht zu bestreiten, dass die Familienpolitik in Ägypten vor enormen Herausforderungen steht. Die Folgen der demographischen Entwicklung und der Wandel von Geschlechterkonzeptionen könnten in der ägyptischen Gesellschaft in der Zukunft zu massiven Umbrüchen führen, deren Form und Umfang noch nicht absehbar sind.

3. Der Weg in die Unabhängigkeit (1919–1952)

Das Ende des Ersten Weltkriegs stärkte im nationalistischen Lager Ägyptens die Hoffnung, im Rahmen der sich anbahnenden neuen Völkerrechtsordnung Selbstbestimmung erlangen zu können. Schließlich versprach der Vierzehn-Punkte-Plan des amerikanischen Präsidenten Woodrow Wilson die Berücksichtigung der Interessen der kolonisierten Völker und stellte den bislang vom Osmanischen Reich beherrschten Provinzen in Aussicht, Gelegenheit zur selbstständigen Entwicklung zu erhalten. Die ägyptische Regierung und der junge Sultan Fuʾād, der 1917 nach dem Tod seines Vorgängers den Thron bestiegen hatte, gehörten zwar nicht dem nationalistischen Lager an, teilten aber seine Interessen. Sie hatten während des Krieges die Briten wohl oder übel unterstützt, obwohl deren Politik bei der Bevölkerung extrem unpopulär war. Nun brauchten sie greifbare Fortschritte in der «nationalen Frage», um nicht jegliche Glaubwürdigkeit zu verlieren. In dieser Situation sprach am 13. November 1918 eine Delegation (*wafd*) unter dem früheren Minister Saʿd Zaghlūl bei dem britischen Hochkommissar Wingate vor, um die vollständige Unabhängigkeit Ägyptens zu fordern. Die Delegation bestand aus erfahrenen Politikern, die dem Sultan und der britischen Verwaltung weder besonders nahe standen noch in der Vergangenheit radikal gegen sie opponiert hatten. Ihre Mitglieder gehörten nicht der gegenwärtigen Regierung an, sondern vertraten eine wachsende Schicht einheimischer städtischer wie ländlicher Notabeln, die nicht mehr bereit war, auf politische Mitbestimmung zu verzichten. Wingate versprach der Delegation, ihr Anliegen an das britische Außenministerium weiterzuleiten. Diesem wiederum empfahl er, die Delegation zu empfangen. Das Außenministerium lehnte dies brüsk ab, was in Ägypten auf breiter Front Empörung auslöste. Die ägyptische Nationalbewegung mit Zaghlūl an ihrer Spitze gewann landesweit in ungeahntem Ausmaß an Unterstützung. Der ägyptischen Regierung blieb in dieser Situation kaum etwas anderes übrig, als sich hinter das Lager des «Wafd» zu stellen. Als Reaktion auf die fortwährende Weigerung des britischen Außenministeriums, mit dem Wafd zu verhandeln, trat die Regierung schließlich zurück.

Im März 1919 deportierten die Briten Zaghlūl und zwei seiner Mitstreiter nach Malta. Anstatt die Lage zu beruhigen, löste dieses Vorgehen Massendemonstrationen aus, an denen alle Bevölkerungsschichten beteiligt waren, von Bauern und Arbeitern bis zu den wirtschaftlichen, politischen und intellektuellen Eliten.

Die Flagge mit Mondsichel und Kreuz war ein häufiges Element der antibritischen Aufstände von 1919 und ist bis heute ein beliebtes politisches Symbol.

Juden, Christen und Muslime gingen auf die Straßen und zum ersten Mal in der neueren ägyptischen Geschichte auch Frauen. Als es zu antibritischen Übergriffen kam, riefen die Briten unter ihrem neuen Hochkommissar General Allenby das Kriegsrecht aus. Allenby war klar, dass das Protektorat in seinem gegenwärtigen Zustand unhaltbar war. Die Regierung in London war davon nicht so leicht zu überzeugen. Das führte über die kommenden Jahre zu einer inkonsistenten und wechselhaften Politik. Zaghlūl erhielt im April 1919 die Erlaubnis, nach Europa zu reisen und in Paris und London Gespräche mit den Alliierten zu führen. Die Briten setzten erst einmal eine Kommission ein und zögerten die Entscheidung hinaus. Im Juni 1920 sagten sie Zaghlūl in London zu, das Protektorat zu beenden, sofern britisches Militär in Ägypten stationiert bleiben dürfe und die Briten Mitspracherecht in bestimmten strategisch wichtigen Bereichen erhielten. Zaghlūl lehnte diesen Vorschlag als unannehmbar ab, woraufhin die Verhandlungen abgebrochen wurden. Zaghlūls Widerstand machte auch die Verhandlungsbemühungen der zu Konzessionen bereiten ägyptischen Regierung zunichte. Die Briten deportierten ihn nun auf die Seychellen. Als Reaktion darauf kam es zu erneuten Gewaltausbrüchen in Ägypten. Schließlich war es General Allenby, der die Regierung in London davon überzeugte, dass die Beendigung des Protektorats der einzig gangbare Weg sei.

Am 18. Februar 1922 hob Großbritannien das Protektorat auf und erklärte Ägypten einseitig für unabhängig. Es behielt sich dabei die Entscheidungsbefugnis über vier Bereiche vor: die Sicherung der britischen Verbindungswege durch Ägypten, die Landesverteidigung, den Schutz ausländischer Interessen sowie den anglo-ägyptischen Sudan. Diese massiven Einschränkungen lehnten der Wafd sowie die Nationalpartei vorhersehbarerweise ab. Davon profitierten andere politische Kräfte, insbesondere Sultan Fu'ād, der nicht zögerte, sich zum König Ägyptens zu erklären. Der ehrgeizige Jurist 'Abd al-Khalīq Tharwat, Mitbegründer einer neuen «Liberalen Verfassungspartei», trat an die Spitze einer neuen Regierung. Er bildete in den folgenden Verfassungsverhandlungen den Gegenpol zum König, gegen dessen Widerstand er eine parlamentarische Verfassung durchsetzen wollte. Das gelang schließlich dank der Unterstützung der Briten, die aktiv an der Aushandlung der Verfassung teilnahmen; allerdings erhielt der König eine sehr starke Stellung gegenüber dem Parlament, das er jederzeit auflösen konnte – ein Vorrecht, von dem er regelmäßig Gebrauch machen sollte.

Währenddessen, unmittelbar nach Ende des Ersten Weltkriegs, hatten vermögende Ägypter, insbesondere aus den Reihen der Baumwollproduzenten, Schritte unternommen, um Ägypten wirtschaftlich unabhängiger zu machen. 1920 gründete Talʿat Harb mit einer Gruppe von Aktionären die Bank Misr – die erste Bank von Ägyptern für Ägypter – aus der Erkenntnis heraus, dass das Schuldendesaster, das zur ausländischen Verwaltung geführt hatte, wesentlich durch die Abhängigkeit von europäischen Banken verursacht war. Außerdem erschienen wirtschaftliche Diversifizierung und Entwicklung notwendig. Die Baumwollmonokultur, die Cromer gefördert hatte, war an ihre Grenzen gestoßen. Sie machte die Agrarproduktion anfällig für Schädlinge; die Dauerbewässerung hatte zudem eine Verschlechterung der Bodenqualität und die epidemische Ausbreitung der Bilharziose zur Folge. Der Gründung der Bank Misr folgten daher 1921 die Schaffung eines landwirtschaftlichen Syndikats und einer Industrievereinigung. Tatsächlich fand in den kommenden Jahrzehnten in gewissem Umfang eine Industrialisierung statt; eine einheimische Textilproduktion entstand, außerdem Fabriken zur Herstellung von Landmaschinen, die bisher teuer importiert worden waren. Staatliche und private Investitionen in das Bildungswesen wuchsen. Sie favorisierten allerdings den städtischen Raum und konnten mit dem rapiden Bevölkerungswachstum kaum Schritt halten. 1925 übernahm der Staat die um ihre Existenz kämpfende Ägyptische Universität, fügte ihr neue Fakultäten hinzu und machte sie dadurch zur Volluniversität.

Auf politischer Ebene wurde die Liberale Verfassungspartei rasch marginalisiert; es stellte sich heraus, dass der Wafd unter der Führung der nationalen Ikone Saʿd Zaghlūl keine ernsthafte Konkurrenz hatte. Im ersten ägyptischen Parlament, das sich 1924 konstituierte, nahm der Wafd 190 von 214 Sitzen ein. Es war vor allem die politische Dynamik zwischen König, Wafd und Briten, die die Zwischenkriegszeit prägte. Die Frage des Verhältnisses zu Großbritannien beherrschte weiterhin den öffentlichen Diskurs. Großbritannien strebte an, nach der einseitigen Unabhängigkeitserklärung nun einen Vertrag mit Ägypten über dessen Status abzuschließen. Der Wafd weigerte sich jedoch, einen solchen Vertrag zu unterzeichnen, solange Großbritannien auf den von Allenby ausgehandelten vier britischen Einflusssphären bestand. Es kam zu einer Welle nationalistischer Attentate gegen britische Militärs und Diplomaten in Ägypten und im Sudan, denen unter anderem Sir Lee Stack, der Oberkommandeur der ägyptischen Truppen und Generalgouverneur des Sudan, zum Opfer fiel. Die Briten erhöhten daraufhin den Druck auf die ägyptische Regierung derart, dass Saʿd Zaghlūls Kabinett schon Ende 1924 zurücktrat. Der König nutzte die Situation, um das Parlament aufzulösen. Er setzte Neuwahlen an, in deren Vorfeld er das Wahlrecht änderte und eine königstreue Partei gründen ließ. Trotzdem erhielt der Wafd wieder eine Mehrheit. Fuʾād ließ am Wafd vorbei eine Minderheitsregierung bilden, die jedoch vom Wafd blockiert wurde. Die Folge war die erneute Auflösung des Parlaments. Dieses Muster wiederholte sich mehrfach; die Opposition zwischen dem starken Wafd und dem König ließ keine stabile Regierung zu. Zwischen 1923 und 1938 gab es sieben Parlamentswahlen. Kein Parlament blieb für die in der Verfassung vorgesehene Dauer von vier Jahren bestehen. Nach Saʿd Zaghlūls Tod 1927 verlor der Wafd zwar an politischer Schlagkraft, blieb jedoch bis nach dem Zweiten Weltkrieg die stärkste politische Partei.

Trotz der Unvollkommenheit des politischen Systems wird die Zeit zwischen 1923 und 1952 oft als Ägyptens «liberales Zeitalter» bezeichnet. Sie war gekennzeichnet durch ein höheres Maß an politischen und bürgerlichen Freiheiten, als es jemals zuvor oder danach in der ägyptischen Geschichte existiert hatte. Der politische Pluralismus ermöglichte die Herausbildung rivalisierender Ideologien, die Ägypten zum Teil bis heute prägen. Das liberale Zeitalter war eine Phase lebhafter intellektueller und religiöser Debatten, die zwar mit großer Schärfe geführt wurden, aber kaum Restriktionen unterlagen. So argumentierte der schon erwähnte ʿAlī ʿAbd ar-Rāziq in seinem Buch «Der Islam und die Grundlagen der Herrschaft» 1925, unmittelbar nach der Abschaffung des Kalifats durch Atatürk, dass das Kalifat keine religiöse Grundlage habe und Muslime sich auf jede Staatsform einigen dürften, solange sie dem Gemeinwohl diene. Das war insofern umstritten, als die Zukunft des Kalifats zu diesem Zeitpunkt noch ungeklärt schien; auch dem ägyptischen König war es angetragen worden. Der Hauptgrund für die Kritik an ʿAbd ar-Rāziq lag aber wohl nicht so sehr darin, dass es eine breite Nachfrage nach einer Wiedererrichtung des Kalifats gegeben hätte; Widerspruch erregten eher das implizite Plädoyer des Autors für eine komplett säkulare Staatsordnung sowie seine Darstellung des historischen Kalifats als unterdrückerische Institution. In ähnlicher Weise wurde Tāhā Husain (1889–1973) 1926 beschuldigt, in seinem Buch «Über die vorislamische Dichtung» die Grundfesten des Islams anzugreifen, indem er die Historizität der koranischen Erzählungen anzweifelte.

In beiden Fällen waren es vor allem Azhariten sowie der sich immer stärker konservativ gebärdende religiöse Intellektuelle Muhammad Raschīd Ridā mit seiner Zeitschrift *al-Manār*, die heftig gegen solche Positionen polemisierten, allerdings mit begrenztem Erfolg; Tāhā Husain brachte es später bis zu einem Regierungsamt. Der Protest der Azhar ist auch vor dem Hintergrund der Tatsache zu sehen, dass das dortige religiöse Establishment immer mehr an Boden verlor. Mit der Ausweitung der säkularen Justiz und des staatlichen Bildungswesens, die einen Bedarf an universitär ausgebildeten Juristen und Lehrern anstelle von Religionsgelehrten produzierten, hatten die Azhariten kaum noch berufliche Perspektiven und ihr gesellschaftlicher Einfluss schrumpfte. Es blieb ihnen nur die Hoheit über den religiösen Diskurs; und diese wollten sie nicht an hybrid gebildete Intellektuelle wie Tāhā Husain und ʿAlī ʿAbd ar-Rāziq verlieren.

Die kulturelle Orientierung an Europa erreichte nun breitere Bevölkerungsschichten. In den Städten verbreitete sich europäische Kleidung; Theater, Kinos und Kaufhäuser warben um Besucher. Als Resultat der Aktivitäten der Frauenbewegung machten immer mehr Frauen von diesen Angeboten Gebrauch und interagierten dabei mit Männern. Der Gesichtsschleier verschwand aus der Öffentlichkeit. Für Menschen vom Land, die in die Städte strömten, um dort Bildung zu erwerben oder Arbeit zu finden, kam die Konfrontation mit dem Stadtleben nicht selten einem Kulturschock gleich. Die Romane und Autobiographien, die diese Zeit beschreiben, schildern unterschiedliche Reaktionen. Manche Menschen entwickelten eine Faszination für die europäische Kultur; andere bringen ein Befremden zum Ausdruck, das bis zum Ekel reichen konnte angesichts des von ihnen empfundenen Verlusts an Moral und Authentizität. Das traf zum Beispiel auf den Volksschullehrer Hasan al-Bannā (1906–1949) zu, der 1928 die Muslimbruderschaft gründete. Diese definierte sich nicht nur über eine religiöse Ideologie, sondern vor allem auch über den Widerstand gegen die kulturelle, wirtschaftliche und militärische Präsenz Europas. Sie war nicht die einzige Bewegung, die in Opposition zu den dominanten politischen Kräften entstand. Der Rechtsanwalt Ahmad Husain gründete 1933 die Jungägyptische Vereinigung, die nach eigenem Bekunden eine Synthese zwischen Faschismus und Islam anstrebte.

Mitte der dreißiger Jahre kam es zu einer Annäherung zwischen dem Wafd und den Briten. Italiens koloniale Expansion in Nord- und Ostafrika erschien den Briten ebenso als Bedrohung ihrer Interessen wie die Ausbreitung arabisch-nationalistischer Ideologien, die auch in Ägypten immer mehr Anhänger fanden. Sie fürchteten, dass eine Fortsetzung der Regierung autokratischer, palastnaher Premierminister ohne parlamentarische Kontrolle dazu führen könnte, dass ihnen das Land entglitt. 1935 setzten sie die Wiedereinsetzung von Verfassung und Parlament durch. Aus den Wahlen im Frühjahr 1936 ging der Wafd erneut als stärkste Partei hervor und bildete die Regierung. Deren Tätigkeit wurde dadurch begünstigt, dass Fuʾād 1936 starb und sein erst sechzehnjähriger Sohn Fārūq den Thron bestieg. Nun kam es endlich zur Unterzeichnung des Anglo-Ägyptischen Vertrags, über den seit 1922 erfolglos verhandelt worden war. Dabei machten die Briten den ägyptischen Nationalisten eine Reihe von Zugeständnissen. So ließen sie die Mitgliedschaft Ägyptens im Völkerbund zu, die es 1937 als letzter Beitrittsstaat antrat. In der Folge konnte es weltweit Botschaften und Konsulate eröffnen. Der Vertrag von Montreux, den neben Großbritannien noch zwölf weitere westliche Staaten ratifizierten, sagte 1937 die Aufhebung der Privilegien der Bürger dieser Staaten im Rechtswesen zu; innerhalb einer Zeitspanne von zwölf Jahren sollten die größtenteils mit ausländischen Richtern besetzten Gemischten Gerichte abgeschafft werden. Eine Militärpräsenz in Alexandria und die Kontrolle über die Sueskanalzone sowie das Vorrecht zur Ausweitung ihrer Befugnisse in Kriegszeiten wollten die Briten allerdings beibehalten. Das bot nationalistischen Kräften inner- und außerhalb des Parlaments weiterhin eine große Angriffsfläche.

In den politischen Konflikten, die in der Zeit während des Zweiten Weltkriegs und danach zunehmend eskalierten, manifestierten sich tiefer liegende gesellschaftliche Gräben. Die politischen Parteien rekrutierten sich aus den gesellschaftlichen Eliten. Diese umfassten die Großgrundbesitzer, die Industriellen, Intellektuelle mit europäischer Orientierung sowie die Effendiyya – die säkular gebildete, westlich orientierte städtische Mittelschicht, zu der zum Beispiel Juristen und Beamte gehörten. Die Mitglieder dieser Eliten waren meist auslandserfahren, hatten häufig europäische Schulen und Universitäten besucht und sprachen Fremdsprachen. Die politischen Parteien repräsentierten damit eine zahlenmäßig relativ kleine gesellschaftliche Schicht, die allerdings über den größten Teil des Reichtums des Landes verfügte und wenig Anstalten machte, die Masse der Bevölkerung daran teilhaben zu lassen. Hinzu kamen Korruptionsaffären um führende Vertreter der Wafd-Partei, die breite Bevölkerungsschichten in ihrer Wahrnehmung bestärkten, dass es den politischen Eliten statt um das Wohl der Nation vor allem um persönliche Bereicherung gehe. Eine Bodenreform zum Beispiel war bei den etablierten Parteien trotz der extremen Armut großer Teile der Landbevölkerung, die sich im Zuge der Weltwirtschaftskrise noch verschärfte, nicht durchzusetzen; sie fühlten sich den Interessen der Großgrundbesitzer verpflichtet. Intern waren die Parteien durchweg undemokratisch organisiert. Insbesondere die Politik des Wafd beruhte in der Tradition Saʿd Zaghlūls auf Patronage sowie der Mobilisierung breiter Bevölkerungsschichten für Demonstrationen; der Wafd verstand sich jedoch nicht als Instrument der politischen Willensbildung für diese Gruppen.

Auf der anderen Seite des gesellschaftlichen Grabens standen die einfache Landbevölkerung, die wachsende Gruppe des städtischen Proletariats sowie die jungen Angehörigen des Militärs, die oft aus der unteren Mittelschicht stammten und eine rein arabischsprachige Bildung erhalten hatten. Dies waren die Schichten, die am meisten unter dem enormen Bevölkerungswachstum litten. Sie fühlten sich von den politischen Eliten kulturell, politisch und ökonomisch ausgeschlossen und waren daher empfänglich für Botschaften, die die Entmachtung dieser Eliten, politische Partizipation, die vollständige Unabhängigkeit Ägyptens sowie die Herstellung von sozialer Gerechtigkeit in Aussicht stellten. Genau das taten die Muslimbruderschaft und die Jungägyptische Vereinigung. Eine sozialrevolutionäre Rhetorik und der Anspruch, Massenbewegungen zu sein, waren zentrale Bestandteile ihrer Ideologie. In den vierziger Jahren kam noch eine kommunistische Bewegung hinzu, die auch von jüdischen Antifaschisten mitgetragen wurde und rasch Anhänger gewann. Sie unterschied sich von den anderen radikalen oppositionellen Bewegungen durch ihre Haltung zu den Kriegsparteien des Zweiten Weltkriegs: Die Muslimbruderschaft und die Jungägyptische Vereinigung unterstützten die Achsenmächte, die Kommunisten waren gegen sie.

Der Anglo-Ägyptische Vertrag von 1936 hatte Großbritannien für den Kriegsfall Sonderrechte eingeräumt. Dieser Fall war mit dem Ausbruch des Zweiten Weltkrieges eingetreten. Die Briten führten 1939 das Kriegsrecht ein, das unter anderem Pressezensur legitimierte. Ägypten musste seine diplomatischen Beziehungen zu Deutschland und Italien abbrechen. Großbritannien stationierte im Verlauf des Krieges ungefähr eine halbe Million Soldaten im Land. Viele Ägypter, darunter auch führende Militärs und Politiker, unterstützten jedoch die Achsenmächte, zum Teil aufgrund politischer Sympathien, aber vor allem, weil diese Gegner der Briten waren. Diese wiederum nahmen massiv Einfluss auf die ägyptische Politik, um zu verhindern, dass deutschlandfreundliche Kräfte in Machtpositionen gelangten. Sie erwirkten die Absetzung von Regierungen und ließen Anfang 1942 sogar den Königspalast umstellen, um den ebenfalls eher achsenfreundlichen Fārūq unter Androhung der Absetzung zu zwingen, eine reine Wafd-Regierung einzusetzen. Der Wafd hatte zwar bei den Wahlen 1938 nur wenige Sitze errungen, war aber antifaschistisch positioniert. Der König musste nachgeben, und die Wafd-Regierung kam zustande – allerdings nur aufgrund britischer Protektion, was dem Ansehen der einstmals radikal nationalistischen Partei sehr schadete. Fārūq wurde durch die Affäre ebenfalls stark beschädigt, hatte sie doch deutlich gemacht, dass er ein Spielball in den Händen der britischen Armee war. Ohnehin war er wegen seines luxuriösen Lebensstils und autokratischen Gehabes zunehmend unbeliebt. Die Hoffnungen mancher Ägypter auf Befreiung durch die Deutschen zerschlugen sich 1942, als die Briten in den Schlachten von El Alamein General Rommels Afrikakorps besiegten. Die Erkenntnis, dass nur ägyptische Kräfte einen Umsturz würden herbeiführen können, verschaffte den außerparlamentarischen politischen Bewegungen deutlichen Auftrieb. Am stärksten konnte die Muslimbruderschaft profitieren, die in der Nachkriegszeit das politische Klima zunehmend dominierte.

Das Ende des Zweiten Weltkriegs und die Verhandlungen über die Gründung der UNO brachten nicht die von vielen Ägyptern erhofften Fortschritte in Richtung Unabhängigkeit. Die Unzufriedenheit wuchs. Die zweite Hälfte der vierziger Jahre war geprägt von Demonstrationen, Unruhen und politischen Morden. Der Versuch des Königs, dem Aufruhr durch Einsetzung einer repressiven Regierung beizukommen, fachte die Unruhen nur noch weiter an. Wiederholten Verhandlungen mit den Briten über eine vollständige Unabhängigkeit war kein Erfolg beschieden; sie führten lediglich zur weiteren Desillusionierung vieler Ägypter. Die Gründung des Staates Israel sowie die Unfähigkeit Ägyptens, diese militärisch zu verhindern, taten ein Übriges. Massenagitation und politische Gewalt durch die Muslimbruderschaft waren die Folge. Der Premierminister Mahmūd an-Nuqrāschī löste diese daraufhin im Dezember 1948 auf. Wenige Wochen später wurde er von einem Muslimbruder erschossen. Anfang Februar 1949 fiel wiederum Hasan al-Bannā einem Attentat zum Opfer.

Einen ernsthaften Versuch zur Stabilisierung des politischen Systems unternahm erst die letzte Wafd-Regierung, die im Januar 1950 gewählt wurde. Sie baute politische Repressionen ab, band breitere politische und gesellschaftliche Kräfte in die Regierung ein und unternahm erstmals Schritte in Richtung sozialer Reformen. Tāhā Husain als Bildungsminister schaffte die Schulgebühren an Sekundarschulen ab; Ahmad Husain, der Führer der Jungägyptischen Vereinigung, führte als Gesundheitsminister zum ersten Mal ein Sozialversicherungssystem ein – Errungenschaften, von denen Nassers Regime später profitierte. Die neue Atmosphäre politischer Offenheit ermutigte allerdings auch die nationalistische Opposition. Als der Premierminister Mustafā an-Nahhās nach gescheiterten Verhandlungen mit den Briten den Vertrag von 1936 für ungültig erklärte, brachen Streiks, Boykotte und Guerillaaktionen gegen die Briten aus. Das wurde dadurch begünstigt, dass als mittelbare Folge der beginnenden Industrialisierung Gewerkschaften in der Zwischenkriegszeit zu einem wichtigen Mobilisierungsinstrument geworden waren.

Im Januar 1952 kam es zu Kämpfen zwischen ägyptischen be-

waffneten Kommandos und dem britischen Militär, die auf beiden Seiten Opfer forderten. Eine Racheaktion der Briten in Form
eines Angriffs auf eine Polizeistation in Ismāʿīliyya hatte den Tod
von fünfzig ägyptischen Hilfspolizisten zur Folge. Daraufhin
wurde im Land der Generalstreik ausgerufen, und in Kairo brachen Massenproteste aus. Ungefähr 750 öffentliche Gebäude,
darunter das Opernhaus, gingen in Flammen auf. Weder wurde
dies von Sicherheitskräften verhindert noch kam es in der Folge
zu Verhaftungen; bis heute ist die Urheberschaft für den Brand
ungeklärt. Das Land war nachhaltig destabilisiert. Vier Regierungen – meist von reaktivierten früheren Premierministern geleitet –
wechselten in rascher Folge aufeinander. Die parlamentarische
Monarchie hatte sich als unfähig erwiesen, die Probleme Ägyptens zu lösen, zu denen eine stetig wachsende, verarmte Stadt-
und Landbevölkerung, geringes Wirtschaftswachstum, ein unzureichend ausgebautes Bildungssystem, eine hohe Arbeitslosigkeit und eine dauerhafte britische Militärpräsenz gehörten. Ein
Machtwechsel war überfällig.

4. Die Muslimbruderschaft

Die 1928 von Hasan al-Bannā gegründete Muslimbruderschaft
verstand sich als Massenbewegung. Geleitet von einem Führer
(*murschid*) sollte sie die Gesellschaft von unten herauf revolu-
tionieren und die ausländische Dominanz durchbrechen. Viele
der konstitutiven Elemente ihrer Ideologie und Organisation entsprachen dem Zeitgeist der zwanziger und dreißiger Jahre. Sie
weisen – trotz inhaltlicher Differenzen – Parallelen zu faschisti-
schen Strömungen in Europa auf: das Konzept der «Bewegung»,
das Führerprinzip, die offensiv zur Schau gestellte Kampfbereit-
schaft sowie die Idee, einer von außen unterdrückten und durch
fremde kulturelle Einflüsse geschwächten Nation durch Rückbesinnung auf ihr ursprüngliches Wesen wieder zu Stärke zu verhel-

fen. Dieses ursprüngliche Wesen war nach Auffassung der Muslimbruderschaft gleichbedeutend mit dem Islam.

Hasan al-Bannā wurde 1906 im östlichen Nildelta geboren. Er gehörte zu einer Generation von Ägyptern, die aus kleinbürgerlichen Familien in der Provinz stammten, ihre erste Ausbildung oft an einem klassischen *kuttāb* erhielten und dann an säkulare Bildungsinstitutionen wechselten. Al-Bannā studierte ab 1923 am Lehrerbildungsinstitut Dār al-ʿulūm in Kairo. Seit der Revolution von 1919 war er, wie die meisten ägyptischen Studenten seiner Zeit, lebhaft politisch interessiert und engagiert. In Kairo bewegte er sich vermehrt in den Kreisen islamischer Intellektueller und Aktivisten.

1927 trat al-Bannā eine Stelle als Volksschullehrer in Ismāʿīliyya an, der erst wenige Jahrzehnte alten Stadt, in der die Sueskanalgesellschaft ihren Sitz hatte. Dort war die Präsenz von Ausländern sehr stark spürbar; ebenso unübersehbar waren die sozialen Kontraste zwischen den luxuriösen Residenzen der Europäer und den miserablen Lebensbedingungen der entwurzelten, vom Land zugewanderten Kanalarbeiter. Diese Erfahrung wie auch das offensichtliche Scheitern der europäisch geprägten Eliten in der «nationalen Frage» führten al-Bannā zu der Überzeugung, dass nur eine Rückbesinnung auf den Islam als Basis von Moral, Identität und Einigkeit die Probleme Ägyptens lösen könne. Darin stimmte er durchaus überein mit der älteren Generation religiöser Reformer, repräsentiert vor allem durch Muhammad Raschīd Ridā. Anders als diese wollte er sich jedoch nicht damit zufriedengeben, in elitären Zeitschriften einer kleinen, gebildeten Leserschaft seine Ideen darzulegen. Er predigte in Moscheen und Kaffeehäusern und fand erste Anhänger unter den unterprivilegierten Kanalarbeitern. Mit ihnen gründete er 1928 die Muslimbruderschaft. Sie wollte – wie viele andere islamische Vereinigungen ihrer Zeit – religiöse Bildung und Frömmigkeit fördern; auch betätigte sie sich in der Wohltätigkeit, etwa durch Alphabetisierungskurse und Gesundheitsdienstleistungen, die sie in Moscheen anbot. Dies verband al-Bannā jedoch mit einer größeren ideologischen Agenda und einer ambitionierten Propagandatätigkeit, die sich auf bestehende Moschee- und Wohltätigkeitsnetzwerke stützte. Die Muslimbruderschaft wurde so innerhalb weniger Jahre zu einer einflussreichen politischen Kraft. 1932 verlegte al-Bannā den Sitz der Organisation nach Kairo; in den folgenden Jahren entstanden in jeder ägyptischen Provinz Ableger. Innerhalb von zwei Jahrzehnten soll ihre Mitgliederzahl auf mehrere hunderttausend angewachsen sein, wobei die Überprüfung solcher Angaben kaum möglich ist; dass ein breit gespanntes und tief in der Gesellschaft verwurzeltes Netzwerk entstanden war, steht jedoch außer Frage.

Als 1936 der arabische Aufstand in Palästina ausbrach, war es vor allem die Muslimbruderschaft, die auf muslimische Solidarität pochte und Unterstützungskampagnen startete. Sie trug wesentlich dazu bei, dass sich die Idee, Teil der arabischen Welt zu sein, in Ägypten verbreitete und dass Palästina dafür eine symbolische Bedeutung gewann. Im Zweiten Weltkrieg unterlagen die Aktivitäten der Muslimbruderschaft Einschränkungen, und es kam verschiedentlich zu Verhaftungen führender Mitglieder; ein Verbot konnte sie jedoch vermeiden. Hasan al-Bannā gelang es zudem, im Gegenzug für den Verzicht auf eine Kandidatur bei den Parlamentswahlen Zugeständnisse zu erwirken, etwa den verstärkten Kampf gegen Prostitution sowie eine Limitierung des Alkoholverkaufs. Das Kriegsende verschaffte der Organisation Auftrieb. Es kam damit allerdings auch zu einer Zunahme von Gewalt und politischen Morden. 1948 schickte die Muslimbruderschaft Freiwilligeneinheiten in den israelisch-arabischen Krieg, den sie nicht nur zur Propaganda gegen die Regierung nutzte, sondern auch zur Aufrüstung. Im Dezember 1948 wurde die Organisation verboten; kurz darauf tötete ein Muslimbruder den Premierminister an-Nuqrāschī. Im Februar 1949 wurde Hasan al-Bannā, vermutlich auf Veranlassung des königlichen Geheimdienstes, erschossen, obwohl er sich von den Gewalttaten distanziert hatte.

Al-Bannā war eher Propagandist als Ideologe. Seine Briefe und

Reden waren Appelle, nicht Analysen. Religiös kontroverse Themen vermied er. «Der Islam ist die Lösung» – das war der Slogan der Muslimbruderschaft. Wie eine solche islamische Lösung im Detail aussehen sollte, ließ er offen. Der Schwerpunkt lag auf dem Kampf für eine islamische Gesellschaft, nicht auf der Ausarbeitung eines Modells des islamischen Staates. Zentral für den Erfolg dieses Kampfes war das Ende europäischer Einflussnahme nicht nur im politischen und wirtschaftlichen Bereich; auch die kulturelle Orientierung an Europa sollte ein Ende haben. Nur ein islamisches System werde Ägypten zu nationaler Einheit, Stärke und sozialer Gerechtigkeit führen. Der Erfolg der Muslimbruderschaft beruhte auf der Anziehungskraft dieser Ideologie bei denjenigen Bevölkerungsschichten, die sich von den elitären Parteien nicht repräsentiert fühlten. Er war aber auch der effektiven Organisation der Bewegung zu verdanken. Sie verfügte über ein Netz aus lokalen Zellen sowie über zentrale Stabsstellen für Propaganda, Kampagnen und Wohltätigkeit. Dabei kam ihr zugute, dass sie keineswegs nur die ärmsten Schichten ansprach, sondern auch die wachsende Gruppe der Bildungsaufsteiger aus einfachen Verhältnissen und aus der Provinz, die nach ihrem Studium aus Mangel an Beziehungen oft keine adäquate Perspektive hatten. Aus dieser Gruppe konnte die Muslimbruderschaft zum Beispiel Ärzte, Lehrer und Journalisten rekrutieren.

Der Tod Hasan al-Bannās, der die Organisation zu Lebzeiten komplett dominiert hatte, war ein schwerer Schlag für die Muslimbruderschaft. Keiner seiner Nachfolger konnte eine vergleichbar überragende Stellung einnehmen. Dafür wurden prominente Muslimbrüder sichtbar, die detailliertere ideologische und politische Konzepte vorlegten. Hier ist in erster Linie Sayyid Qutb (1906–1966) zu nennen. Wie sein Altersgenosse Hasan al-Bannā in der Provinz aufgewachsen und in der Großstadt ausgebildet, war er zuletzt Schulinspekteur gewesen, jedoch wegen seiner – sowohl nationalistisch als auch sozial begründeten – Opposition zum Königshaus in Ungnade gefallen. Ein dienstlicher Zwangsaufenthalt in den USA mit dem Zweck, das dortige Schulwesen zu studieren, rief in ihm einen tiefen Widerwillen gegen die amerikanische Gesellschaft hervor, die er als kalt, unsozial, promiskuitiv sowie aller Traditionen und Werte entleert empfand. Nach seiner Rückkehr nach Ägypten im Jahr 1951 trat er der Muslimbruderschaft bei und wurde bald ihr führender Ideologe. Die Idee der sozialen Gerechtigkeit stand dabei für ihn im Mittelpunkt; er hielt sie für den Wesenskern eines islamischen Systems.

Die Machtübernahme durch die Freien Offiziere 1952 erfüllte zunächst die Hoffnungen der Muslimbruderschaft auf einen Sturz der Monarchie. Zwischen den führenden Mitgliedern der Muslimbruderschaft und der Gruppe der Freien Offiziere gab es einige Gemeinsamkeiten, sowohl in Bezug auf ihre Ziele als auch auf ihr Herkunftsmilieu. Das Verhältnis untereinander war demzufolge gut; die Muslimbruderschaft war 1953 die einzige politische Organisation, die nicht aufgelöst oder zwangsweise gleichgeschaltet wurde. Schon bald begann jedoch Nasser, der sich immer mehr zum Alleinherrscher aufschwang, in der Muslimbruderschaft eine unliebsame Konkurrenz zu sehen. Nach einem gescheiterten Attentat eines Muslimbruders auf ihn verbot er die Organisation und verfolgte ihre Mitglieder mit großer Härte. Viele von ihnen, darunter auch Sayyid Qutb, erlebten Folter und Lagerhaft.

Krank, in Haft und unter dem Eindruck der brutalen Zerschlagung der Muslimbruderschaft verfasste Sayyid Qutb sein ideologisches Hauptwerk «Wegzeichen». Für ihn befanden sich Ägypten und alle anderen gegenwärtigen muslimischen Gesellschaften in der gleichen Situation wie Arabien zur Zeit des Propheten Muhammad: in einem Zustand der Unwissenheit (*dschāhiliyya*), aus der heraus die Menschen falsche Götter anbeteten. Menschliche Herrscher machten sich – gleich dem Pharao in der Mosesgeschichte – zu Göttern und setzten ihr Gesetz über das Gesetz Gottes. Die Menschen unterwürfen sich ihnen aus Angst, Unwissenheit und mangelndem Gottvertrauen. Diese Unterwerfung unter einen anderen Souverän als Gott führe zu einem Zustand der Entfremdung, in dem alle, Herrscher wie Beherrschte, gefangen seien. Die Folgen seien Krieg, Gewalt, Unglück und Armut. In dieser Situation obliege es einer kleinen muslimischen Avantgarde, sich aus der unwissenden – dschāhilitischen – Gesellschaft zurückzuziehen und aus einer Keimzelle heraus eine wahrhaft islamische Gesellschaft aufzubauen. Sobald das gelungen sei, müsse das tyrannische System gestürzt werden. Dieses werde sich allerdings nicht kampflos ergeben; seine gewaltsame Zerschlagung sei unvermeidbar.

Sayyid Qutb wurde 1966 unter dem Vorwurf, an einer Verschwörung gegen Nasser beteiligt gewesen zu sein, gehängt. Sein Manifest wurde zur Grundlage späterer islamistischer Bewegungen auf der ganzen Welt, die ab den siebziger Jahren immer zahlreicher wurden und sich immer stärker ausdifferenzierten. Über die genaue Strategie des Aufbaus einer islamischen Gesellschaft gab es dabei erhebliche Meinungsverschiedenheiten. Eine davon betraf die Frage, ob lediglich das dschāhilitische System als nichtmuslimisch zu betrachten sei oder auch seine Repräsentanten – oder sogar alle diejenigen, die keinen aktiven Widerstand leisteten und sich damit zu Komplizen des Systems machten. Der greise Nachfolger Hasan al-Bannās als Führer der Muslimbruderschaft, Hasan al-Hudaibī (1891–1973), der sich bis zu seinem Tod unter Hausarrest befand, gab für seine Organisation das Motto «Prediger, nicht Richter» aus: Ziel der Muslimbruderschaft sei es, durch Mission, Wohltätigkeit und islamische Lebensführung zu überzeugen, nicht aber, andere Muslime des Unglaubens zu bezichtigen. Sein Nachfolger ʿUmar at-Tilimsānī (1904–1986) distanzierte sich – zumindest mit Bezug auf die innerägyptische Politik – vom bewaffneten Kampf.

In den siebziger Jahren konnte sich die Muslimbruderschaft an den Wiederaufbau ihrer zerschlagenen Organisation machen; Sadat tolerierte sie, förderte sie zeitweise sogar. Gegen Ende seiner Herrschaft reagierte er allerdings mit massiven Sanktionen auf islamistische Gewalt, von denen auch die eigentlich unbeteiligten Muslimbrüder betroffen waren. Mubarak ließ nach seinem Amtsantritt die inhaftierten Muslimbrüder frei. Zwar legalisierte er die Muslimbruderschaft nie, was zur Folge hatte, dass ihre internen Strukturen undurchsichtig und autoritär blieben; er ließ sie aber über lange Zeit recht frei agieren, auch deswegen, weil er sie als Bollwerk gegen radikalere islamistische Strömungen betrachtete. Die Muslimbruderschaft beteiligte sich über die Listen anderer Parteien oder mit unabhängigen Kandidaten an Parlamentswahlen und errang dort Achtungserfolge – mehr hätte das Regime auch nicht zugelassen. Ihr gelang es aber, in den Wahlen zu zahlreichen Berufsverbänden und Universitätsgremien Mehrheiten zu erzielen; das verdankte sie ihrer professionellen Organisation und dem hohen Mobilisierungsgrad ihrer Unterstützer. Es spiegelte außerdem die Tatsache wider, dass die Muslimbruderschaft nach wie vor viele ihrer Mitglieder aus der Schicht der Bildungsaufsteiger in medizinischen und technischen Fächern rekrutierte, zum Beispiel Ärzte, Apotheker oder Ingenieure. Die Bewegung gewann massiv an Popularität, als sie nach einem verheerenden Erdbeben 1992 in kürzester Zeit effektive Notfallhilfe zur Verfügung stellte, während die Regierung langsam und schlecht organisiert war.

Ab den späten neunziger Jahren sank die Toleranz des Regimes gegenüber der Muslimbruderschaft, von der immer deutlicher wurde, dass sie die einzige ernstzunehmende Opposition darstellte. Es kam wiederholt zu Verhaftungen von Führungskadern. Das Mubarak-Regime versuchte, durch Manipulationen am Wahlgesetz und schließlich 2007 durch eine Verfassungsänderung Wahlerfolge der Muslimbrüder zu verhindern. In der Organisation selbst kam es zu Flügelkämpfen. Eine konservative Strömung, die durch die Erfahrung der Verfolgung geprägt und misstrauisch gegenüber Annäherungen an den Zeitgeist war, stand einer Gruppe jüngerer Aktivisten gegenüber, die für innere Demokratisierung, inhaltliche Modernisierung und Öffnung gegenüber anderen gesellschaftlichen Gruppen warb. Symbolisch entzündete sich die Auseinandersetzung 2007 an einem Streit darüber, ob das Präsidentenamt auch Kopten und Frauen offenstehen solle. Die Reformer waren dafür, konnten sich aber nicht durchsetzen. Im Gefolge des Arabischen Frühlings wurden sie in der Muslimbruderschaft weiter marginalisiert. Es zeigte sich, dass selbst nach ihrem Sieg in den ersten freien Wahlen die Führungskader die Denkweise und Struktur einer Untergrundorganisation nicht völlig aufgeben konnten.

Fünfter Teil

Autoritäre Herrschaft
und Opposition

1. Die Ära Nasser (1952–1970)

Am 23. Juli 1952 übernahm die Gruppe der «Freien Offiziere» in Ägypten die Macht; sie zwang König Fārūq zur Abdankung und ins Exil. An seiner Statt machten sie seinen wenige Monate alten Sohn Fu'ād zum König. Sie hoben die Verfassung auf, erließen eine Übergangsverfassung und bildeten einen Revolutionären Kommandorat, der die Regierung führte. Am 18. Juni 1953 setzten sie auch Fu'ād ab und verbannten ihn. Ägypten wurde zur Republik. Die ersten fünfzehn Jahre dieser Republik waren eine Ära großer Verheißungen und gesellschaftlichen Wandels, der das Land bis heute prägt.

Der führende Kopf der Freien Offiziere war Gamāl 'Abd an-Nāsir (1918–1970) – in der westlichen Welt als Nasser bekannt. Er stammte aus kleinbürgerlichen Verhältnissen. Während seiner Schulzeit in Kairo in den dreißiger Jahren wurde er stark politisiert und betrachtete den Anglo-Ägyptischen Vertrag von 1936 als Verrat an der Nation. Eben dieser Vertrag sah für die ägyptische Armee die Ersetzung britischer durch ägyptische Offiziere vor, was Männern wie Nasser neue Karriereperspektiven eröffnete. Er begann 1937 seine Offiziersausbildung und wurde schnell befördert. In den folgenden Jahren wurde er zum Mittelpunkt eines informellen Zirkels von jungen Offizieren der ersten Ausbildungsjahrgänge, die ein gemeinsames Interesse an der Beseitigung der unpopulären Monarchie, der ausländischen Vorherrschaft und des gesamten dysfunktionalen politischen Systems hatten. Die persönliche Erfahrung der verheerenden Niederlage gegen Israel 1948 bestärkte sie noch in ihrer Ablehnung der gegenwärtigen Strukturen. Nasser und seine Mitstreiter betätigten sich in den vierziger Jahren in verschiedenen außerparlamentarischen Bewegungen – Nasser eine Zeitlang bei der Muslimbruderschaft, andere bei den Faschisten oder den Kommunisten. Sie gingen aber nie in diesen Bewegungen auf und zogen sich letztlich auf ihre kleine, ausschließlich aus Militärs bestehende Gruppe zurück.

Nach ihrem Putsch kam den Freien Offizieren zugute, dass sie General Muhammad Nagīb (1901–1984) für ihr Anliegen hatten gewinnen können – einen der wenigen ägyptischen Militärs, die im Palästinakrieg gewisse Meriten erworben hatten. Er war älter, höherrangig und bekannter als der gerade erst 34 Jahre alte Nasser, so dass er nomineller Vorsitzender des Revolutionären Kommandorates wurde, mit Nasser als Stellvertreter. Als im September 1952 die alte Regierung zurücktrat, wurde Nagīb außerdem Premierminister und Nasser wiederum sein Stellvertreter. Um die gleiche Zeit ließen die Freien Offiziere einen Textilarbeiterstreik brutal niederschlagen und mehrere der Beteiligten hinrichten, was zur Entzweiung mit der kommunistischen Bewegung führte. Eine eher halbherzige Bodenreform, die kurz darauf folgte, konnte daran nichts ändern.

Nach der endgültigen Abschaffung der Monarchie 1953 wurde Nagīb zum Präsidenten ernannt. Es kam allerdings bald zu Auseinandersetzungen zwischen ihm und Nasser über die Zukunft des Landes. Unter anderem hatte Nagīb begonnen, sich den alten politischen Eliten anzunähern, und plädierte für ein Ende der Militärherrschaft sowie eine Wiedereinführung des parlamentarischen Systems. Nasser lehnte das strikt ab; er ließ bereits im Januar 1953 alle politischen Parteien und Organisationen – mit Ausnahme der Muslimbruderschaft – auflösen. Sie sollten in der «Befreiungsfront», einer staatlichen Einheitsorganisation, aufgehen. Im Februar 1954 verkündete Nagīb seinen Rücktritt, und Nasser übernahm die Präsidentschaft. Es folgten mehrwöchige heftige Auseinandersetzungen zwischen Nasser und Nagībs substanzieller Unterstützerbasis in der Armee. Nasser gewann mit Verzögerungstaktiken, Scheinkonzessionen und der Lancierung seiner Anhänger in Schlüsselpositionen immer mehr an Boden. Den Ausschlag gab schließlich die Tatsache, dass es ihm gelang, Massen von Arbeitern, Bauern und Kleinbürgern gegen einen Rückzug der Freien Offiziere aus der Politik und die Wiederherstellung des *ancien régime* auf die Straßen zu bringen. Nagīb wurde unter Hausarrest gestellt und die Armee von seinen Unterstützern gesäubert.

Zwischen 1952 und 1954 war es Nasser gelungen, den Putsch zu einer Revolution umzudeklarieren. Er vertrat nicht nur den Anspruch, die Massen zu repräsentieren, sondern es gelang ihm auch zuverlässig, sie zu mobilisieren. Jegliche potenzielle Opposition – das schloss nun auch die Muslimbruderschaft ein – schaltete er in den kommenden Jahren systematisch aus. Um sich als Revolutionsführer zu inszenieren, brauchte er aber nicht nur die Abwesenheit von Opposition, sondern auch die Unterstützung breiter Bevölkerungsschichten, und diesen musste er Erfolge bieten. Daher nahmen die Freien Offiziere schon im Frühjahr 1953 Verhandlungen mit Großbritannien über die Evakuierung der Sueskanalzone auf. Die kriegsmüden Briten hatten dort seit Jahren mit Guerillaangriffen und Streiks zu kämpfen, so dass die Motivation, ihre Militärpräsenz aufrechtzuerhalten, stark gesunken war. Nach zähen Verhandlungen konnte schließlich im Oktober 1954 ein Abkommen über den Abzug der britischen Truppen bis Juni 1956 unterzeichnet werden. Das war ein Erfolg von enormer symbolischer Bedeutung, denn das Ende der Präsenz ausländischer Truppen auf ägyptischem Boden war seit Jahrzehnten das Kernanliegen aller politischen Kräfte im Land gewesen. Das Abkommen ermöglichte es Nasser, sich zum Volkshelden aufzubauen: Zum ersten Mal seit Jahrtausenden, so lautete seine Selbstdarstellung, wurde Ägypten von einem Ägypter regiert; ihm war es gelungen, das Land den Ausländern zu entreißen und für die Ägypter zurückzugewinnen. Dass seine Regierung bei ihrem Versuch scheiterte, die Kontrolle über den Sudan zu behalten, der nach einem Referendum in die Unabhängigkeit entlassen wurde, fiel demgegenüber in der öffentlichen Wahrnehmung kaum ins Gewicht.

In den ersten Jahren seiner Herrschaft musste Nasser seine Rolle erst finden; bahnbrechende innenpolitische Reformen blieben aus. Die vielleicht deutlichste Symbolwirkung hatte die Abschaffung des bisherigen Gerichtswesens, in dem die religiösen Gerichte für das Familien- und Erbrecht zuständig waren, während die «Einheimischengerichte» alle übrigen Angelegenheiten verhandelten. 1955 ersetzte Nasser dieses mehrgliedrige System durch einheitliche «nationale Gerichte», die allerdings im Familien- und Erbrecht weiterhin religiöses Recht sprachen.

Ein Feld, auf dem sich Nasser von Anfang an sehr stark profilierte, war die Außenpolitik, die ganz unter den Vorzeichen des Kalten Krieges stand. 1955 trat er auf der Konferenz von Bandung neben Staatsmännern wie Nehru und Tito als Repräsentant eines selbstbewussten, dekolonisierten, unabhängigen und blockfreien Ägypten auf. In diesem Kontext war er wesentlich für das Scheitern amerikanischer Versuche verantwortlich, den Nahen Osten auf die Seite des Westens zu ziehen. Dabei ging es vor allem um den Bagdadpakt, ein der NATO nahestehendes Bündnis, das der Irak mit Pakistan und der Türkei geschlossen hatte. Ägypten verweigerte sich nicht nur einem Beitritt, sondern warb auch bei anderen arabischen Staaten dafür, diesem Vorbild zu folgen. Ein besonders wichtiges Propagandainstrument wurde Nassers Radiosender *Saut al-ʿArab* («Die Stimme der Araber»), der in der ganzen arabischen Welt ausgestrahlt wurde. Der arabische Nationalismus war damals in Ägypten eine recht junge Idee. Noch zur Zeit des Ersten Weltkriegs hatten die an der Levante aufkeimenden panarabischen Ideen Ägypten und Nordafrika nicht eingeschlossen. Erst mit dem Beginn des arabischen Aufstands in Palästina 1936 entwickelte sich bei vielen ägyptischen Nationalisten ein Konzept der arabischen Solidarität. Nasser hielt anfangs wenig davon, doch unter dem Einfluss von Intellek-

tuellen in seinem Umfeld, insbesondere des befreundeten Journalisten Muhammad Hasanain Haikal (* 1923), orientierte er
sich in den fünfziger Jahren stärker panarabisch. Er positionierte
sich als Führer eines «revolutionären Lagers» gegen die «reaktionären» Monarchien und als Befürworter der kolonialen Befrei-
ungskämpfe in anderen arabischen Ländern. Das äußerte sich
vor allem in der engagierten propagandistischen und militärischen Unterstützung des algerischen Unabhängigkeitskampfes,
die die ägyptischen Beziehungen zu Frankreich schwer belastete.

Die Sueskrise war Nassers größter Triumph und führte ihn auf
den Zenit seiner Macht. Sie war das Resultat komplexer außenpolitischer Interaktionen zwischen Ägypten, Großbritannien,
Frankreich, Israel, den USA und der Sowjetunion. Die Spannungen zwischen Ägypten und Israel stiegen in den fünfziger Jahren
stetig an. Großbritannien und Frankreich wiederum betrachteten
den Sueskanal als Teil ihrer ureigenen Interessensphäre; er war
im Eigentum einer europäisch dominierten Kanalgesellschaft,
deren Konzession noch bis 1968 gültig war. Die USA waren ver-
ärgert über Ägyptens Haltung gegenüber dem Bagdadpakt und
erwirkten ein Moratorium über Waffenverkäufe westlicher an
arabische Staaten. Nasser brauchte jedoch dringend Waffen,
denn seit dem israelisch-arabischen Krieg war die unzulängliche
Ausstattung seiner Armee nur zu offensichtlich. Also erwarb er
die Waffen aus dem Ostblock. Als Reaktion darauf sowie auf
die Anerkennung der Volksrepublik China durch Ägypten zogen
die USA und die Weltbank ihre Zusage, eine neue Staumauer in
Assuan zu finanzieren, zurück. Nasser verkündete daraufhin –
kurz nach dem vertragsgemäßen Abzug der britischen Truppen –
die Verstaatlichung des Sueskanals, um aus dessen Einnahmen
den Damm zu finanzieren. In der Folge trafen Frankreich, Großbritannien und Israel eine geheime Absprache über den Sturz
Nassers. Ein israelischer Angriff auf Ägypten – für den vorangegangene Grenzscharmützel genug Anlass gaben – sollte von den
beiden europäischen Staaten unterstützt werden. Diese sollten
unter dem Vorwand, vermittelnd einzugreifen, einen Rückzug

Israels in Aussicht stellen, wenn dafür Nasser zurücktrat und die Herrschaft der Freien Offiziere in Ägypten beendet wurde. Militärisch war der Plan zunächst erfolgreich. Er scheiterte aber am Widerstand der USA und der Sowjetunion, die das Thema vor die UNO brachten und die drei angreifenden Staaten zum Rückzug zwangen. Keine der beiden Großmächte wollte riskieren, Ägypten – und mit ihm möglicherweise weitere arabische Staaten – an die jeweils andere Seite zu verlieren. So endete die Sueskrise als klarer diplomatischer Sieg für Nasser und löste Begeisterung bei der großen Mehrheit der Ägypter aus, die schon lange davon geträumt hatten, dass ihr Land Europa die Stirn werde bieten können. In der ganzen arabischen Welt wurde Nasser zum Volkshelden.

Unmittelbar nach der Sueskrise begann Nasser mit einer beispiellosen Nationalisierungspolitik. Briten und Franzosen wurden verhaftet und ausgewiesen; Unternehmen und Ländereien, die Angehörigen dieser Staaten gehörten, wurden beschlagnahmt und verstaatlicht. Ähnliche Maßnahmen trafen viele der in Ägypten lebenden Juden, die nun und in den kommenden Jahren zum größten Teil deportiert wurden oder emigrierten. Ein neues Staatsangehörigkeitsgesetz ermöglichte es, jeder Person die ägyptische Staatsangehörigkeit abzuerkennen, die nicht nachweisen konnte, dass sie oder ihre Familie mindestens seit 1900 durchgehend in Ägypten ansässig gewesen war. In der Folge verließ der größte Teil der kosmopolitischen mediterranen Bourgeoisie das Land; den Franzosen, Briten und Juden folgten Griechen, Italiener und Armenier. Die Struktur der Eliten änderte sich radikal. Während sie vorher einen hohen Anteil an Nichtmuslimen, Ausländern sowie kulturell an Europa orientierten Ägyptern aufwiesen und Französisch ihre wichtigste Umgangssprache war, gelangten nun Angehörige des Militärs und Personen aus ihrem Umfeld überall in Schlüsselpositionen. Sie stammten zumeist aus der unteren Mittelschicht, waren Muslime, sprachen Arabisch und hatten keine Auslandserfahrung. Auch auf symbolischer Ebene fand eine Distanzierung von den alten Eliten statt, indem

Nasser 1958 den Tarbūsch – eine Kopfbedeckung, die andernorts als Fes bekannt ist – verbot. Im 19. Jahrhundert noch ein Symbol der Modernität gegenüber dem Turban, der damals in Ägypten wie im Osmanischen Reich abgeschafft wurde, wurde der Tarbūsch unter Nasser ein Symbol der «reaktionären» bürgerlichen Eliten, mit dem diese sich von den Bauern und Arbeitern distanziert hatten.

Nassers Regime war erheblich stabiler als das anderer arabischer Länder zu dieser Zeit. Das galt insbesondere für Syrien, wo eine Regierung auf die nächste folgte. Der syrische Präsident und die panarabische Baʿth-Partei drängten Nasser zu einer Union zwischen beiden Staaten, von der sie sich neben der ideellen Stärkung der panarabischen Idee auch die Rettung vor einem kommunistischen Umsturz erhofften. Nasser hatte zwar Bedenken, ob eine solche Union so kurzfristig erfolgreich zu realisieren sei, doch angesichts seiner offensiv panarabischen Rhetorik konnte er sie kaum ablehnen. Am 1. Februar 1958 wurde die «Vereinigte Arabische Republik» begründet, zu deren Präsident Nasser mit 99,9 Prozent der Stimmen gewählt wurde. Wenn syrische Akteure sich allerdings eine Beteiligung an der Regierung erhofft hatten, dann wurden sie enttäuscht. Nasser ließ auch in Syrien alle Parteien auflösen und herrschte zentralistisch und autoritär. Alle Schaltstellen wurden mit Ägyptern besetzt. Wachsende Unzufriedenheit mit einem Regime, das immer stärker als ausländische Besatzung wahrgenommen wurde, resultierte schließlich im September 1961 in einem Putsch des syrischen Militärs und der einseitigen Auflösung der Union.

Ab Beginn der sechziger Jahre forcierte Nasser eine sozialistisch orientierte Politik, die den revolutionären Charakter seines Regimes sowie sein Streben nach nationalem Fortschritt unterstreichen sollte. 1960 begann die Verstaatlichung der großen Banken. Auch Versicherungen und größere Industrieunternehmen waren betroffen. 1961 weitete Nasser die Bodenreform deutlich aus; alle Ländereien oberhalb einer bestimmten Größe wurden enteignet und an landlose Bauern verteilt. Gegen diese

Maßnahmen gab es vergleichsweise wenig Protest, weil der Kreis der Betroffenen wesentlich begrenzter war als der der Profiteure. Außerdem gab es zu diesem Zeitpunkt schon längst kein Forum mehr, um politischen Dissens zu artikulieren. Nassers Einheitsorganisation, deren Name mehrfach wechselte, diente nicht der politischen Repräsentation, sondern lediglich der Mobilisierung von Unterstützung für Nasser; die Armee und der von Nasser gegründete Geheimdienst, die *mukhābarāt*, hatten das Land fest im Griff. Oppositionelle mussten mit Lagerhaft oder Todesurteilen rechnen.

Ebenfalls 1961 wurde die Azhar verstaatlicht und in eine reguläre Universität umgewandelt, die auch nichtreligiöse Fakultäten erhielt. Diese Entscheidung war die Konsequenz eines unaufhaltsamen Niedergangs der «alten» Azhar als durch private Stiftungen finanzierter Madrasa. Die Entwicklung zu einer regierungsnahen Institution, die Gefälligkeitsgutachten zur Legitimierung staatlicher Politik im Gegenzug für finanzielle Absicherung erließ, hatte sich schon unter der Monarchie abgezeichnet und fand nun ihre Vollendung. Bereits 1952 hatten die Freien Offiziere alle religiösen Stiftungen beschlagnahmen lassen. Diejenigen Stiftungen, die vor allem dem Unterhalt einzelner Familien dienten, wurden aufgelöst, der Rest einem Ministerium unterstellt. Die Azhar war dadurch in ihrer Finanzierung völlig vom Staat abhängig. Ihre Absolventen hatten keinerlei Karriereperspektiven mehr, weder in den Gerichten noch im Bildungswesen. Die Studentenzahlen sanken rapide. Die Umwandlung der Azhar in eine Massenuniversität rettete sie als Institution – um einen hohen Preis. Die Azhar-Reform fügte sich in eine Bildungspolitik, die auf den massiven Ausbau von kostenfreien Schulen und Universitäten setzte – ein Prozess, der schon in der Endphase der Monarchie eingesetzt hatte. Dieser Ausbau konnte allerdings mit dem rapiden Bevölkerungswachstum nicht Schritt halten; zwischen 1952 und 1980 verdoppelte sich die Bevölkerung auf ungefähr 45 Millionen. Die Qualität der Ausbildung litt entsprechend. Hinzu kam, dass unter Nasser Wissenschaft und Forschung von der internationalen Entwicklung weitgehend abgeschnitten waren.

Gleiches galt für die Wirtschaft. Bereits unter der Monarchie hatte in gewissem Umfang eine Industrialisierung stattgefunden. Überwiegend diente diese der Herstellung von Kleidung, Nahrungsmitteln und Kleingeräten zur Importsubstitution. Nasser versuchte, diese mittlerweile verstaatlichten Industrien auszubauen und zu erweitern. Unter anderem ließ er eine Stahlfabrik aufbauen, um von Stahlimporten unabhängig zu werden, und investierte in den Aufbau einer chemischen Industrie. Die meisten dieser Projekte kosteten allerdings mehr, als sie einbrachten, was auch daran lag, dass die ineffiziente, aufgeblähte und korrupte staatliche Verwaltung wenig dazu geeignet war, profitable Industrieunternehmen zu betreiben. So war Ägypten dauerhaft von ausländischen Anleihen und Hilfen abhängig. Der Assuandamm zum Beispiel, der dem Ausbau der Bewässerungswirtschaft, vor allem aber der Stromerzeugung dienen sollte und mehr als jedes andere Projekt propagandistisch als Symbol des Fortschritts ausgenutzt wurde, entstand zwischen 1960 und 1971 mit sowjetischer Unterstützung.

Nasser gliederte nicht nur die Medien, sondern auch die Musik- und Filmindustrie in sein nationales Entwicklungsprojekt ein. Die Sängerin Umm Kulthūm (ca. 1904–1975) und der Sänger ʿAbd al-Halīm Hāfiz (1929–1977) verkörperten wie niemand sonst die Zeit Nassers mit ihrem revolutionären Pathos und ihren Hoffnungen auf nationale Größe. Ägyptische Filme und Lieder erreichten Millionen in der ganzen arabischen Welt. Nasser inspirierte viele Künstler, Musiker und Literaten; allerdings zeigte sich besonders an der Entwicklung der Filmindustrie auch der lähmende Einfluss staatlicher Kontrolle. Ägypten hatte spätestens seit den dreißiger Jahren als «Hollywood des Nahen Ostens» gegolten. Nasser trug einerseits zur Professionalisierung der heimischen Filmindustrie bei, indem er eine Filmhochschule eröffnen ließ. Andererseits ließ er in den sechziger Jahren die Filmproduktion und die großen Kinos verstaatlichen. Die Filmstudios unter-

Nasser besaß die Fähigkeit, breite Bevölkerungsschichten zu mobilisieren;
hier mit Präsident Nagīb nach der ersten Bodenreform 1952.

lagen nun behördlichen Verwaltungsprozessen, was die Realisie-
rung innovativer Projekte fast unmöglich machte.

Die Hoffnungen und das revolutionäre Pathos der Ära Nasser
fanden ein jähes Ende mit der Niederlage Ägyptens und seiner
arabischen Verbündeten gegen Israel im Sechs-Tage-Krieg von
1967 – vielleicht das größte Trauma, das Ägypten im 20. Jahrhundert erlebte. Nasser, dem es jahrelang gelungen war, jede außenpolitische Auseinandersetzung zu dominieren, hatte sich mit seiner antiisraelischen Rhetorik – die vor allem darauf abzielte, die
anderen arabischen Führer zu beeindrucken – in eine Situation
manövriert, in der er nicht mehr umhinkam, auf Worte Taten folgen zu lassen. Er ließ die Straße von Tiran, Israels einzigen Zugang zum Roten Meer, für den Schiffsverkehr sperren, was Israel
zuvor zum *casus belli* erklärt hatte. Israel reagierte mit Angriff.
Am 5. Juni löschte ein konzentrierter israelischer Angriff fast die

gesamte ägyptische Luftwaffe aus; am 8. Juni stand die israelische Armee am Sueskanal. Bis zuletzt hatte *Saut al-ʿArab* die Zuhörer im Glauben gelassen, die verbündeten arabischen Armeen stünden kurz vor einem Sieg. Nasser erklärte am 9. Juni seinen Rücktritt. Massen von Ägyptern strömten auf die Straßen, um ihn zur Rücknahme dieser Entscheidung aufzufordern, überwiegend wohl spontan und motiviert durch Verzweiflung. Er blieb im Amt, war aber schwer beschädigt. Ägypten war gezwungen, einen Waffenstillstand zu unterzeichnen und den Sinai an Israel abzugeben. Die ägyptischen Soldaten hatten sich als schlecht ausgebildet, unzureichend ausgerüstet und demoralisiert erwiesen; ihre Offiziere, die ihre Posten weniger ihren Leistungen als vielmehr persönlichen Loyalitäten zu verdanken hatten, hatten überhastet den Rückzug angetreten. 10 000 bis 15 000 ägyptische Soldaten hatten ihr Leben verloren. Die Hoffnungen der Ägypter auf nationale Größe, die ein übermächtiger Propagandaapparat jahrelang geschürt hatte, waren mit einem Mal zerschlagen.

Von Anfang an hatte Nasser seine Popularität weniger dem Erfolg seiner Politik zu verdanken gehabt als vielmehr seinem Charisma. Er hatte die Hoffnungen vieler Ägypter auf Unabhängigkeit, Stärke, Fortschritt und soziale Gerechtigkeit glaubwürdig verkörpert; ihre Sehnsucht danach, den Kolonialismus abzuschütteln und in der Weltpolitik gleichberechtigt an der Seite europäischer Nationen zu stehen. Dass dies nicht gelungen war, ließ sich nach 1967 nicht mehr leugnen. Plötzlich gab es Proteste gegen die staatliche Gleichschaltung der Medien, das Einparteiensystem und die regimetreue Justiz, die in den Prozessen gegen die Armeeführung nach dem Sechs-Tage-Krieg fast nur Freisprüche verkündete. Die Politik des revolutionären arabischen Sozialismus hatte ihren Nimbus verloren. Zwar hatten große Teile der Unter- und unteren Mittelschicht durchaus von Nassers Politik profitiert; doch die Hauptprofiteure waren Funktionäre des staatlich-militärisch-industriellen Apparats, in dem Posten aufgrund von Beziehungen vergeben wurden und Korruption an der Tagesordnung war.

Wegen der hohen materiellen Verluste im Sechs-Tage-Krieg ließen sich wesentliche Elemente des bisherigen Systems nicht mehr aufrechterhalten. Die großen Summen, die Nasser in soziale Anliegen wie etwa den Aufbau einer flächendeckenden Gesundheitsversorgung investiert hatte, mussten nun zugunsten des Wiederaufbaus des Militärs reduziert werden. Um die sinkende Wirtschaftsleistung anzukurbeln, erhielt die Privatwirtschaft größere Freiräume und durfte vermehrt exportieren. Ägypten legte seine Animositäten gegen die «reaktionäre» Monarchie Saudi-Arabien zu den Akten, um deren finanzielle Unterstützung in Anspruch zu nehmen. Bei der Bevölkerung nahm die Religiosität rapide zu. Massen von Christen und Muslimen pilgerten zu einer Kirche in einem Kairoer Vorort, in der die Jungfrau Maria erschienen sein sollte. Koranzirkel und muslimische Studentengruppen erlebten eine Konjunktur.

Nasser starb im September 1970 an einem Herzinfarkt. Millionen schlossen sich seinem Beerdigungszug an, der fast zwei Jahrzehnte lang im Guinness-Buch der Rekorde als diejenige Totenfeier verzeichnet war, an der der größte Anteil der Bevölkerung eines Landes teilnahm; erst 1989 wurde sie von der Beerdigung Ayatollah Khomeinis noch übertroffen. Fünf Jahre nach Nasser starb Umm Kulthūm. Wieder strömten Millionen auf die Straße, um ihren Beerdigungszug zu begleiten und vielleicht auch, um eine Ära zu Grabe zu tragen, die im Grunde schon 1967 zu Ende gegangen war.

2. Ägypten, Israel und Palästina

Als 1936 der arabische Aufstand in Palästina ausbrach, wurde das Verhältnis zu Palästina und später zu Israel ein bestimmender Faktor der ägyptischen Außen- und Innenpolitik. Es beeinflusste zunehmend auch die Situation der ungefähr 80000 ägyptischen Juden. Deren Status hatte sich bis dahin nicht grundlegend vom

Status einheimischer Christen unterschieden; allenfalls hatten der vergleichsweise hohe Wohlstand und die wirtschaftlichen Aktivitäten einzelner Juden – etwa im Handel oder als Betreiber einiger der ersten ägyptischen Kaufhäuser – dazu geführt, dass sie als überdurchschnittlich reich wahrgenommen wurden, obwohl es durchaus auch sehr arme Juden gab. Das war aber zum Beispiel bei armenischen oder syrisch-katholischen Christen nicht wesentlich anders. Wenn es überhaupt Feindseligkeiten aufgrund vermuteter Bezüge zu einer ausländischen Macht gab, dann betrafen diese eher die Christen.

Der arabische Aufstand löste in Ägypten eine Welle der Solidarität aus und richtete das Interesse vieler Nationalisten auf Palästina. Diese Anteilnahme wurde dadurch verstärkt, dass sich der Aufstand nicht nur gegen die zunehmende jüdische Einwanderung nach Palästina, sondern auch gegen die Politik der britischen Mandatsmacht richtete. Die Rhetorik der Befreiung arabischen und muslimischen Landes von einer feindlichen – britischen – Besatzung konvergierte mit innenpolitischen Anliegen. Aber auch antisemitisches Gedankengut aus Europa spielte eine Rolle, das mit der Übernahme faschistischer Ideen eine gewisse Verbreitung gefunden hatte. 1938 verteilte die Muslimbruderschaft auf einer «Islamischen Parlamentarierkonferenz zugunsten Palästinas» arabische Übersetzungen der «Protokolle der Weisen von Zion» – in den zwanziger Jahren von levantinischen Christen angefertigt – und von Hitlers «Mein Kampf». Damit begann eine breite Rezeption dieser Schriften in Ägypten und der arabischen Welt, die bis heute anhält. Obwohl die große Mehrheit der ägyptischen Juden dem Zionismus indifferent oder sogar feindlich gegenüberstand, kam es Ende der dreißiger Jahre in Kairo zu ersten, noch recht kleinen, antijüdischen Demonstrationen.

In den folgenden Jahren intensivierte sich die antijüdische und antizionistische Propaganda. Die Situation in Palästina trug dazu ebenso bei wie Sympathien mit Hitler sowie der immer militantere Nationalismus, der die Juden undifferenziert als Teil ausbeuterischer ausländischer Eliten darstellte. Anfang November 1945 riefen die Jungägyptische Vereinigung und die Muslimbruder-schaft zu einer Demonstration anlässlich des 18. Jahrestages der Balfour-Erklärung auf, in der der britische Außenminister seine Unterstützung des Projekts eines jüdischen Staates in Palästina bekundet hatte. Die Demonstration wuchs sich zu einem Pogrom aus, das sechs Tote forderte, darunter einen Polizisten; eine Synagoge brannte ab, weitere Gebäude wurden zerstört oder beschädigt. Die Regierung distanzierte sich von der Gewalt und unterband weitere Demonstrationen.

Nach der Gründung des Staates Israel 1948 und dem gescheiterten Versuch der arabischen Staaten, dessen Territorium militärisch einzunehmen, intensivierte sich die Gewalt gegen Juden in Ägypten; die Urheberschaft war unklar, doch wurde eine Beteiligung der Muslimbruderschaft vermutet. 1948 und 1949 forderten Bombenanschläge auf jüdische Wohngegenden mehr als hundert Todesopfer. Mehrere hundert Juden, die man zionistischer Aktivitäten verdächtigte, wurden verhaftet. Es kam in großem Umfang zur Beschlagnahmung jüdischen Eigentums, ohne dass sich die Betroffenen notwendigerweise etwas Konkretes hatten zu Schulden kommen lassen. Die Situation entspannte sich 1949 nach der Unterzeichnung des Waffenstillstandsabkommens; Teile des beschlagnahmten Vermögens wurden zurückgegeben. Gleichzeitig wurde die Emigration von Juden erleichtert. Zuvor hatte sie nur denjenigen offen gestanden, die über einen ausländischen Pass verfügten, was bei höchstens einem Viertel der ägyptischen Juden der Fall war. Ein weiteres Viertel hatte einen ägyptischen Pass, der Rest war staatenlos. Auch diese Juden durften nun ausreisen. Zwischen 1948 und 1950 wanderten ungefähr 20 000 Juden aus. Ein erheblicher Anteil ließ sich in Europa und Lateinamerika nieder. Denjenigen, die keine zionistischen Neigungen hatten, erschienen diese Zielländer attraktiver als Israel, umso mehr, als sich Berichte über die Eingliederungsschwierigkeiten der sephardischen Juden in Israel mehrten.

Das Nasserregime wurde von den ägyptischen Juden zunächst keineswegs als Verschlechterung wahrgenommen. Die Stabilisierung der innenpolitischen Situation hatte für sie eher positive Auswirkungen. Der Fokus staatlicher Feindbild-Propaganda lag bis 1956 auf den Briten. Das galt auch dann noch, als sich Grenz-zwischenfälle häuften und im Dezember 1954 dreizehn ägypti-sche Juden der Spionage für Israel angeklagt wurden. Der eigent-liche Wendepunkt war die Sueskrise. Sie führte in großem Um-fang zu Verhaftungen, Ausweisungen, Beschlagnahmungen, dem Entzug der Staatsbürgerschaft sowie massiver staatlicher Propa-ganda gegen den Zionismus, der weitgehend mit dem gesamten Judentum gleichgesetzt wurde. Fast die Hälfte der ungefähr 45 000 Juden, die zu diesem Zeitpunkt noch im Land lebten, ver-ließ innerhalb weniger Monate nach der Sueskrise das Land, zum Teil erzwungenermaßen, zum Teil freiwillig. Beides war aller-dings schwer voneinander abzugrenzen, denn die meisten ägypti-schen Juden hatten ihre wirtschaftliche Basis vollständig verlo-ren, so dass vielen gar nichts anderes übrigblieb, als mit Hilfe des Roten Kreuzes zu emigrieren. Ganz im Gegensatz zu den Vorfäl-len von 1948/49 kam es nicht in nennenswertem Umfang zu ge-waltsamen Übergriffen seitens der Bevölkerung, sondern die Ver-folgung ging vor allem von der Regierung aus. Das «Ministerium für nationale Führung» veröffentlichte eine arabische Ausgabe der «Protokolle der Weisen von Zion», auf deren inhaltlicher Wahrheit es beharrte, auch wenn ihre angebliche Entstehungsge-schichte sich schon längst als Fälschung erwiesen hatte. Ein «Ko-mitee für den Kampf gegen den Zionismus» vertrieb antijüdische Pamphlete, auch Übersetzungen deutscher Nazipropaganda.

Die Feindschaft gegen Israel wurde zu einer Konstante der in-nen- und außenpolitischen Rhetorik. Sie diente Nasser auch dazu, sich gegenüber anderen arabischen Staatschefs zu profi-lieren. Die bis dahin im offiziellen Sprachgebrauch aufrechter-haltene Unterscheidung zwischen Juden und Zionisten ver-wischte immer mehr. 1961 lebten noch 7000 Juden in Ägypten, ausschließlich in Kairo und Alexandria; 1967 waren es nur noch 2500. Der Sechs-Tage-Krieg tat ein Übriges. Am Ende der Präsi-dentschaft Nassers waren höchstens noch 300 Juden im Land.

Zu diesem Zeitpunkt spielte die Frage der Differenzierung zwischen Zionismus, Israel und Judentum also kaum noch eine Rolle, weil fast keine Juden mehr da waren, die es hätte betreffen können. Umso unumstößlicher stand Israel als außenpolitisches Feindbild *par excellence* da. Die Arabische Liga unter Nassers Führung versuchte, mit martialischer Rhetorik über die militärische Aussichtslosigkeit eines Kampfes gegen Israel hinwegzutäuschen, und beteuerte, den Krieg niemals aufzugeben, bis Israel vernichtet sei.

Dass dies vor allem eine Frage des innen- und außenpolitischen Prestiges war, ließ sich an der Halbherzigkeit und Inkonsequenz der ägyptischen Politik gegenüber den Palästinensern erkennen. Der von 1948 bis 1967 ägyptisch besetzte Gazastreifen hatte anfangs eine palästinensische Regierung gehabt, die aber kaum Entscheidungsbefugnisse hatte. 1959 gliederte Nasser den Gazastreifen in die «Vereinigte Arabische Republik» ein; das begründete sich ideologisch aus dem Panarabismus, bedeutete jedoch schlicht eine ägyptische Verwaltung. Gleichzeitig blieben die im Gazastreifen lebenden Palästinenser staatenlos, und ihre Bewegungsfreiheit unterlag massiven Einschränkungen. Die ägyptische Verwaltung trug wenig dazu bei, ihre miserablen Lebensbedingungen zu verbessern. 1967 geriet das Gebiet unter israelische Besatzung. Nasser ließ nun zu, dass die Guerillabewegung Fatah die Kontrolle über die von der Arabischen Liga gegründete Palästinensische Befreiungsorganisation, bis dahin ein Papiertiger, übernahm. Im Land haben wollte er die PLO-Kämpfer jedoch keineswegs, sondern sorgte dafür, dass sie nach dem Bürgerkrieg in Jordanien 1970 in den Libanon übersiedelten.

Die verheerende Niederlage von 1967 war ein nationales Trauma; die Ägypter empfanden sie als schwere Demütigung. So war es nur folgerichtig, dass der innenpolitisch noch keineswegs gefestigte Sadat einen Angriff auf Israel als den einzigen Weg ansah, seine eigene Position zu stärken, die demoralisierte Bevölkerung hinter sich zu bringen und notwendige wirtschaftliche Reformen anzustoßen. Der Jom-Kippur-Krieg, im ägyptischen

Sprachgebrauch «Oktoberkrieg», den Sadat 1973 gemeinsam mit Syrien auslöste, war zwar alles andere als ein militärischer Erfolg. Da es der ägyptischen und syrischen Armee jedoch gelungen war, die Israelis zu überraschen und anfängliche Gebietsgewinne zu erzielen, wurde er in Ägypten als Sieg verkauft, der die verlorene Ehre des Landes wiederherstellte. Sadat ließ sich als Held des Oktoberkriegs feiern und nahm mit dieser Rückendeckung Friedensverhandlungen auf, die zu seinem historischen Besuch in Israel 1977 und zum Friedensschluss 1979 führten. Dieser Friedensschluss beinhaltete die Rückgabe des Sinai, der für Ägypten wirtschaftlich und strategisch enorm wichtig war. Er gab dem Land die volle Kontrolle über den Sueskanal zurück, verschaffte ihm Zugang zu Ölquellen und Einnahmen aus dem Tourismus. Dennoch führte das Abkommen nicht nur zur außenpolitischen Isolation Ägyptens, das fortan zehn Jahre lang aus der Arabischen Liga ausgeschlossen war, sondern war auch innenpolitisch unpopulär. Er war einer von mehreren Faktoren, die zur Unbeliebtheit Sadats und seiner heftigen Ablehnung vor allem durch islamistische Gruppen beitrugen. Eine dieser islamistischen Gruppen ermordete zwei Jahre später den Präsidenten, der sich als «Held des Krieges und des Friedens» inszeniert hatte.

Die anhaltende Ablehnung Israels durch weite Teile der ägyptischen Bevölkerung hatte zur Folge, dass Sadats Nachfolger Mubarak sich davor hütete, die Beziehungen zu Israel allzu eng werden zu lassen. Es herrschte ein «Kalter Frieden», umso mehr ab dem Beginn der Intifada 1987, an der große Teile der ägyptischen Bevölkerung Anteil nahmen. Das Oslo-Abkommen 1993 und der jordanische Friedensvertrag mit Israel 1994 befreiten Ägypten immerhin von der Bürde, das schwarze Schaf der Arabischen Welt zu sein. Die Beziehungen zu Israel hingen dennoch weiterhin sehr stark von der Situation der Palästinenser und dem Zustand des Friedensprozesses ab. Letzterer entwickelte sich ab 1995 negativ. Während der Zweiten Intifada von 2001 bis 2005 brach Ägypten die diplomatischen Beziehungen ab. Die Grenze zu Gaza, insbesondere ihre Durchlässigkeit für Waffenlieferun-

Während eines Protestes gegen die Seeblockade Gazas durch Israel 2010 hält eine Ägypterin einen Schal mit einem Abbild des Felsendoms hoch. Die Aufschrift lautet «Jerusalem gehört uns – wir kommen».

gen an palästinensische Terroristen, war und ist ein anhaltendes Thema von Auseinandersetzungen mit Israel.

Sympathien mit den Anliegen der Palästinenser beeinflussen die öffentliche Meinung in Ägypten stark. Nach wie vor sind auch antijüdische und antizionistische Ideen sehr verbreitet. So wurde im Ramadan 2002 die allabendliche Fernsehserie «Ein

Reiter ohne Pferd» auf zahlreichen, auch staatlichen Sendern ausgestrahlt. Sie erzählte die Geschichte der imperialistischen Herrschaft über den Nahen Osten bis zur Balfour-Erklärung und bettete sie in das Narrativ einer jüdischen Weltverschwörung ein, gestützt auf die «Protokolle der Weisen von Zion». Der «Arabische Frühling» löste in Israel folglich einige Besorgnis aus, denn ein demokratisches System, so wurde befürchtet, würde der verbreiteten antiisraelischen Stimmung zu größerem Einfluss verhelfen. Dennoch bekannte sich selbst der Muslimbruder Mohammed Mursi zu Beginn seiner Präsidentschaft zum Friedensvertrag mit Israel. Weder militärisch noch wirtschaftlich wäre es für Ägypten realistisch, ihn aufzukündigen. So ist und bleibt der Umgang mit Israel für jede ägyptische Regierung ein innenpolitischer Drahtseilakt.

3. Sadat, Mubarak und die Wurzeln des Zorns

Nassers Nachfolger im Amt des Präsidenten der Republik war Anwar as-Sādāt, kurz: Sadat (1918–1981). Er war Altersgenosse Nassers und Mitglied der «Freien Offiziere», während Nassers Regierungszeit jedoch allenfalls durch besondere Loyalität, wenn nicht gar Unterwürfigkeit gegenüber dem Präsidenten aufgefallen. Hervorstechend war höchstens eine Fehlleistung, nämlich die Verantwortung für das Debakel im Jemen, das «ägyptische Vietnam»: Auf Sadats Empfehlung hin hatte Nasser 1962 Truppen in das Land entsandt, um den putschenden Militärs gegen die Royalisten beizustehen, die nach Sadats Ansicht leicht und schnell zu besiegen sein würden. Das stellte sich als Irrtum heraus, zumal die Royalisten von Saudi-Arabien unterstützt wurden. Der Konflikt kostete immer mehr Ressourcen, ein Sieg schien aussichtslos, aber ein Rückzug nicht ohne Gesichtsverlust möglich. Erst die Niederlage gegen Israel 1967 zwang Ägypten zum Abzug seiner Truppen. Sie ermöglichte auch den Aufstieg Sadats. Bis dahin war der Generalstabschef ʿAbd al-Hakīm ʿĀmir der zweitwichtigste Mann Ägyptens gewesen, auch wenn der zunehmend paranoide Nasser ihm im Laufe der sechziger Jahre immer mehr misstraute. Einige Monate nach der Niederlage im Sechs-Tage-Krieg wurde der Generalstabschef verhaftet und eines Umsturzversuchs beschuldigt, starb aber noch vor dem Prozess, angeblich durch Selbstmord. Nasser wiederum stand unter dem Druck, eine politische Öffnung und die Bereitschaft zur Abgabe von Machtbefugnissen zu demonstrieren. 1969 ernannte er daher den loyalen, ungefährlich scheinenden Sadat zu seinem Stellvertreter.

Als Nasser 1970 starb, war Sadat zur Stelle. Viele einflussreiche Figuren im Regime gingen davon aus, dass er eine bloße Marionette sei, allenfalls ein Übergangspräsident. Die entschiedene Art, mit der Sadat die Macht an sich zog und wesentliche Kursänderungen vornahm, überraschte alle. Er entmachtete und inhaftierte zunächst seine zwei einflussreichsten politischen Konkurrenten, die den übermächtigen Geheimdienst sowie die sozialistische und prosowjetische Ausrichtung des Regimes repräsentierten. 1971 verkündete Sadat dann eine «revisionistische Revolution». Diese ging einher mit dem Erlass einer neuen Verfassung, die die Rückkehr zu einem parlamentarischen Mehrparteiensystem beinhaltete, wobei der Präsident eine extrem starke Rolle im politischen System behielt. Artikel 2 der Verfassung enthielt eine Bestimmung, die in den kommenden Jahrzehnten für viel politischen Zündstoff sorgen sollte: «Die Prinzipien der islamischen Scharia sind eine Hauptquelle der Gesetzgebung.» Von Sadat wurde der Artikel wohl als eher symbolisches Zugeständnis an islamistische Strömungen verstanden. Diese begriff er als Gegengewicht zu Linken und Nasseristen, deren Einfluss er begrenzen wollte. Auch, aber nicht nur aufgrund der Förderung durch Sadat gewannen die Islamisten enorm an Zulauf. Ein weiterer Grund war die verbreitete Enttäuschung, die die Niederlage von 1967 ausgelöst hatte. Die sozialistische Fortschrittsideologie Nassers war diskreditiert; auf der Suche nach einer neuen Orientierung zeigte der Slogan der Muslimbruderschaft, «Der Islam ist die Lösung», große Wirkung. An den Universitäten entstand eine Vielzahl islamistischer Studentengruppen, die vor allem auf die große Zahl der Bildungsaufsteiger aus Oberägypten, die an die neu gegründeten Hochschulen strömten, eine hohe Anziehungskraft ausübten und ihnen sozialen Halt sowie Unterstützung bei praktischen Problemen versprachen.

Sadat verfolgte eine strategische Neuorientierung: Er brach die Beziehungen zur Sowjetunion ab, verwies 1972 alle sowjetischen Militärexperten des Landes und wandte sich – da Ägypten auf ausländische Militär- und Entwicklungshilfe weiterhin angewiesen war – stattdessen den USA zu. Den Kriegszustand mit Israel betrachtete Sadat als übermäßige Belastung des finanzschwachen, unter einer überbürokratisierten Planwirtschaft leidenden Staates. Erste Annäherungsversuche an Israel waren erfolglos; ein Friedensvertrag hätte weitreichender Konzessionen bedurft, die Sadat innenpolitisch nicht hätte durchsetzen können. So suchte er sein Heil im Kampf und unternahm im Oktober 1973 gemeinsam mit Syrien einen Überraschungsangriff auf Israel. Die israelische Armee war vollkommen überrumpelt, und den beiden arabischen Ländern gelangen Anfangserfolge. Im Verlauf der Kämpfe verloren sie die gewonnenen Gebiete wieder. Dennoch wurde der «Oktoberkrieg» oder Jom-Kippur-Krieg in Ägypten als Erfolg gewertet, der die Schmach der Niederlage von 1967 ansatzweise wieder wettmachte. Die USA vermittelten einen Waffenstillstand unter Beibehaltung der bisherigen Grenzen sowie die Wiedereröffnung des Sueskanals, der seit 1967 geschlossen gewesen war. Damit hatte Sadat die Amerikaner als Verhandlungspartner ins Boot geholt und sich den innenpolitischen Rückhalt verschafft, den er für weitere Verhandlungen mit Israel brauchte.

Weit weniger populär war seine Politik der ökonomischen Öffnung (*infitāh*), die er ab Mitte der siebziger Jahre betrieb. Sadat hielt die Rückkehr zu einem marktwirtschaftlichen System für geboten, öffnete das Land für ausländische Investoren, Im- und Exporte und wollte die Privatwirtschaft stärken. Dabei war er allerdings nicht sehr erfolgreich. Der öffentliche Sektor dominierte auch zum Ende seiner Herrschaft weiterhin die Wirtschaft. Projekte ausländischer Investoren waren meist an Konzessionen für Mitglieder des Staats- und Militärapparats geknüpft. Die Herausbildung einer Schicht von regimetreuen Geschäftsleuten, die eng mit den korrupten Eliten in Politik und Militär verbunden waren, setzte sich fort, ohne dass sich der Wohlstand breiterer Bevölkerungsschichten mehrte. Zum wichtigsten Symbol der *infitāh* in den Augen der ärmeren Ägypter wurde 1977 Sadats Entscheidung, die staatlichen Subventionen für Brot, Reis und Speiseöl sowie andere Vergünstigungen, die Nasser eingeführt hatte, zu streichen. Das sollte vor allem die Weltbank dazu bewegen, Ägypten Kredite zu gewähren, führte aber zu massiven und ausgedehnten Unruhen im Land, den «Brotunruhen», die Sadat nur unter Einsatz des Militärs niederschlagen konnte und die ihn zur Rücknahme der Subventionskürzungen zwangen. Er hatte bis dahin auf seine Popularität vertraut und witterte nun Verrat. So ließ er hunderte potenzieller Gegner aus dem linken Spektrum verhaften, rief den Notstand aus und unterwarf die Medien stärkerer Kontrolle.

In den kommenden Jahren wurde die Kluft zwischen Sadats Selbstbild und seiner sinkenden Beliebtheit bei der Bevölkerung immer größer. Auf vermeintliche oder tatsächliche Angriffe gegen seine Autorität reagierte er mit Härte. Diese traf zunehmend auch islamistische Gruppen, die in den Wahlen zum ägyptischen Studentenverband eine Mehrheit errungen hatten. In der Folge der Brotunruhen machten sich radikale islamistische Fraktionen bemerkbar, die Sayyid Qutbs Ideen ernstnahmen und sich in einem erbitterten Kampf mit einem unislamischen System wähnten. Artikel 2 der Verfassung bestärkte sie in dieser Wahrnehmung; schließlich benannte er die Prinzipien der islamischen Scharia als Hauptquelle der Gesetzgebung, während sich gleichzeitig fast das gesamte ägyptische Recht, insbesondere das Strafrecht, auf europäische Vorbilder stützte. Eine radikal-islamistische Gruppe verübte Übergriffe auf Nachtclubs und reagierte auf

Verhaftungen mit der Entführung und Ermordung eines Politikers.

Auf der Suche nach Erfolgen versuchte Sadat nun, das Problem des Kriegszustandes mit Israel aus der Welt zu schaffen. 1977 besuchte er als erster arabischer Staatschef Israel. Die von Jimmy Carter moderierten Friedensgespräche von Camp David führten zum Abschluss eines Friedensvertrages, in dessen Folge Ägypten den Sinai zurückerhielt. Trotz der hohen wirtschaftlichen und strategischen Bedeutung dieses Abkommens stieß es im Land auf heftige Kritik. In den Augen vieler Ägypter bedeutete es eine Kapitulation vor dem Feind und eine Absage an die legitimen Anliegen der Palästinenser, für die sich aus dem Friedensschluss keine Verbesserungen ergaben. Noch ablehnender reagierten die anderen arabischen Staaten: Sie suspendierten die Mitgliedschaft Ägyptens in der Arabischen Liga. Eine für Sadat fatalere Folge des Abkommens war die Radikalisierung vieler islamistischer Gruppen. Sie erhielten Zulauf aus den Reihen der Universitätsabsolventen aus einfachen Schichten, die von der Expansion des Bildungswesens profitiert hatten, nun aber keine adäquaten Perspektiven sahen. Studenten und Absolventen technischer und medizinischer Fächer waren unter ihnen stark repräsentiert. Besonders Oberägypten, die lange vernachlässigte Region, die erst seit kurzer Zeit überhaupt über Universitäten verfügte, war eine Hochburg der Islamisten.

Viele Ägypter nahmen Sadat und sein Umfeld als hochkorrupt wahr. Sadats Versuche der Selbstinszenierung überzeugten nicht, denn ihm fehlten Nassers Charisma und Volksnähe. Er verkörperte vielmehr mit seinem Lebensstil die Anhäufung von Reichtum bei einer kleinen Elite, während der Lebensstandard großer Teile der Bevölkerung anhaltend niedrig war. Dazu passte aus der Sicht vieler Gegner, dass Sadat 1979 den gestürzten Schah des Iran aufnahm – ebenfalls einen Herrscher, der den Ruf hatte, ein Lakai der Amerikaner sowie ein geltungssüchtiger Despot zu sein.

Auch Sadats Versuch einer Reform des Familienrechts setzte ihn heftiger Kritik aus, vor allem – aber nicht nur – aus islamisti-

Auf Briefmarken ließ Sadat sich sowohl als Friedensheld vor dem Bild des Felsendoms als auch als «Sieger» des Oktoberkriegs porträtieren. Auf der Briefmarke rechts ist im Hintergrund das Denkmal für den unbekannten Soldaten zu sehen, das Sadat im Gedenken an diesen Krieg errichten ließ. In Sichtweite dieses Denkmals wurde er erschossen und in ihm beerdigt.

schen Kreisen. Das Gesetzesvorhaben wurde in Ägypten als «Gesetz Jehans» bekannt, benannt nach Sadats Ehefrau, die ihren Mann zu einer rechtlichen Verbesserung der Stellung von Frauen drängte. Es gab ihnen das Recht auf Scheidung und erweiterte ihren Anspruch auf Personensorge für ihre Kinder. Besonders umstritten war eine Vorschrift, nach der es für eine Ehefrau automatisch einen Scheidungsgrund darstellte, wenn ihr Ehemann eine Zweitehe einging. Das verstieß nach Ansicht der Islamisten klar gegen die Scharia, die die Polygamie erlaube und in ihr keine Schädigung der Erstfrau sehe. Sadat war bewusst, dass das Gesetz eine dünne Unterstützerbasis hatte und eine Zustimmung des Parlaments fragwürdig war. Daher erließ er das Gesetz am Parlament vorbei – ein Verfahren, das die Verfassung nur in kritischen Fällen mit besonderer Eilbedürftigkeit vorsah. Aus diesem verfahrensrechtlichen Grund wurde das Gesetz später auch vom Verfassungsgericht gekippt. Gleichzeitig – und aus Sicht der Islamisten inkonsequent – ließ Sadat Artikel 2 der Verfassung dergestalt ändern, dass die Prinzipien der Scharia nicht mehr nur eine Hauptquelle der Gesetzgebung unter mehreren, sondern *die* Hauptquelle sein sollten.

In Sadats letztem Regierungsjahr mehrten sich Proteste, die er aber nicht auf seine unpopuläre Politik, sondern auf kommunistische und generell feindliche Umtriebe zurückführte. Im September 1981 ließ er mehr als 1500 Personen verhaften, darunter viele Islamisten, aber auch Anhänger anderer ideologischer Strömungen sowie den koptischen Patriarchen und weitere koptische Priester. Die verhafteten Islamisten gehörten zum Teil der Gruppierung «Islamischer Dschihad» an, die die radikale Ideologie Sayyid Qutbs noch einen Schritt weiter trieb. Der Chefideologe des Islamischen Dschihad, Abd as-Salām Faradsch, kam in seiner Schrift «Die vergessene Pflicht» zu dem Schluss, der Dschihad gegen unislamische Herrscher sei eine individuelle Pflicht jedes Muslims, ebenso wie das Beten und Fasten; frühere Rechtsgelehrte hätten lediglich aus Gefälligkeit gegenüber den Herrschern versucht, dies zu relativieren. Jeder Muslim sei verpflichtet, gegen einen Herrscher zu kämpfen, der nicht die Scharia anwende. Dieser Kampf gegen den «nahen Feind» habe Priorität gegenüber Anliegen wie der Befreiung Jerusalems. An dieser Schrift wurde sehr deutlich, dass die Islamisten kaum Schnittmengen mit der traditionellen Gelehrsamkeit der Azhar hatten. Deren Islam war ihnen zu staatsnah, zu unpolitisch, zu sehr auf die Schriften früherer Gelehrter und zu wenig auf das kämpferische Vorbild des Propheten bezogen, auf das sie selbst sich beriefen.

Die Massenverhaftungen vom September 1981 beschleunigten die Pläne des Islamischen Dschihad, das Regime zu stürzen. Die Gruppe hatte ursprünglich vorgehabt, sich darauf länger vorzubereiten, doch als der Bruder von Khālid al-Islāmbūlī, einem ihrer führenden Mitglieder, im Schlafanzug aus seinem Bett geholt und verschleppt wurde, löste das eine Kurzschlussreaktion aus. Die Verschwörer infiltrierten am 6. Oktober 1981 eine Militärparade; sie erschossen Sadat und elf weitere Personen, die von einer Tribüne aus zusahen. Unmittelbar nach seinen tödlichen Schüssen schrie der Attentäter: «Ich bin Khālid al-Islāmbūlī, ich habe den Pharao getötet, und ich habe keine Angst zu sterben!» Der Pharao war in der islamistischen Ikonographie der Inbegriff des tyrannischen Herrschers, der sich selbst vergöttert. Sadats autokratische Herrschaft, seine Selbstinszenierung, sein zur Schau gestellter luxuriöser Lebensstil sowie seine Weigerung, islamischem Recht zur Geltung zu verhelfen, machten ihn für die Mitglieder des Islamischen Dschihad zum Stereotyp Pharao. Vielleicht hatte seine Identifikation mit dem Pharao auch noch eine andere Ebene. Sadat hatte sich ostentativ vom Panarabismus Nassers abgewendet und eine rein auf Ägypten bezogene Politik betrieben. Das äußerte sich deutlich in der Absage, die er den Anliegen der Palästinenser in seinem Friedensvertrag mit Israel erteilte. Damit stand er in einer Tradition, die seit den zwanziger Jahren unter ägyptischen Nationalisten präsent war: Ägypten als eigenständiges, einzigartiges, in der Geschichte des Niltals verwurzeltes Land zu betrachten und nicht als unterschiedslosen Teil der arabischen und islamischen Welt. Mit dieser Orientierung konnten sich Islamisten, die ein weltweites Kalifat anstrebten, naturgemäß nicht identifizieren.

Der Versuch des Islamischen Dschihad, im Zuge der Ermordung Sadats die Schaltstellen des Systems zu übernehmen und das Regime zu stürzen, blieb erfolglos. Nur in Asyūt, einer islamistischen Hochburg, konnten sie kurzzeitig die Kontrolle erlangen, wurden aber schnell von Sicherheitskräften bezwungen. Sadats Stellvertreter Hosni Mubarak (Ḥusnī Mubārak, * 1928) übernahm die Macht. Wie Nasser und Sadat war auch Mubarak ein Militär. Als Luftwaffenoffizier hatte er sich im Jom-Kippur-Krieg ausgezeichnet, seit 1975 war er Vizepräsident. Die Armee bildete die Machtbasis, auf deren Grundlage er sich fast dreißig Jahre lang im Amt halten konnte. Während dieser Zeit galt durchgehend der nationale Notstand, der aufgrund des Attentats auf Sadat ausgerufen worden war. Er verschaffte dem Präsidenten und der Armee weitreichende Befugnisse.

Gegen die Islamisten fuhr Mubarak eine Doppelstrategie. Militante islamistische Bewegungen versuchte er auszulöschen, was dazu führte, dass es nicht wenige radikale Islamisten nach Afghanistan – nach dem sowjetischen Einmarsch ein Eldorado internationaler Dschihadisten – verschlug. Islamistische Gruppen wie die Muslimbruderschaft, die keine militante Rhetorik oder Aktivität an den Tag legten, sowie andere Oppositionsgruppen, die Mubarak für ungefährlich erachtete, erhielten hingegen etwas größere Freiräume. In regelmäßigen Abständen fanden Wahlen statt, wobei immer sichergestellt war, dass Mubaraks Nationaldemokratische Partei eine Mehrheit erhielt. Diese Partei war allerdings groß und heterogen genug, um bei sensiblen Themen selbst für den diktatorisch herrschenden Mubarak eine gewisse interne Abstimmung nötig zu machen. Das zeigte sich besonders bei der umstrittenen Familienrechtsreform, die erst im Jahr 2000 – in sehr begrenztem Umfang – realisiert werden konnte und bei der Mubarak Konzessionen an den großen konservativen Flügen seiner Partei machen musste.

Die achtziger Jahre waren geprägt durch eine deutliche Verschiebung kultureller Leitbilder. Islamische Moralvorstellungen fanden immer weitere Verbreitung. Mehr und mehr muslimische Frauen trugen das Kopftuch, was in den vorangegangenen Jahrzehnten in der städtischen Mittel- und Oberschicht vollkommen unüblich gewesen war. Um sich nicht ähnlichem Zorn auszusetzen wie sein Vorgänger, leistete Mubarak diesem Klima wiederholt auf der symbolischen Ebene Vorschub, zum Beispiel durch Verhaftungen von «Ketzern» oder die Beschlagnahmung von Ausgaben der «Märchen aus tausendundeiner Nacht» wegen sexueller Anzüglichkeit. Auf der anderen Seite betrieb das Bildungsministerium eine eher gegenläufige Politik. Es versuchte, das Tragen von Kopftüchern in Mädchenschulen zu unterbinden, ließ islamistische Lehrkräfte zwangsversetzen und hielt den Umfang des schulischen Religionsunterrichts sehr niedrig. Als in den neunziger Jahren das Bekenntnis zum Islam auch bei Musikern und Künstlern in Mode kam und einige Ansagerinnen des staatlichen Fernsehens das Kopftuch anlegten, wurden sie vom Dienst suspendiert, woran die Regierung trotz arbeitsrechtlicher Niederlagen vor Gericht festhielt.

Diese inneren Widersprüche lassen sich dadurch erklären, dass

Mubaraks Politik durchweg einen Balanceakt zwischen verschiedenen fundamentalen Interessen darstellte. Sie sollte einerseits radikale Islamisten unterdrücken; andererseits wollte sich das Regime als Beschützer islamischer Werte positionieren, um nicht den Eindruck hervorzurufen, es sei islamfeindlich, was den Islamisten weitere Anhänger zugetrieben hätte. Gleichzeitig durfte es nichts unternehmen, was bei den westlichen Verbündeten Ängste ausgelöst hätte.

Oft war es unmöglich, all diese Interessen gleichzeitig zu befriedigen. Das wird unter anderem deutlich an der Frage der Besetzung der Azhar-Leitung, die seit 1961 ein präsidiales Vorrecht, aber auch ein Dilemma darstellte. Mubarak machte 1996 den als moderat und regimetreu geltenden Muhammad Sayyid Tantāwī (1928–2010) zum Schaikh al-Azhar. Dieser löste den wesentlich unabhängigeren, aber auch wesentlich konservativeren Gād al-Haqq (1917–1996) ab, der bei der Bevölkerung eben wegen seiner Unabhängigkeit hohes Ansehen genossen, sich aber immer wieder bei der Regierung mit Fatwas unbeliebt gemacht hatte, in denen er zum Beispiel Familienplanung für unislamisch oder Mädchenbeschneidung für erlaubt erklärte. Beides lief den expliziten Zielen des Regimes zuwider, das sich der Nachteile des enormen Bevölkerungswachstums und der negativen Reputation der Mädchenbeschneidung in der westlichen Welt sehr bewusst war. Tantāwī lieferte im Gegensatz zu Gād al-Haqq eine regimetreue Rhetorik, die die Einheit zwischen Muslimen und Christen und den gemäßigten Charakter des Islams betonte, was im westlichen Ausland gut ankam. In sozialen Fragen hingegen gab sich Tantāwī oft traditionell, womit er, wie Kritiker argumentierten, der gesellschaftlichen Hegemonie der Islamisten weiteren Vorschub leistete; er positionierte sich aber nie unmittelbar gegen die Agenda des Regimes. Die Popularität von Mubaraks Regierung vermochte Tantāwī jedoch kaum zu steigern. Seine Abhängigkeit von der Regierung war allzu durchschaubar und brachte ihm den Spitznamen *as-Sayyid bi-l-Okays* («Der Herr der Okays») ein.

Zu Beginn der neunziger Jahre brach eine Welle islamistischer

Gewalt über Ägypten herein. Attentate auf Politiker und säkularistische Intellektuelle, Angriffe auf christliche Gemeinschaften, Anschläge auf Touristen und Kämpfe zwischen Islamisten und Polizeieinheiten forderten hunderte von Todesopfern. Ende 1992 eroberten die Sicherheitskräfte den armen Kairoer Stadtteil Imbāba, in dem Islamisten die Macht übernommen hatten, gewaltsam zurück. Landesweit konnte die Regierung mit massivem Gewalteinsatz den Kampf für sich entscheiden, auch deswegen, weil die Dschihadisten wenig Rückhalt in der Bevölkerung hatten. Zu dem Zeitpunkt, als 1997 in Luxor der letzte große Anschlag dieser Gewaltserie verübt wurde, waren die meisten Terroristen bereits getötet, verhaftet oder ins Ausland geflohen. Viele der Verhafteten verkündeten ihre Abkehr von der Gewalt; die meisten der ins Ausland Geflüchteten konzentrierten sich fortan auf den Kampf gegen den «äußeren Feind», insbesondere die USA. Dass 2001 der «Kampf gegen den Terror» für die USA zum zentralen außenpolitischen Anliegen wurde, war für Mubarak, der eine Erfolgsgeschichte in der Bekämpfung des Dschihadismus vorzuweisen hatte, ausgesprochen förderlich. Er wurde damit ein noch wichtigerer Verbündeter des Westens, als er es wegen des Friedens mit Israel und seiner Positionierung gegen die Islamisten ohnehin schon war. Die außenpolitische Dividende trug wesentlich dazu bei, dass Mubarak so lange an der Macht bleiben konnte: Nach Israel war Ägypten der zweitwichtigste Empfänger amerikanischer Militär- und Entwicklungshilfe.

Ab 2002 begann Mubarak, seit über zwanzig Jahren im Amt und weit über siebzig Jahre alt, seinem Sohn Gamal in wichtige Parteiämter zu verhelfen. Allgemein ging man davon aus, dass Gamal – ähnlich wie Baschar al-Asad in Syrien – die Nachfolge seines Vaters antreten würde, was den patrimonialen Charakter von Mubaraks Herrschaft widerspiegelt. In der Folge regte sich eine zaghafte Opposition gegen Mubarak, die erstmals über das islamistische Spektrum hinaus verschiedene ideologische Richtungen, wenn auch zahlenmäßig noch in recht kleinem Umfang, vereinte. Den Oppositionellen war der Wunsch nach einem Ende von Mubaraks Herrschaft gemeinsam; eine darüber hinausgehende einheitliche Vision gab es nicht. Die Bewegung nannte sich Kifāya («Genug!»). Zu ihren Aktivisten gehörte ein bestimmter Typus junger Ägypter, die weltoffen, medien- und auslandserfahren waren. Sie profitierten vom Boom des Satellitenfernsehens und des Internets, der es möglich machte, Informationen aus einer Vielzahl von Quellen zu gewinnen. Mobiltelefone und soziale Netzwerke erleichterten die Vernetzung. 2004 und 2005 organisierte die Kifāya-Bewegung immer wieder Demonstrationen, die oft brutal von der Polizei niedergeschlagen wurden. Anfang 2005 antwortete das Regime mit der Verhaftung des Oppositionspolitikers Aiman Nūr. Die US-Regierung reagierte mit Protesten, die Bestandteil einer kurzlebigen amerikanischen Initiative für mehr Demokratie im Nahen Osten waren – ein Versuch, nach dem Irakkrieg Glaubwürdigkeit zurückzugewinnen. Mubarak ließ sich darauf ein, Nūr freizulassen. Dieser konnte bei den Präsidentschaftswahlen im Herbst 2005 antreten, die Mubarak bei sehr niedriger Wahlbeteiligung vorhersehbarerweise gewann. Kurz danach wurde Nūr verurteilt und für mehrere Jahre inhaftiert. Dass das Volk überhaupt die Wahl zwischen mehreren Kandidaten hatte, war ein Novum; zuvor hatte es lediglich einen vom Parlament benannten Kandidaten in einem Referendum absegnen dürfen. Die Mehrkandidatenwahl war erst 2005 durch eine Verfassungsänderung ermöglicht worden, die wohl ebenfalls amerikanischem Druck geschuldet war.

Eine andere, mindestens ebenso bedeutende Bühne des Protests bildete die staatliche Textilfabrik in al-Mahalla al-Kubrā im Nildelta, die größte Industrieanlage Ägyptens. Schon in den achtziger Jahren war sie Ausgangspunkt von Streiks und Rücktrittsforderungen an Mubarak gewesen, die gewaltsam unterdrückt wurden. Von 2004 bis 2008 kam es zu zahlreichen Streiks und Protesten, die oft auch auf andere Betriebe übergriffen. Sie richteten sich zunächst gegen die niedrigen Löhne, dann aber immer mehr gegen das gesamte Regime. Ein geplanter Streik am 6. April 2008 fand Unterstützer im Internet: Die Facebook-Gruppe «Jugendbewegung des 6. April» rief für das ganze Land zu einem Generalstreik auf, der sich – nach dem Vorbild der «Brotunruhen» von 1977, die fast zum Sturz Sadats geführt hätten – gegen die steigenden Lebensmittelpreise richten sollte.

Der «Kairoer Frühling» wurde jedoch schnell zu einem Herbst. Kifāya konnte nie mehr als einige tausend Demonstranten, vornehmlich in Kairo, mobilisieren, und verlor nach Mubaraks erneutem Sieg in der Präsidentschaftswahl an Bedeutung. 2007 sorgte Mubarak für eine umfassende Verfassungsänderung, die vorgeblich dem Parlament mehr Befugnisse verleihen sollte. Gleichzeitig erleichterte sie es aber auch dem Präsidenten, das Parlament aufzulösen, schränkte die richterliche Überwachung von Wahlen ein und verbot die Gründung von Parteien auf religiöser Grundlage, was die Hoffnungen der Muslimbruderschaft auf Legalisierung zerschlug. Außerdem gewährte sie dem Militär und den Sicherheitsbehörden weiterhin die Möglichkeit, zum Zweck der Terrorbekämpfung gegen die verfassungsmäßigen Rechte der Bürger zu verstoßen, wie es bislang bereits auf der Grundlage des seit 1981 geltenden nationalen Notstands der Fall war. Das schloss willkürliche Verhaftungen und Hausdurchsuchungen sowie die Verurteilung von Zivilisten vor Militärgerichten ein.

Das Regime Mubaraks schlug die Streiks der Textilarbeiter nieder, unterband den 2008 geplanten Generalstreik weitgehend, verhaftete Internetaktivisten und ging mit zunehmender Härte gegen die Muslimbruderschaft vor, was deren Hoffnungen, sich irgendwann als reguläre politische Partei konstituieren zu können, zerschlug. Dennoch ließen sich in Zeiten neuer Medien die Ansätze des Protests nicht mehr völlig unterdrücken. Immer mehr Webseiten, Bücher und Filme rührten an gesellschaftliche Tabus. So thematisierte der 2002 erschienene Roman «Der Jakubijân-Bau» von Alaa al-Aswani Themen wie Homosexualität, sexuelle Belästigung, die sexuelle Ausbeutung von Frauen und Männern der Unterschicht sowie die Folter durch Polizisten; das Buch und seine Verfilmung, die 2006 in die Kinos kam, erregten große Aufmerksamkeit. Die Folter durch Polizisten geriet auch durch eine viel beachtete Webseite ins Bewusstsein der Öffentlichkeit. Auf ihr wurden mit Handykameras aufgenommene Videos solcher Folterungen der Allgemeinheit zugänglich gemacht. Sie wurden so zu einem nicht länger zu leugnenden Bestandteil ägyptischer Realität und setzten das Regime unter Druck, zumindest einen glaubwürdig wirkenden Versuch zu unternehmen, gegen die Verantwortlichen vorzugehen

Die Zeichen der Unzufriedenheit mehrten sich, aber das Regime schien fest im Sattel zu sitzen. Für 2011 rechneten die meisten Ägypter mit einer Kandidatur Gamal Mubaraks bei den Präsidentschaftswahlen, wovon sich kaum jemand mehr als eine optische Verjüngung des Regimes erwartete. Die späten Mubarakjahre waren geprägt von einem Gefühl der Lähmung und Stagnation.

4. Kairo

Kairo ist heute nicht nur die größte Stadt Ägyptens, sondern mit einer Bevölkerung von mindestens 18 Millionen Einwohnern in der Metropolregion – davon neun Millionen innerhalb der eigentlichen Stadtgrenzen – auch eine der größten der Welt. Seit Beginn der islamischen Herrschaft über Ägypten war Fustāt-Kairo das unangefochtene militärische, politische, administrative, wirtschaftliche und kulturelle Zentrum des Landes. Die Metropole zog zu allen Zeiten Zuwanderer vom Land und aus anderen Weltgegenden an.

Auf dem Gebiet des heutigen Kairo lagen schon in römischer Zeit eine wichtige Festung, Babylon, und eine Reihe von Siedlungen, Gehöften und Klöstern im Umland. Auf der Nilinsel Roda befand sich eine weitere Festung, und auch am westlichen Nilufer lagen Siedlungen, darunter Gizeh. Ab der muslimischen Eroberung konzentrierte sich die Besiedlung jedoch auf das Ostufer des Nils, das einen besseren Zugang zur Arabischen Halbinsel versprach, denn die Überquerung des Flusses stellte eine Hürde dar. Spätestens ab dem frühen 9. Jahrhundert gab es zwar eine Pontonbrücke von Fustāt nach Gizeh über die Insel Roda. Der Betrieb war aber aufwändig, unter anderem, weil sich die Brücke für den Schiffsverkehr öffnen lassen musste. Sie scheint mehrfach zerstört worden oder verfallen zu sein. Den größten Teil des Verkehrs zwischen den Nilufern betrieben bis ins 19. Jahrhundert Fährboote. Die erste feste Brücke wurde erst 1871 eröffnet.

Im 7. Jahrhundert war der Nil in Kairo wesentlich breiter als heute. Während das westliche Ufer, an dem die Hauptströmung verlief, sich relativ wenig veränderte, verlandete das Ostufer immer stärker, wodurch das bebaubare Land sich ausdehnte. Dieser Prozess schritt so stark voran, dass in ayyubidischer Zeit mehrfach der Nilarm zwischen Fustāt und der Insel Roda wieder ausgehoben werden musste, um den Einwohnern Fustāts Zugang zu Wasser zu verschaffen. Bis ins 20. Jahrhundert gewann die Stadt auf der Höhe des fatimidischen Kairo einen 1,5 Kilometer breiten Landstreifen hinzu; einige Kilometer weiter im Norden war er doppelt so breit. Die vielen Teiche und Seen, die zum Teil ganzjährig, zum Teil nur nach der Nilflut Wasser führten, sind heute verschwunden. Gleiches gilt für den Kanal, der bereits in römischer Zeit Ägypten mit dem Roten Meer verband und von ʿAmr ibn al-ʿĀs erneuert worden sein soll. Er verlief entlang der Westgrenze des fatimidischen Kairo; aber schon damals reichte er wohl nur noch einige Kilometer über Kairo hinaus und diente hauptsächlich der Bewässerung und Trinkwasserversorgung. Er half auch dabei, das Wasser der Nilflut abzuführen, so dass die Stadt nicht durch jährliche Überschwemmungen bedroht war.

Fustāt entstand unmittelbar nordöstlich der römischen Festung Babylon, deren Reste bis heute erhalten sind. Es gab innerhalb der Festungsmauern bereits einige Kirchen, weswegen die Konzentration von Christen in diesem Stadtteil besonders hoch

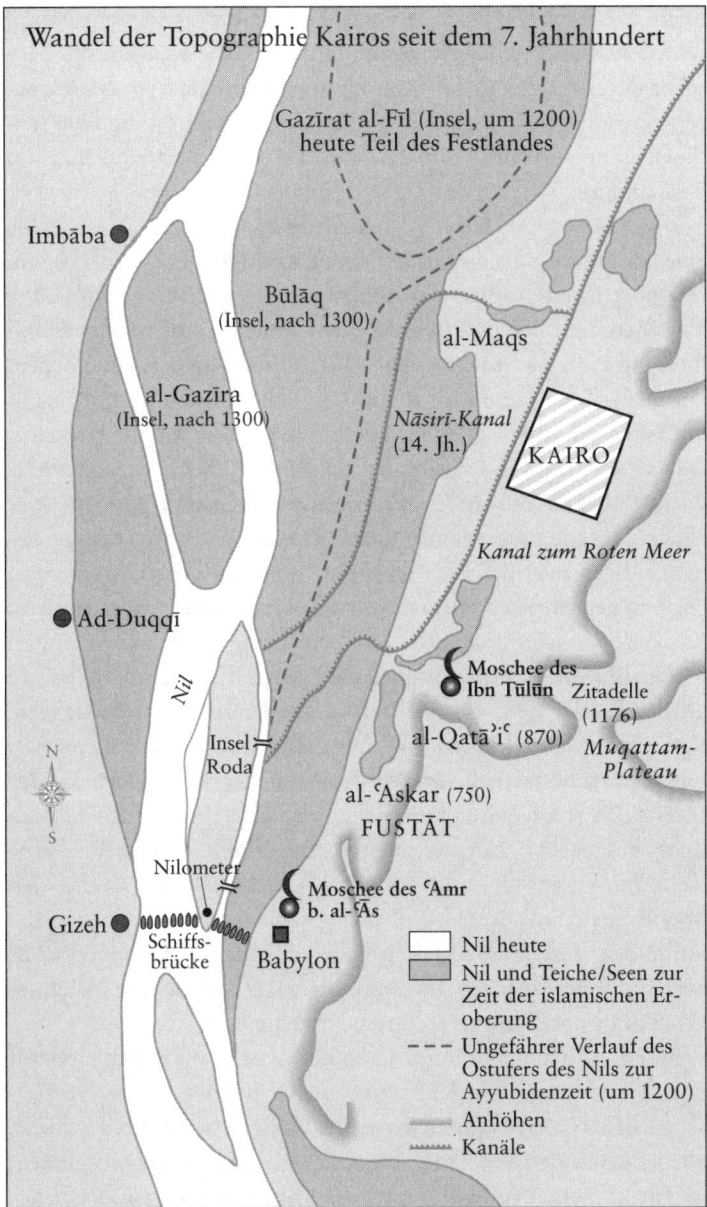

Wandel der Topographie Kairos seit dem 7. Jahrhundert

Gazīrat al-Fīl (Insel, um 1200)
heute Teil des Festlandes

Imbāba

Būlāq
(Insel, nach 1300)

al-Maqs

al-Gazīra
(Insel, nach 1300)

Nāsirī-Kanal
(14. Jh.)

KAIRO

Kanal zum Roten Meer

Ad-Duqqī

Moschee des
Ibn Ṭūlūn

Zitadelle
(1176)

al-Qatā'i' (870)

*Muqattam-
Plateau*

Nil

Insel
Roda

al-ʿAskar (750)

FUSTĀT

N

S

Nilometer

Moschee des ʿAmr
b. al-ʿĀs

Gizeh

Schiffs-
brücke

Babylon

Nil heute

Nil und Teiche/Seen zur
Zeit der islamischen Er-
oberung

Ungefährer Verlauf des
Ostufers des Nils zur
Ayyubidenzeit (um 1200)

Anhöhen

Kanäle

blieb. Fustāt selbst war in Quartiere für die Truppen aus verschiedenen arabischen Stämmen unterteilt, die sich um die Moschee des ʿAmr ibn al-ʿĀs herum gruppierten. Die Elite des Erobererheers aus den Reihen der mekkanischen Quraisch und der medinensischen «Helfer» (ansār) des Propheten siedelte sich im Zentrum an.

Das Muster, neben der bestehenden Stadt ein Heerlager sowie eine neue Stadt oder zumindest ein neues Palastquartier zu bauen, setzte sich in den folgenden Jahrhunderten fort. Da nach Süden zwischen dem Nil und den bergigen Anhöhen östlich des Flusstals kein Platz mehr war, expandierte Fustāt weiter nach Norden. Die Abbasiden legten im 8. Jahrhundert nördlich von al-Fustāt al-ʿAskar an; Ibn Tūlūn gründete noch etwas weiter stromabwärts die Palast- und Heeresstadt al-Qatāʾiʿ, die 905 größtenteils wieder abgerissen wurde. Alles zusammen verschmolz zu einer einzigen Stadt unter dem Namen Fustāt, später meist Misr genannt. Diese war deutlich abgegrenzt und räumlich getrennt von der 970 gegründeten fatimidischen Palaststadt al-Qāhira (Kairo). Kairo war ein ummauerter, fast rechteckiger Bezirk, in dessen Mitte die beiden fatimidischen Paläste und zwischen ihnen ein großer Platz lagen. Um sie herum gruppierten sich Moscheen, Versorgungseinrichtungen, Wohngebäude der Palastbediensteten und Truppenquartiere. Im Westen von Kairo lag al-Maqs, der Hafen der Stadt, der später wegen der fortschreitenden Verlandung aufgegeben werden musste. Die Wohnbevölkerung lebte weiterhin in Fustāt, und auch das Geschäftsleben spielte sich überwiegend im älteren Teil der Zwillingsstadt ab, in den die Fatimiden durchaus investierten; so restaurierten und verschönerten sie die Moschee des ʿAmr, die das Zentrum von Religion, Wirtschaft und Stadtverwaltung darstellte.

Bereits in früher fatimidischer Zeit wuchs die Zwillingsstadt über die Grenzen von Kairo und Fustāt hinaus. Vor allem zwischen den beiden Städten sowie im Westen, wo der Nil zurückwich, entstanden Vorstädte, die oft aus Quartieren hervorgingen, die für Einheiten von Söldnern oder Militärsklaven angelegt worden waren. Insbesondere Fustāt war dicht besiedelt, doch die Stadt und ihre Umgebung verfügten noch über zahlreiche Freiflächen, die die Notabeln zum Teil für Parks, Gärten und Pavillons nutzten. Östlich an Fustāt grenzte Qarāfa, eine Friedhofsstadt von ungewöhnlicher Ausdehnung; nördlich von Kairo kam später eine weitere Totenstadt hinzu.

Hygiene war ein anhaltendes Problem, das in zeitgenössischen Quellen beschrieben wird. In Fustāt sorgten die engen, wenig belüfteten Straßen zwischen den mehrstöckigen Häusern, der Staub und der Rauch der Bäder und Öfen für schlechte Luft. Die Abwässer landeten im Nil, der gleichzeitig die einzige Wasserquelle war. Der Müll wurde in den Straßen und im Fluss entsorgt und dort von den Ärmsten auf Verwertbares durchsucht. Immer wieder versuchten Herrscher Maßnahmen zur Verbesserung der Hygiene zu ergreifen, so etwa al-Hākim, der in Fustāts Straßen Abwassergräben anlegen ließ. In Kairo waren die Bedingungen vergleichbar, aber etwas günstiger; die Stadt war besser durchlüftet, verfügte über Brunnen, und zumindest in der Anfangszeit wurde ihr Müll außerhalb der Mauern entsorgt.

Infolge der Krise des Fatimidenkalifats um 1070 verfielen die nördlichen Teile von Misr. Die Ruinen von al-ʿAskar und al-Qatāʾiʿ wurden später abgetragen und das Material dazu genutzt, Kairo auszubauen. Badr al-Dschamālī öffnete die Stadt für den Zuzug von Wohnbevölkerung und Geschäftsleuten. Damit leitete er die Umwandlung Kairos von einer Palaststadt in ein urbanes Zentrum ein. Der Schwerpunkt von Handel, Gewerbe und städtischem Leben begann sich langsam nach Kairo zu verlagern. Ab der Ayyubidenzeit wurden die Fatimidenpaläste und die große Freifläche zwischen ihnen durch Wohn-, Geschäfts- und Stiftungsgebäude ersetzt. Die ayyubidische Stiftungstätigkeit setzte einen Wandel des Stadtbildes in Gang. Architektonische und gestalterische Einflüsse aus Syrien – etwa im Schriftstil der in Stein gemeißelten Kalligraphien – waren unverkennbar.

Der Bau der Zitadelle auf dem Muqattam-Plateau durch Saladin hatte zur Folge, dass sich das politische Machtzentrum dorthin verlagerte – auch dies nach dem Muster vieler syrischer Städte. Der Bereich zwischen Kairo und der Zitadelle entlang der Straße, die beide verband, gewann an Bedeutung. Al-Malik al-Kāmil ließ eine weitere Festung auf der Insel Roda errichten. Für einige der ayyubidischen Bauprojekte, unter anderem einen befestigten Damm nach Gizeh, sollen die Steine kleinerer Pyramiden verwendet worden sein.

Unter den Mamluken wurde die Umwandlung Kairos zur Wohn- und Geschäftsstadt abgeschlossen. Es nahm das Gesicht an, das im Umfeld des Khān al-Khalīlī und der Azhar, zwischen den alten Stadttoren Bāb Zuwaila, Bāb an-Nasr und Bāb al-Futūh, noch heute erkennbar ist, geprägt von Märkten und Stiftungsgebäuden wie Moscheen, Madrasen, Sufikonventen und Karawansereien. Die Stadt profitierte vom Niedergang Bagdads und des persischen Raums; sie zog Gelehrte aus der ganzen islamischen Welt an. Vor den großen Pestepidemien hatte sie vielleicht um die 300 000 Einwohner, ungefähr ein Zehntel der Bevölkerungszahl Ägyptens, und war damit um ein Mehrfaches größer als die größten europäischen Städte dieser Zeit. Das ging einher mit einem deutlichen Flächenwachstum, vor allem nach Süden; die geschlossene Bebauung reichte nun bis an die Moschee des Ibn Tūlūn heran. Zwischen der südlichen Grenze von Kairo und Fustāt, das immer öfter «Altkairo» (misr al-qadīma) genannt wurde, lag aber nach wie vor ein Streifen unbebauten Landes. Altkairo galt weiterhin als eigenständige Stadt, deren Bedeutung allerdings sank. Gegen Ende der Mamlukenzeit war es in schlechtem Zustand und wirtschaftlich kaum noch von Bedeutung. Dafür erlebte die recht neue Vorstadt Būlāq einen Aufschwung; sie entstand auf Land, das der Nil nordwestlich von Kairo freigab. Hier legten die Mamluken einen Hafen an, der die Stadt versorgte.

Im Zentrum des mamlukischen und osmanischen Kairo lagen Märkte. Normalerweise war der Produktionsort nicht vom Verkaufsort der Waren getrennt; Laden und Werkstatt befanden sich im selben Haus. Eine Ausnahme waren schmutzige, geruchserzeugende oder platzintensive Gewerbe wie Gerbereien oder Seilereien, die sich außerhalb der Stadt befanden. In der Regel waren die Handwerks- und Geschäftsbetriebe kleine Familienbetriebe. Anstellungsverhältnisse waren unüblich, Partnerschaften hingegen möglich, falls größere Investitionen vonnöten waren. Großbetriebe gab es nur für Waren, die größere Anlagen erforderten, etwa Zucker und Papier, sowie im Fall von Produktionszweigen, die sich in herrscherlicher Hand befanden, wie die Münzerei und die Waffenherstellung. Im Zentrum, im Umfeld der Märkte, wohnten auch die reichsten Bevölkerungsschichten. Je höher die Entfernung vom Zentrum war, desto niedriger waren die Mieten. Die Emire und ihre Haushalte verfügten allerdings oft zusätzlich über Paläste und Gärten im Umland von Kairo.

Die Stadt war in Viertel untergliedert, die über eine eigene Infrastruktur verfügten. Wichtige Elemente dabei bildeten Badehäuser sowie Öfen, denn Brot war das vorrangige Grundnahrungsmittel. Arme Leute ernährten sich darüber hinaus überwiegend von Käse, Fisch, Datteln und Feigen. Reichere Kairoer konnten sich eine vielfältigere Ernährung leisten, die auch Fleisch einschloss. Für die Wasserversorgung gab es einige Brunnen, aber der größere Teil des Wassers wurde von tausenden Wasserverkäufern – eine der ärmsten Berufsgruppen – vom Nil gebracht. Die Versorgung der Viertel mit Dingen des Alltagsbedarfs war durch kleine Märkte gewährleistet. Im 15. Jahrhundert gab es siebenundzwanzig Stadtviertel innerhalb des fatimidischen Stadtgebiets von Kairo, neun südlich des Bāb Zuwaila und eines im Westen jenseits des Bāb al-Lūq. Ähnlich wie in syrischen Städten hatte sich in mamlukischer Zeit die Praxis etabliert, die Viertel mit Toren zu versehen, die es möglich machten, sie nachts oder in Zeiten der Unruhe zu verriegeln. Die Stadtviertel hatten auch eine soziale und administrative Funktion. Sie verfügten über eigene Vorsteher und eine Art Polizei. Außerdem gab es Milizen aus jungen Männern, die zum Beispiel der Verteidigung gegenüber marodierenden Soldaten dienten. Die christliche und jüdische Bevölkerung konzentrierte sich in eigenen Vierteln.

Zwar blieben diese grundsätzlichen Strukturen während der spätmamlukischen und osmanischen Zeit recht ähnlich; trotzdem entwickelte sich die Stadt in vielerlei Hinsicht weiter. Von einer Ära der Stagnation, wie sie die Franzosen unter Napoleon zu beobachten glaubten, kann keine Rede sein. Einen tiefen Einschnitt in die Topographie der Stadt markiert jedoch erst das Jahr 1867. Mit dem Bau einer neuen, europäischen Stadt westlich des bestehenden Kairo durch den Khediven Ismāʿīl begann eine Phase enormen und rapiden Wandels. Zu der neuen Innenstadt kamen Villenviertel europäischen Stils hinzu. Die ersten festen Brücken über den Nil wurden gebaut; erstmals wurde auch das westliche Nilufer entwickelt. Unter anderem stand dort das neue Opernhaus. Für die wachsende Zahl europäischer Besucher entstand eine befestigte Straße zu den Pyramiden von Gizeh. Kairo erhielt eine moderne Wasser- und Gasversorgung. Von den infrastrukturellen Maßnahmen profitierten zunächst die neu gebauten Stadtteile; die Ausländer und europäisierten ägyptischen Eliten wohnten nun dort, während das Zentrum der alten Kairoer Innenstadt – noch vor wenigen Jahrzehnten der Ort, wo die reichsten Bewohner der Stadt lebten – zum Synonym für Ärmlichkeit, Schmutz und Verfall wurde.

Die Kolonialherrschaft ab 1882 zog Investoren an, die weitere Stadtviertel und Vorstädte erschlossen, so etwa Garden City im Süden der neuen Innenstadt, Zamālik im Norden der Nilinsel Gazīra und Heliopolis im Nordosten. Der fast ausgetrocknete Kanal, das Überbleibsel des antiken Verbindungskanals zum Roten Meer, wurde nicht mehr benötigt; der neue Ismāʿīliyya-Kanal, der die Sueskanalregion mit Süßwasser versorgte, hatte ein Bett weiter nördlich erhalten. Daher wurde der alte Kanal um die Wende zum 20. Jahrhundert zugeschüttet. Entlang seines Verlaufs entstand eine Durchgangsstraße mitsamt Kairos erster Straßenbahnlinie. In den kommenden zwanzig Jahren wurden zahlreiche weitere Trassen gebaut.

Seit Beginn des 20. Jahrhunderts hat sich der Drang in die Städte noch einmal deutlich verstärkt: Lebten um 1900 noch

Der Talʿat-Harb-Platz in Kairo ist Teil der neuen Innenstadt, die der Khedive Ismāʿīl nach dem Vorbild von Haussmanns Paris erbauen ließ.

mehr als 80 Prozent der Einwohner Ägyptens auf dem Land, so lebt heute fast die Hälfte in den Städten. Allein im Großraum Kairo wohnt heute mehr als ein Fünftel der Gesamtbevölkerung des Landes. Das geordnete Wachstum in den neuen, großzügigen Stadtvierteln wurde somit bei weitem übertroffen durch ungeordneten Zuzug vom Land, der zur allmählichen Besiedlung aller freien Flächen, nicht selten in Form von Elendsquartieren, führte.

Zu ihnen gehörten die Viertel der *zabbālīn*, der Müllsucher, meist koptische Zuwanderer vom Land, die bis 2003 privat und von Hand den Müll Kairos entsorgten. Erst dann erhielt die Stadt eine zentrale Müllentsorgung, die allerdings bis heute mit Umsetzungsproblemen zu kämpfen hat.

Ab der Mitte des 20. Jahrhunderts wurde das rasante Wachstum der Kairoer Bevölkerung nicht mehr nur durch Migration verursacht. Eine verbesserte Gesundheitsversorgung, von der zunächst vor allem der städtische Raum profitierte, trug dazu bei, dass das demographische Wachstum der Stadtbevölkerung das der Landbevölkerung immer weiter überstieg. Kairo explodierte regelrecht.

Entwicklung der Einwohnerzahl Kairos
(ohne Gizeh und Vorstädte) seit 1882

1882	374838	1966	4219900
1917	790939	1976	5084463
1927	1059800	1986	6052836
1937	1312096	2006	7786640
1947	2090654	2013	9120000
1960	3349000		

Infolge des exorbitanten Anstiegs der Einwohnerzahl nahmen sowohl die räumliche Ausdehnung als auch die Bevölkerungsdichte Kairos enorm zu. Der Bau des ersten Assuandamms zu Beginn des 20. Jahrhunderts hatte die Nilfluten regulierbar gemacht und erlaubte daher die Bebauung größerer Areale auch am Westufer des Nils. Der Bau des großen Staudamms, der 1971 abgeschlossen war, verengte den Lauf des Nils noch einmal und gab weiteres Bauland frei. Schon in den dreißiger und vierziger Jahren schlossen sich die Bebauungslücken zwischen Kairo und Altkairo. In der zweiten Hälfte des 20. Jahrhunderts erstreckte sich die Agglomeration Kairo bis nach Hulwān im Süden, schloss Gizeh, Duqqī und Būlāq ein. Ganze Stadtviertel wurden aus dem Boden gestampft. So entstand in der Nasserzeit am Westufer des Nils gegenüber von Zamālik der Stadtteil Muhandisīn, was wörtlich «Ingenieure» bedeutet; Angehörige dieser Berufsgruppe erhielten dort vergünstigtes Wohnrecht. Ein noch größeres Projekt war Madīnat Nasr («Stadt des Sieges») im Osten Kairos, ein riesiges Stadtviertel von 250 Quadratkilometern, dessen Bau Nasser ab den sechziger Jahren betrieb. Sadat wollte es ihm gleichtun und ließ westlich von Gizeh die «Stadt des 6. Oktober», benannt nach dem Oktoberkrieg, anlegen. Er leitete auch Planungen zum Bau einer U-Bahn ein. 1987 wurde die erste Linie eröffnet. In der Folge wurden fast alle der verbliebenen, bereits zuvor stark vernachlässigten Straßenbahnlinien geschlossen. So sind die Bewohner Kairos, sofern sie kein Auto besitzen, für die meisten Strecken auf Busse und Taxis angewiesen.

Das Wachstum Kairos geht bis heute unaufhaltsam weiter. Viele der neueren Entwicklungsprojekte liegen weit im Osten, so etwa New Cairo, wohin mehrere Privatuniversitäten ihre Campus verlagerten, oder das Viertel asch-Schurūq sowie die «Stadt des 10. Ramadan», die sich fast auf halbem Weg nach Ismāʿīliyya befindet. Heliopolis und Madīnat Nasr, einstmals entlegene Vorstädte, gelten heute als vergleichsweise zentrale Lagen. Die riesige Ausdehnung des Stadtgebiets von Kairo verschärft die Verkehrsprobleme; trotz des Baus riesiger mehrspuriger Ausfallstraßen, oft auf mehreren Ebenen, sind die Straßen permanent verstopft.

Obwohl heute große Shopping Malls in den Vorstädten den Ladenzeilen der Innenstadt den Rang abgelaufen haben, ist die von Ismāʿīl erbaute neue Stadt immer noch das Zentrum von Kairo. Der heute so berühmte Tahrīr-Platz allerdings liegt ganz am Rand dieses Zentrums und war lange Zeit allenfalls deswegen von Interesse, weil dort eine Kaserne stand, in der ab 1882 britische Truppen stationiert waren. Daher fanden 1919 und in den Folgejahren dort Demonstrationen gegen die britische Besatzung statt. Ansonsten befand sich an seinem Rand das 1902 eröffnete

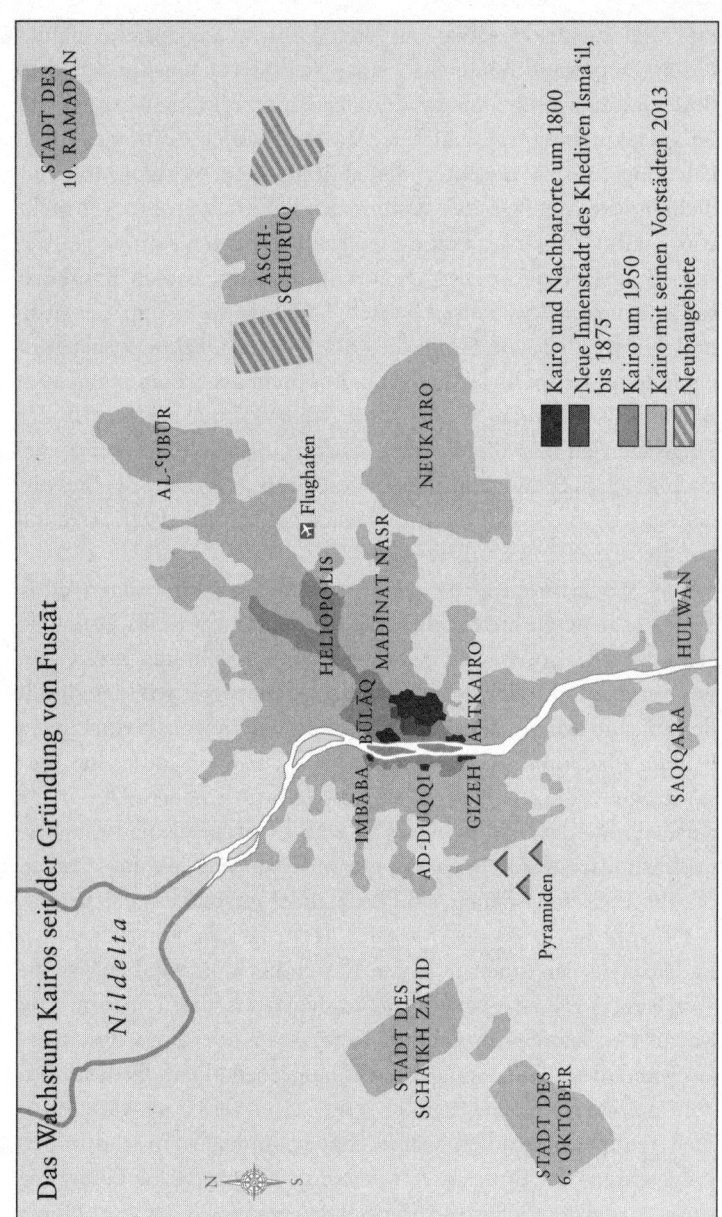

Das Wachstum Kairos seit der Gründung von Fustāt

Nildelta

STADT DES 10. RAMADAN

ASCH-SCHURŪQ

AL-ʿUBŪR

Flughafen

HELIOPOLIS

MADĪNAT NASR

NEUKAIRO

IMBĀBA

BŪLĀQ

AD-DUQQI

GIZEH

ALTKAIRO

Pyramiden

STADT DES SCHAICH ZĀYID

STADT DES 6. OKTOBER

SAQQARA

HULWĀN

N

S

Kairo und Nachbarorte um 1800
Neue Innenstadt des Khediven Ismaʿil, bis 1875
Kairo um 1950
Kairo mit seinen Vorstädten 2013
Neubaugebiete

248

Ägyptische Museum, das vor allem Touristen anzog. 1947 wurde die Kaserne, aus der die britischen Truppen schon längst abgezogen waren, abgerissen und die Neubebauung des Platzes geplant. Unter anderem errichteten sowjetische Architekten dort, noch vor dem Putsch der Freien Offiziere, ein gigantisches Verwaltungsgebäude, die Mugammaʿ. 1954 ließ Nasser den Platz, der bis dahin nach dem Khediven Ismāʿīl benannt war, in «Platz der Befreiung» (*mīdān at-tahrīr*) umtaufen. Er ließ außerdem das Hauptquartier der Arabischen Liga an seinem Rand bauen. Ansonsten wurde die riesige Freifläche vor allem ein Verkehrsknotenpunkt, der über eine Nilbrücke mit der Insel Gazīra verbunden war und die Kairoer Innenstadt entlasten sollte. Später wurde der Platz außerdem zum Kreuzungspunkt der beiden U-Bahnlinien. Erst anlässlich der Brotunruhen von 1977 gewann er wieder eine Bedeutung als Ort eines öffentlichen politischen Raums. Auf ihm sammelten sich die wütenden Demonstranten, denn es gab keinen anderen Ort, der gleichzeitig so zentral gelegen war, so viel Freifläche bot und über Zugang von so vielen Seiten verfügte. Genau diese Eigenschaften waren es auch, die den Tahrīr-Platz Anfang 2011 zum Zentrum der Proteste gegen Mubarak machten und ihn in den Blick der Weltöffentlichkeit rückten.

5. Arabischer Frühling, ägyptischer Herbst

Als am 14. Januar 2011 der tunesische Präsident Ben Ali den Rücktrittsforderungen der Massen auf den Straßen seines Landes nachgab und Tunesien verließ, gab das der ägyptischen Protestbewegung gegen Mubarak einen enormen Schub. Zwar hatten sich in den vergangenen Jahren die Zeichen der Unzufriedenheit stetig gemehrt; doch erst nach den Ereignissen in Tunesien trieb der Wunsch nach einem Wandel Millionen von Ägyptern auf die Straßen. Es handelte sich nicht mehr nur, wie zuvor, um einige lokal und personell begrenzte Proteste, sondern der Aufstand erfasste das ganze Land.

Ägypten hat eine sehr junge Bevölkerung. Als Folge der hohen Geburtenraten seit der Jahrhundertmitte ist heute die Gruppe der Zwanzig- bis Dreißigjährigen größer als jemals zuvor in der ägyptischen Geschichte. Sie macht ungefähr 20 Prozent der Gesamtbevölkerung aus (zum Vergleich: In Deutschland sind es weniger als 10 Prozent). Diese Millionen von jungen Erwachsenen suchten nach Perspektiven und fanden stattdessen Korruption sowie ein intransparentes, oligarchisches System von Patronage und Beziehungsnetzwerken vor. 63 Prozent der ägyptischen Bevölkerung hatten nie einen anderen Präsidenten als Mubarak erlebt, ein mittlerweile mehr als achtzigjähriges, gesundheitlich angeschlagenes und öffentlich kaum noch sichtbares Staatsoberhaupt, das mehr daran interessiert schien, die Macht an seinen Sohn zu übertragen und seine Pfründe zu sichern, als sich um die grassierende Jugendarbeitslosigkeit, die niedrigen Gehälter, die marode Infrastruktur oder die Inflation zu kümmern. Der schlechte Zustand der staatlichen Schulen hatte zur Folge, dass nur diejenigen, die sich Privatunterricht oder teure Privatschulen leisten konnten, eine Chance auf schulischen und beruflichen Erfolg hatten – aber auch nur dann, wenn sie über die richtigen Beziehungen verfügten.

Zum Unmut vieler jüngerer Ägypter trugen auch Webseiten bei, die eklatante Fälle von staatlichem Machtmissbrauch öffentlich machten. Besondere Empörung löste der Fall von Khālid Saʿīd aus, einem jungen Mann aus Alexandria, den zwei Polizisten auf offener Straße vor Augenzeugen durch Tritte und Schläge töteten. Innenministerium, Polizei und Staatsanwaltschaft leugneten jedoch die Tat und deckten die Täter. Ihre Version des Geschehens war so offensichtlich unvereinbar mit den im Internet kursierenden Fotos der Leiche Khālid Saʿīds, dass sich Proteste regten, zumal sich der Vorfall mit einem Typus von Menschenrechtsverletzungen deckte, den Internetaktivisten über Jahre dokumentiert hatten. Wenige Tage nach der Tat gründete der IT-

8. Februar 2011: Demonstrantinnen und Demonstranten auf dem Tahrīrplatz
fordern den Rücktritt Mubaraks.

Experte Wāʾil Ghunaim die Facebook-Gruppe «Wir sind alle
Khālid Saʿīd», die innerhalb kürzester Zeit hunderttausende Unterstützer fand. Sie verlieh einem verbreiteten Gefühl Ausdruck:
Das Schicksal Khālid Saʿīds konnte jeden treffen; niemand war
sicher vor staatlicher Willkür, Brutalität und sogar Ermordung.
Es ging hier nicht um die Rechte einer Minderheit oder um ein
vor allem von westlichen Akteuren forciertes Menschenrechts-
anliegen, sondern um den Schutz jedes Ägypters vor Gewalt
durch diejenigen Institutionen, die eigentlich für seine Sicherheit
sorgen sollten.

Der Fall Khālid Saʿīd löste Demonstrationen in Alexandria
und an anderen Orten des Landes aus. Dennoch hätte er vielleicht den Weg der Revolten vorangegangener Jahre genommen,
wenn nicht die Revolution in Tunesien die Aktivisten motiviert
hätte. Unmittelbar nachdem Ben Ali das Land verlassen hatte,
also mehr als ein halbes Jahr nach dem Mord an Khālid Saʿīd, rief
Wāʾil Ghunaim auf der Facebook-Seite «Wir sind alle Khālid

Saʿīd» für den 25. Januar, den «Tag der Polizei», zu einer Demonstration gegen Folter, Korruption, Arbeitslosigkeit und Ungerechtigkeit auf. Andere Oppositionsgruppen, insbesondere die Jugendbewegung des 6. April, klinkten sich ein. Die Polizei reagierte mit Härte auf die landesweiten Kundgebungen. Die Protestwelle wuchs dennoch unaufhaltsam. Da die Stunden nach dem Freitagsgebet in Ägypten und vielen anderen Ländern der islamischen Welt die beliebteste Zeit für Proteste sind, riefen die Oppositionsgruppen für den 28. Januar, einen Freitag, zu einem «Tag des Zorns» auf. Twitter- und Facebooksperren, Ausgangssperren sowie Ankündigungen sozialer Verbesserungen durch das Regime konnten nicht verhindern, dass hunderttausende auf die Straßen gingen und sich in den folgenden zwei Wochen ihre Zahl immer weiter vermehrte. Neben die friedlichen Protestierer traten Gruppen, insbesondere aus dem Milieu der Fans des Kairoer Fußballclubs al-Ahlī, die bereit waren, auf den Gewalteinsatz des Regimes mit Gegengewalt zu reagieren. Gebäude der NDP, der Polizei und Regierung gingen in Flammen auf. Das Regime setzte Polizei, Armee und zivile Schlägertruppen ein, deren rücksichtsloses Vorgehen im Laufe der Proteste hunderte von Todesopfern forderte. Gleichzeitig sollten kleine Zugeständnisse den Demonstranten die Luft aus den Segeln nehmen und Restriktionen ihre Vernetzung erschweren: Zwischenzeitlich wurde landesweit das Internet stillgelegt.

Nichts konnte jedoch die Demonstranten zum Rückzug bewegen. Bilder des von Menschenmassen überquellenden Tahrīr-Platzes, die das Staatsfernsehen unterschlug, aber der Satellitensender Aljazeera sendete, wurden zum Symbol eines Volkes, das nach Freiheit strebte. Die Armee demonstrierte währenddessen Neutralität; viele Demonstranten appellierten mit dem Schlachtruf «Die Armee und das Volk sind eins!» an das Militär, sich auf ihre Seite zu stellen. Am 11. Februar 2011 verkündete schließlich Mubaraks Vizepräsident ʿUmar Sulaimān, dass der Präsident zurückgetreten sei und sein Amt dem Obersten Rat der Streitkräfte unter dessen Vorsitzenden Muhammad Husain Tantāwī übergebe.

Die Muslimbruderschaft als Organisation spielte in den Massendemonstrationen vom Januar und Februar 2011 kaum eine Rolle; einzelne Muslimbrüder, vor allem aus dem Reformflügel, waren aber beteiligt. Dieser Reformflügel wurde allerdings in der kommenden Zeit aufgrund von personellen, strukturbezogenen und inhaltlichen Auseinandersetzungen zunehmend marginalisiert. Manche seiner Vertreter wurden sogar aus der Muslimbruderschaft ausgeschlossen – so auch der bekannteste Reformer, ʿAbd al-Munʿim Abū l-Futūh (geb. 1951), der entgegen der Anweisung ihrer Führung für die Präsidentschaft kandidierte. Andere traten freiwillig aus. Sie gründeten eigene Parteien oder schlossen sich bestehenden an. Generell kam es 2011 zu einer Welle von Parteigründungen, was vor allem für die säkularistische Opposition problematisch war, weil es eine Zersplitterung der Kräfte zur Folge hatte. Die Muslimbruderschaft gründete die Partei der Freiheit und Gerechtigkeit (*Hizb al-Hurriyya wa-l-ʿAdāla*). Eine weitere wichtige religiöse Strömung, die der Salafisten, die für Schriftgläubigkeit sowie radikale Forderungen nach islamischer Religiosität und Moral vor allem im privaten Bereich stehen, betrat mit der «Partei des Lichts» (*Hizb an-Nūr*) die politische Bühne.

Der Militärrat, der nun die Macht in der Hand hatte, agierte intransparent, weigerte sich, den Notstand aufzuheben, und gestaltete die Übergangsregierung nach Belieben um, wobei Vertreter des alten Regimes führende Rollen einnahmen. Eine politisierte Öffentlichkeit und ein kleinerer Kreis hartnäckiger Demonstranten setzten ihn zunehmend unter Druck, demokratische Reformen einzuleiten. Schließlich kündigte der Militärrat für den Juni 2012 Präsidentschaftswahlen an. Bereits Ende 2011 wurde unter vergleichsweise freien und fairen Bedingungen ein neues Parlament gewählt. Die säkularistischen Kräfte hatten sich allerdings gegen eine so frühe Abhaltung der Wahlen ausgesprochen, weil dies den bereits organisierten und bekannten Gruppierungen, insbesondere der Muslimbruderschaft, einen Vorsprung verschaffe. Tatsächlich errang deren politische Vertretung, die Partei der Freiheit und Gerechtigkeit, fast die Hälfte der Sitze. Auch den erst seit Kurzem politisch organisierten, jedoch medial sehr bekannten Salafisten gelang ein großer Wahlerfolg. Deutlich unterrepräsentiert waren in dem neuen Parlament Frauen und Kopten, die allerdings auch bei den meisten Wahlen zuvor einen schweren Stand gehabt hatten. Mubarak hatte immerhin für die Wahl 2010 eine Frauenquote eingeführt, die jetzt nicht mehr galt.

Auf die Parlamentswahlen folgte im Januar 2012 die Aufhebung des Notstandes – ein positives Signal. Doch schon bald kamen die ersten Rückschläge. So verschlechterte sich die Sicherheitslage; das Verhalten der Sicherheitskräfte schürte den Verdacht, dass es sich um bewusste Destabilisierung handle. Die vom Parlament gewählte Verfassungskommission wurde von einem Gericht wegen des zu hohen Anteils an Islamisten aufgelöst. Säkulare Kräfte wie auch die Azhar und die koptisch-orthodoxe Kirche hatten sich bereits aus der Kommission zurückgezogen und verweigerten die weitere Mitarbeit. Im Juni 2012 bildete das Parlament daher erneut eine von Islamisten dominierte Verfassungskommission. Zwei Tage später löste das Oberste Verfassungsgericht das Parlament auf, da die Unterhauswahlen verfassungswidrig gewesen seien.

Die Präsidentschaftswahl wiederum war schwer dadurch belastet, dass die vom Militärrat festgelegten Regeln über die Zulassung von Kandidaten eine Reihe von Personen ausschlossen. So durften der stellvertretende Führer der Muslimbruderschaft, Khairat asch-Schāṭir, sowie der bekannte säkularistische Oppositionspolitiker Aiman Nūr aufgrund der Tatsache, dass sie eine Haftstrafe verbüßt hatten, nicht antreten; dass es sich in beiden Fällen um politisch motivierte Haftstrafen zur Zeit des Mubarakregimes gehandelt hatte, wurde dabei nicht berücksichtigt. Der bekannte Salafist Hāzim Abū Ismāʿīl wurde abgelehnt, weil seine Mutter die amerikanische Staatsbürgerschaft besessen habe. Der frühere Vizepräsident ʿUmar Sulaimān wurde aus formalen Gründen ausgeschlossen. Die Partei für Freiheit und Gerechtigkeit stellte als Ersatz für asch-Schāṭir ihren Vorsitzenden Mohammed Mursi auf. Dieser besaß Qualitäten wie Loyalität und Prinzipientreue, die ihm als Funktionär einer illegalen Organisation zugute gekommen waren. Als politischer Stratege zu reüssieren oder durch persönliches Charisma zu überzeugen, lag ihm weniger. Sein Hauptkonkurrent war Ahmad Schafīq, ein Vertreter des alten Regimes. Die Stichwahl zwischen ihnen beiden konnte Mursī knapp für sich entscheiden, unter anderem, weil er die Unterstützung der Salafisten erhielt, aber auch deswegen, weil ihn viele wählten, die vor allem eine Rückkehr des Mubarakregimes verhindern wollten. Zum ersten Mal seit Bestehen der Republik Ägypten stand ein Zivilist an der Spitze des ägyptischen Staates.

Währenddessen war Mubarak in einem hastigen Verfahren wegen seiner Verantwortung für die Tötung von mehr als 800 Demonstranten zu lebenslanger Haft verurteilt worden. Damit waren viele Ägypter unzufrieden. Manche hatten sich die Todesstrafe erhofft, die meisten aber vor allem eine umfassende Aufklärung der Verbrechen in Mubaraks Amtszeit, die jedoch ausblieb.

Mursis Präsidentschaft war von Anfang an überschattet von der Opposition des Militärrates sowie der Gerichte. Ein Versuch, das Parlament wieder einzusetzen, scheiterte am Verfassungsgericht. Der Militärrat kontrollierte die Gesetzgebung, den verfassunggebenden Prozess und den Haushalt. Versuche Mursis, die Macht des Militärs und der Justiz einzuschränken, führten zum Vorwurf autokratischen Gebarens und zu breiten Protesten. Die Mubarakanhänger und -profiteure – in Ägypten *fulūl* genannt – machten gemeinsam mit Gegnern der Islamisten Stimmung gegen Mursi. Die ungeschickte Art und Weise, in der Mursi agierte, bot ihnen eine große Angriffsfläche. Zwar hatten die Islamisten in den Wahlen die Mehrheit errungen, doch dies mit einer Wahlbeteiligung, die bestenfalls bei 50 Prozent lag; und in den Präsidentschaftswahlen war es zudem nur eine knappe Mehrheit gewesen. Mursi versuchte dennoch kaum, nichtislamistische Gruppen in seine Bestrebungen, eine Rückkehr des alten Regimes zu verhindern, einzubinden. Stattdessen brachte er im Eilverfahren eine Verfassung durch, die auf heftige Kritik stieß. Inhaltlich war sie zwar deutlich weniger problematisch, als vielfach befürchtet worden war; so fanden zum Beispiel salafistische Forderungen nach einer Einführung der spezifischen Rechtsvorschriften der Scharia kein Gehör. Bezüge auf die Scharia waren etwas pointierter als in der Vorgängerverfassung, kamen aber nach wie vor nur vereinzelt vor und waren nicht übermäßig konkret. Die Kritik beruhte eher auf der Art und Weise, in der die Islamisten unter Berufung auf ihren Wahlsieg den Rückzug aller anderen politischen Kräfte aus dem Verfassungskomitee ignoriert und im Alleingang ein Dokument verabschiedet hatten, in dessen Abfassung andere politische oder gesellschaftliche Gruppen nicht eingebunden gewesen waren. Ein weiteres Problem der neuen Verfassung, das aber von vielen Gegnern Mursis nicht als solches gesehen oder benannt wurde, war die Tatsache, dass sie die umfassenden Vorrechte des Militärs, insbesondere das Recht zur Verurteilung von Zivilisten vor Militärgerichten, aufrechterhielt. Vermutlich hatte Mursi mit dem Militär diesbezüglich Absprachen getroffen. Teil dieser Absprachen war wohl auch, dass er im August 2012 den Generalstabschef Tantāwī, der wegen seiner umfassenden Machtbefugnisse in die Kritik geraten war, entließ, um seine Unabhängigkeit zu demonstrieren. General ʿAbd al-Fattāḥ as-Sīsī (Sisi) wurde Tantāwīs Nachfolger – ein Mann, der es der Presse gegenüber für gerechtfertigt erklärt hatte, dass Sicherheitskräfte während der Proteste gegen Mubarak Demonstrantinnen sogenannten «Jungfräulichkeitstests» unterzogen hatten.

Vertreter und Profiteure des alten Regimes arbeiteten an vielen Schaltstellen von Anfang an gegen Mursi und machten einen Erfolg seiner Präsidentschaft fast unmöglich. So verschlechterte sich die Sicherheitslage immer weiter; Benzin und Grundnahrungsmittel wurden knapp; die wirtschaftliche Lage war verheerend. Die Blockadepolitik der nichtislamistischen Parteien und Gruppierungen war unter diesen Bedingungen wenig hilfreich. Gleichzeitig war Mursis Umgang mit der Situation alles andere als ideal. Er erweckte den Eindruck, keinerlei Konzepte für die sozialen und wirtschaftlichen Probleme zu haben, die die meisten Ägypter belasteten, vermittelte weder Interesse noch Kompetenz für diese Themen. Die Führung der Muslimbruderschaft agierte nicht wie die Leitung einer Regierungspartei, sondern weiterhin wie die Vertretung einer Geheimgesellschaft: intransparent und selbstbezogen. Eine wachsende Zahl von Ägyptern betrachtete Mursi und die Muslimbruderschaft als Kern des Problems, als spaltende Kraft.

Die Folge war, dass ab Januar 2013 erneute Massenproteste ausbrachen. Die Stimmung heizte sich immer mehr zu Ungunsten der Muslimbruderschaft auf. Eine Protestbewegung namens *Tamarrud* («Rebellion») sammelte nach eigenen Angaben Millionen von Unterschriften und mobilisierte viele Ägypter gegen Mursi. Dabei erhielt sie starke finanzielle und organisatorische Unterstützung von Militär und Geheimdienst. Für den 30. Juni 2013, zum ersten Jubiläum der Amtseinsetzung Mursis, rief *Tamarrud* zu landesweiten Protesten auf und erhielt große Resonanz, wobei das genaue Ausmaß der Beteiligung sehr umstritten ist; die 33 Millionen, die *Tamarrud* für sich in Anspruch nahm, waren sicher nicht auf den Straßen. Auch Mursis Unterstützer demonstrierten; es kam zu gewaltsamen Auseinandersetzungen. Mursi selbst verweigerte hartnäckig ein Einlenken oder gar einen Rücktritt, sondern stellte sich auf den Standpunkt, es stehe ihm zu, als gewählter Präsident bis zum Ende seiner Amtszeit zu regieren. Daraufhin setzte das Militär ihn mit der Begründung, weitere Gewalt verhindern zu wollen, am 3. Juli 2013 ab und setzte eine Übergangsregierung ein.

Die Armee ging in den folgenden Wochen mit massiver Gewalt gegen Proteste der Muslimbruderschaft vor und tötete hunderte ihrer Anhänger. Die Muslimbruderschaft wurde zur terroristischen Organisation erklärt und in den Staatsmedien dämonisiert. Eine neue Verfassung betonte stärker als die vorangegangene die Bürgerrechte, sicherte jedoch gleichzeitig dem Militär umfassende Privilegien. Presse- und Demonstrationsfreiheit sind seit der Absetzung Mursis deutlich eingeschränkt. Im März 2014 verurteilte ein ägyptisches Gericht in einem Massenprozess in einer einzigen Sitzung 529 Angeklagte aus dem Umfeld der Muslimbruderschaft wegen der Tötung eines Polizeibeamten im oberägyptischen Minyā zum Tode; eine weitere Massenverurteilung folgte wenige Wochen später. Feldmarschall Sisi inszenierte sich währenddessen als Befreier der Nation und positionierte sich als einziger ernstzunehmender Anwärter auf die Führung des Staates. Ein Personenkult, wie man ihn von früheren Präsidenten kannte, ging einher mit heftigen Reaktionen gegen jede Form von «Majestätsbeleidigung». Erwartungsgemäß wurde Sisi im Mai 2014 zum Präsidenten gewählt.

Anfang 2011 schien es, als ob es zum ersten Mal in der Geschichte Ägyptens dem Volk gelungen sei, sein Geschick in die eigene Hand zu nehmen. Im Nachhinein wurde deutlich, dass zwar im Februar 2011 Mubarak gestürzt worden war, doch dass hinter ihm ein «tiefer Staat» gestanden hatte, der fortdauerte. Der «tiefe Staat» – ein Begriff aus der türkischen Politik – bezeichnet einen informellen, komplexen Machtapparat, der unabhängig von den offiziellen politischen Organisationen im Hintergrund operiert und umfassende Kontrolle ausübt. In Ägypten durchsetzt ein Netzwerk von Personen aus dem Militär und ihren Protegés die Politik, Sicherheitsbehörden, Verwaltung, Wirtschaft und Justiz, aber auch die organisierte Kriminalität, zum eigenen wirtschaftlichen Vorteil. Dieses auf die Armee gestützte Netzwerk ließ Mubarak fallen, als es zu teuer wurde, ihn weiterhin zu stützen; es behielt jedoch die Fäden in der Hand. Die Präsidentschaft Mursis bot Gelegenheit, die Muslimbruderschaft zu diskreditieren und gewaltsam zu unterdrücken. Mursis Sturz im Juli 2013 war von langer Hand vorbereitet und diente der Sicherung der Einkünfte und der Machtbasis des Militärs. Alle politischen Gruppen wurden in der Folge systematisch entmachtet oder vereinnahmt, von der Jugendbewegung des 6. April, die verboten wurde, bis zur salafistischen Nūr-Partei, die sich hinter Sisi stellte. Finanziell gestützt wurde der Putsch durch die Golfstaaten, die kein Interesse an einem Erfolg der Demokratie in Ägypten hatten. Im Ergebnis trug der Aufstand von 2011 nicht zum Sturz, sondern zur Stabilisierung eines wankenden Regimes bei. Dieses Regime kennt nun jedoch die Macht der Straße, die zu unterschätzen schon die Briten teuer zu stehen kam.

6. Das Militär

Das ägyptische Militär nahm in den Ereignissen seit 2011 eine Schlüsselrolle ein. Es trat als politischer Akteur auf, der auch wirtschaftliche Interessen zu verteidigen hatte. Diese Sonderstellung des Militärs hat weit zurückreichende historische Wurzeln.

Die Geschichte des modernen ägyptischen Militärs, das nicht mehr aus ausländischen Söldnern oder importierten Militärsklaven bestand, begann mit Muhammad ʿAlīs Wehrpflichtarmee. Die neu eingeführte Wehrpflicht betraf fast ausschließlich die untersten sozialen Schichten. Zum Beispiel waren die komplette Bevölkerung der größeren Städte Unterägyptens sowie alle Studenten von ihr ausgenommen. Beduinen wurden ebenfalls in der Regel nicht eingezogen, sondern eher bei Bedarf als Söldnertruppen angeworben. Für die übrigen Bevölkerungsgruppen galt, dass Freikauf oder Bestechung – zum Beispiel des Musterungspersonals – Männer vor der Einberufung bewahren konnten. Wem diese Möglichkeiten nicht offenstanden, dem blieb nur Selbstverstümmelung oder Flucht. Beides kam nicht selten vor, denn der Wehrdienst war verhasst. Die Rekruten waren schlecht ausgestattet, wurden miserabel verpflegt und untergebracht und waren Offizieren ausgeliefert, die sie nicht selten verachteten. Bestrafungen mit der Nilpferdpeitsche waren die Regel. Zwar gab es theoretisch eine Höchstdauer des Wehrdienstes, aber Soldaten hatten keinerlei Möglichkeit, ihre Rechte geltend zu machen. In Zeiten hohen Bedarfs blieben sie darum oft auf unbestimmte Zeit in der Armee, schlimmstenfalls für Jahrzehnte. Die Besoldung war spärlich und blieb oft aus; eine Versorgung der Veteranen existierte nicht. Ebenso wenig gab es für einfache Soldaten eine medizinische Versorgung, was durchaus auch ein militärisches Problem war, denn große Teile der Landbevölkerungen litten an Trachomen, die zu schwachem Sehvermögen und Erblindung führten. Als Folge der schlechten Bedingungen, denen die Rekruten unterlagen, war die Moral der Truppen niedrig.

Dieses Muster zog sich durch die Geschichte des modernen ägyptischen Militärs hindurch. Bis heute sind es vor allem die ärmsten und ungebildetsten Bevölkerungsschichten, die eingezogen werden. Abiturienten, Studenten, junge Männer mit Geld oder Beziehungen können sich der Wehrpflicht entziehen. Weniger als 20 Prozent der wehrfähigen Männer werden letztlich einberufen, meist Männer vom Land ohne Schulabschluss. Nach wie vor sind Ausstattung und Ausbildung schlecht und die Behandlung durch die Offiziere ist geringschätzig. Dass in den Kriegen gegen Israel die niedrige Moral der ägyptischen Truppen eines der Hauptprobleme darstellte, kann daher nicht verwundern. Sowohl nach der Sueskrise als auch nach dem Sechs-Tage-Krieg kursierten Geschichten über ägyptische Soldaten, die ihre Schuhe zurückließen, um schneller flüchten zu können. Dahinter verbarg sich eine bis heute andauernde Misere ägyptischer Wehrpflichtiger.

Größeren Veränderungen unterlag im Laufe der Geschichte die Zusammensetzung des Offizierskorps. Unter Muhammad ʿAlī waren die Offiziere Mitglieder der türkisch-albanisch-tscherkessischen Militärelite. Die Instrukteure waren vor allem Franzosen. Außerdem waren die mittleren Offiziersränge von einem Sammelsurium europäischer Veteranen durchsetzt, die sich nach dem Ende der napoleonischen Kriege als Söldner angeboten hatten. Nach der zwangsweisen Reduzierung der Armee im Jahr 1841 baute erst Ismāʿīl sie wieder in großem Maßstab aus. Er öffnete überdies die Offiziersränge für Ägypter, was unter anderem Ahmad ʿUrābī, dem Sohn einer Dorfnotabelnfamilie, und anderen Abkömmlingen reicher ägyptischer Landbesitzer eine Laufbahn im Offizierskorps ermöglichte. Die Generalsränge konnten

Ägypter allerdings nicht erreichen. Ihre Karriereaussichten verschlechterten sich zudem dramatisch, als die britisch-französische Schuldenverwaltung die Armee drastisch verkleinerte, was in der Praxis fast ausschließlich auf Kosten der Ägypter geschah. Ahmad ʿUrābī versuchte in seiner kurzen Zeit als Verteidigungsminister, das radikal zu ändern; er entließ die obersten Ränge der türkisch-tscherkessischen Offiziere und beförderte hunderte von Ägyptern. Die Briten, die 1882 die Macht übernahmen, hatten an einer solchen potenziell nationalistischen Armee kein Interesse. Sie lösten sie auf und ersetzten sie durch eine Truppe von wenigen tausend Mann. Die Offiziere waren überwiegend Ägypter, von Briten kontrolliert und ausgebildet. Die Offizierslaufbahn war einigen wenigen Mitgliedern der Oberschicht vorbehalten.

Erst der anglo-ägyptische Vertrag von 1936 ermöglichte eine deutliche Vergrößerung der ägyptischen Armee und ihres Offizierskorps. Um den gewachsenen Bedarf decken zu können, öffnete sich die Militärakademie erstmals für Ägypter aller Schichten. Allerdings war eine nicht unerhebliche Ausbildungsgebühr zu bezahlen, so dass vor allem nicht ganz unvermögende Angehörige der Mittelschicht davon profitierten. Die meisten der Freien Offiziere, auch Nasser und Sadat, waren Abkömmlinge von Familien der unteren Mittelschicht aus der Provinz. Nasser kritisierte später heftig die Günstlingswirtschaft, Korruptheit und Selbstgefälligkeit der höheren Offiziere sowie die schlechte Behandlung der Rekruten in der königlichen Armee – Faktoren, die seiner Ansicht nach für die Niederlage von 1948 verantwortlich waren. Folglich sorgte er nach seiner Machtübernahme für eine Säuberung des Offizierskorps von Verfechtern und Profiteuren der Monarchie.

Die Herrschaft der Freien Offiziere führte zu einem kompletten Wandel der Machtstrukturen im Land, der die Rolle des Militärs stark aufwertete. Alle wichtigen politischen Posten wurden von Angehörigen des Offizierskorps besetzt. Auch Führungsposten in der Verwaltung sowie den verstaatlichten und neu gegründeten Unternehmen gingen an Militärs. Dadurch entstand eine aus dem

Militär stammende herrschende Kaste, die eine große Distanz zur Bevölkerung hatte – aber auch zunehmend zu der Armee, aus der sie eigentlich stammte. Das war zum Teil ein Produkt von Nassers Entscheidung, die Kontrolle über die Armee seinem engen Vertrauten ʿAbd al-Hakīm ʿĀmir zu übertragen. Dieser machte sie zu einem unabhängigen Machtzentrum; Beförderungen wurden – genau wie unter der Monarchie – auf der Basis persönlicher Loyalitäten gewährt, nicht aufgrund von Kompetenz. Die Armee wurde zu einem Staat im Staate. Ihre Ausrüstung und Ausbildung kam nun nicht mehr aus Großbritannien, sondern aus der Sowjetunion. Dass es mit ihrer Professionalität nicht weit her war, zeigte die Niederlage von 1967, die die Entmachtung der Armeeführung und eine noch größere Abhängigkeit von der Sowjetunion zur Folge hatte.

Die Nasserzeit war auch der Beginn massiver staatlicher Propaganda, die die Macht, Fortschrittlichkeit und Volksnähe der ägyptischen Armee zelebrierte. Diese Propaganda zeigte eine gewisse Wirkung. Bei vielen Ägyptern hat das Militär bis heute ein positives Image.

Als Nasser starb und Sadat aus prekärer Position heraus seine Nachfolge übernahm, war die Armee der entscheidende Faktor für seinen Machterhalt. Es gelang Sadat, die Unzufriedenheit großer Teile des Offizierskorps mit der sowjetischen Dominanz zu nutzen und die Armeeführung auf seine Seite zu ziehen. Durch eine geschickte Beförderungspolitik schuf er eine ihm loyale Militärelite, in der keine Einzelperson mächtig genug war, ihm gefährlich zu werden. Der Oktoberkrieg 1973 stärkte sowohl Sadat als auch das Selbstvertrauen der Armee. Das Scheitern der politischen Verstrickungen ʿAbd al-Hakīm ʿĀmirs hatte jedoch viele Offiziere vorsichtig gemacht; die Armee hielt sich politisch weitaus stärker im Hintergrund als vor 1967. Die Regierung war nun vorrangig mit Zivilisten besetzt. Vollständige Gewaltenteilung gab es dennoch nicht: Die in rascher Folge wechselnden Verteidigungsminister waren durchgehend Offiziere, ein Privileg, das die Armee bis heute nicht aufgeben möchte.

Die «Brotunruhen» von 1977 machten die komplexen Beziehungen zwischen Präsident und Militär deutlich. Sadat, der seinen Sturz befürchtete, befahl der Armee, die Proteste niederzuschlagen. Diese weigerte sich zunächst, sich gegen Zivilisten einsetzen zu lassen, lenkte dann aber unter der Bedingung ein, dass Sadat die Streichung der Subventionen zurücknehmen müsse, die die Aufstände ausgelöst hatte. Dieses Selbstverständnis der Armee als Schiedsrichter im Krisenfall, für das ihr die Türkei als Vorbild diente, prägte auch ihr Handeln während der Aufstände von 2011. Das Widerstreben der Armee gegenüber dem Einsatz im Inneren ist eine weitere Konstante; so war das Militär zum Beispiel an der Niederschlagung der islamistischen Gewalt zu Beginn der neunziger Jahre nicht beteiligt.

Unter Mubarak gab es gewisse Bestrebungen, den Status der Rekruten zu verbessern, denn die Tatsache, dass Sadats Mörder Soldaten gewesen waren, deutete auf unzufriedene Kräfte in der Armee hin. Diese Bestrebungen waren aber nicht sehr nachhaltig und betrafen vor allem Unterägypten. Mubarak versuchte, wie schon Sadat, das Offizierskorps weiterhin zu entpolitisieren. Als Gegenleistung bot er ihm eine noch intensivere Verstrickung in wirtschaftliche Aktivitäten an, die erheblichen persönlichen Profit versprachen. Es entstand ein gigantischer militärisch-wirtschaftlicher Komplex. Das Militär besitzt nicht nur Rüstungsunternehmen, sondern produziert unter anderem Nahrungsmittel, Benzin, Zement und ist über Joint Ventures an der Autoherstellung beteiligt. Es verfügt auch über umfassendes Immobilienvermögen, betreibt Landwirtschaft und Bauprojekte. Rekruten müssen einen Teil ihres Militärdienstes damit verbringen, auf Kosten des Staates in diesen Wirtschaftszweigen zu arbeiten, sofern sie nicht alternativ als persönliche Diener hochrangiger Offiziere eingesetzt werden. Die Militärunternehmen sind steuerbefreit. Die umfassenden Privilegien von Betrieben in Armeebesitz machen es für private Unternehmer unattraktiv, Konkurrenzunternehmen aufzubauen; lohnender sind meist Joint Ventures mit Armeeangehörigen.

Das Transparent vom April 2014 bekundet im Namen Ägyptens Liebe zu Sisi und Mubarak. Sisi-Devotionalien sind in Ägypten seit dem Militärputsch 2013 überall erhältlich. Oft wird jedoch vermieden, einen direkten Bezug zu Mubarak herzustellen.

Der Professionalität der Armee waren die Strukturen, die sich auf diese Weise in der Ära Mubaraks herausbildeten, nicht unbedingt dienlich. Insgesamt hatte die Armee zu viele Offiziere, die sich allesamt Hoffnungen machten, einen lukrativen Posten in einem der vielen Wirtschaftsunternehmen des Militärs zu übernehmen. Das gelang aber nur denen, die gute Beziehungen zu Mitgliedern der Armee-Wirtschaftselite hatten, was dazu führte, dass Beziehungspflege zur Priorität der meisten Offiziere wurde. Mubaraks Pläne, seinem Sohn Gamal zur Nachfolge zur verhelfen, sahen erhebliche Teile der Armeeführung daher mit Unbehagen. Gamal Mubarak hatte keinen Bezug zum Militär, war – gestützt auf das Geld seines Vaters – im Finanzsektor aktiv gewesen und mit vielen der aufstrebenden zivilen Unternehmer vernetzt. An einer Erweiterung von deren Einfluss hatte das Militär kein Interesse, weil es eine Beschädigung der eigenen Wirtschaftsinteressen befürchtete. Das trug zur mangelnden Bereitschaft der Armeeführung bei, Mubaraks Präsidentschaft zu retten. Die Armee positionierte sich lieber als Trägerin des Volkswillens und ließ Mubarak fallen. Auch deswegen bewerteten viele Ägypter, die 2013 gegen Mursi protestierten, ihr Eingreifen positiv. Die meisten von ihnen verbanden damit wohl nicht die Erwartung, dass es das Land zurück zu einer Militärherrschaft führen würde.

Genau das war aber das Resultat von Mursis Sturz, auch wenn der Anschein ziviler Herrschaft gewahrt wurde. So wurde eine zivile Übergangsregierung unter dem Verfassungsrichter ʿAdlī Mansūr eingesetzt, doch war offensichtlich, dass diese ihre Weisungen vom Militär empfing. Sisi – von ʿAdlī Mansūr Anfang 2014 zum Feldmarschall befördert – legte formal seine Ämter nieder, um als Zivilist für das Präsidentenamt kandidieren zu können, das er am 8. Juni 2014 antrat.

Epilog

Die Idee
der ägyptischen Nation

In der nationalistischen Geschichtsschreibung wird die Geschichte von Nationen üblicherweise als Kontinuum von der ersten Besiedlung des Landes bis in die Gegenwart beschrieben, allenfalls unterbrochen von Phasen, in denen das «nationale Bewusstsein» schlummerte, woraufhin es mit dem Beginn nationalistischer Bewegungen in der Moderne «wiedererwachte». Ägypten ist in dieser Hinsicht keine Ausnahme: Das offizielle Geschichtsbild, wie es sich in Schulbüchern oder politischen Reden findet, vermittelt die Vorstellung von einer ägyptischen Identität, die ungebrochen bis ins Ägypten der Pharaonen zurückreicht. Dieses Bild entspricht allerdings weder der historischen Wirklichkeit mit all ihren Brüchen und Umbrüchen noch der Selbstwahrnehmung der Menschen früherer Epochen.

Durch die klare Begrenzung des nutzbaren Landes auf das Niltal sowie durch die Tatsache, dass der Nil nur bis zum ersten Katarakt knapp oberhalb von Assuan schiffbar war, ist Ägypten in ungefähr den heutigen Grenzen als territoriale Einheit durch die Geschichte hindurch erkennbar, selbst wenn es bisweilen zu Spaltungen zwischen Unter- und Oberägypten oder zu Erweiterungen um andere Territorien kam, etwa Syrien. Das bedeutet jedoch nicht, dass die Identität der Bevölkerung des Niltals homogen und unwandelbar gewesen wäre. Es gab zu jedem Zeitpunkt in der ägyptischen Geschichte Einwanderung und Auswanderung. Das galt auch für die bäuerliche Schicht, die nicht selten aufgrund ihrer engen Bindung an den Boden als «Seele des Landes» romantisiert wird. Landflucht war ein Phänomen, das zu

allen Zeiten auftrat; umgekehrt wurden die Reihen der Landbevölkerung immer wieder durch Zuwanderer aufgefüllt. Den
größten Bevölkerungszufluss dieser Art gab es nach der arabisch-
islamischen Eroberung. Die heutige ägyptische Bevölkerung hat
nicht nur ägyptische, sondern unter anderem auch griechische,
römische, arabische, berberische, sudanesische, türkische, tscherkessische und albanische Wurzeln. Oft nehmen ägyptische Kopten für sich in Anspruch, im Gegensatz zu all diesen «fremden»
Einflüssen das reine, ursprüngliche Ägyptertum zu repräsentieren. Doch war Ägypten vor und nach seiner Christianisierung bereits religiös, kulturell und sozial eng mit der weiteren Welt des
östlichen Mittelmeerraums vernetzt und pflegte Traditionen, die
nicht im Land selbst entstanden waren; die Annahme des Christentums ist dafür das deutlichste Beispiel. Das Koptentum des
7. Jahrhunderts als «authentisch ägyptisch» zu beschreiben ist
historisch ebenso sinnlos wie der Versuch, den Islam oder die arabische Sprache als «unägyptisch» und «fremd» zu charakterisie-
ren. Beide sind Teil einer Geschichte von Wandel, Wanderungsbe-
wegungen, gewaltsamem und friedlichem Austausch.

Die Frage, was es bedeutet, ägyptisch zu sein, und wo die Geschichte des heutigen Ägypten anfängt, ist in hohem Maße ideologisch behaftet. Beginnt die Geschichte des muslimisch-arabi-
schen Ägypten im 7. Jahrhundert im Hedschas mit dem Propheten Muhammad? Oder beginnt sie bei den Pharaonen? Waren die
Jahrhunderte christlicher Herrschaft in Ägypten prägend für die
Identität des Landes oder nur ein Zwischenspiel? War der Islam
ein Eindringling von außen, oder war Ägypten nicht aufgrund der
Präsenz von Figuren wie Mose, Josef und Jesus – die aus muslimischer Sicht allesamt Prophetenstatus haben – schon immer ein
Zentrum des Islams? Ist Ägypten ein integraler Bestandteil eines
größeren «arabischen Vaterlandes», oder ist es ein eigenständiges
Land mit einer ganz besonderen Kultur, die sich von der der Levante und der Arabischen Halbinsel fundamental unterscheidet?
Solche Fragen stellen sich erst seit dem Aufkommen eines modernen Nationsbegriffs. Die vormoderne muslimische Geschichts-

schreibung verortete Ägypten ganz selbstverständlich im größeren Kontext der arabischen und islamischen Welt, während die koptische Geschichtsschreibung vor allem Kirchengeschichte war. Die Geschichte des Alten Ägypten wiederum wurde erst im 19. und 20. Jahrhundert in Reaktion auf das intensive europäische Interesse an den Erbauern der Pyramiden zu einem – nie unumstrittenen – Gegenstand ägyptischer Selbstwahrnehmung.

Das 19. Jahrhundert – beginnend mit der Ära Muhammad ʿAlīs – ist es auch, das in der nationalistischen Geschichtsschreibung als Zeit des «nationalen Erwachens» imaginiert wird: eine Zeit starker ägyptischer Staatlichkeit, einer aufblühenden lokalen Presselandschaft und der Herausbildung neuer Eliten. Die Herrschaft der Osmanen hingegen wird in der Regel ausgeblendet oder als Phase der Fremdherrschaft betrachtet, die vorrangig mit politischer Machtlosigkeit sowie wirtschaftlicher und kultureller Verarmung assoziiert wird. Tatsächlich könnte das historisch wenig aussagekräftige Etikett der «Fremdherrschaft» auf die meisten Phasen der ägyptischen Geschichte von der Spätantike bis zur Machtergreifung der Freien Offiziere angewendet werden. Unter den Osmanen stellte nicht die Herkunft der Herrscher den wesentlichen Unterschied zum Sultanat der Mamluken oder zur Regentschaft Muhammad ʿAlīs dar, sondern die Tatsache, dass Ägypten vom Zentrum an die Peripherie eines Reiches rückte. Dennoch schuf die osmanische Zeit wichtige Grundlagen für die spätere Herausbildung eines ägyptischen Nationalismus: eine zunehmende Alphabetisierung, Ansätze zu einem lokal verwurzelten Schrifttum, das auch Elemente des Kairoer Dialekts enthält, sowie die Etablierung von Kaffeehäusern als Orten einer neuen Öffentlichkeit.

Im 19. Jahrhundert trugen diese Faktoren dazu bei, dass sich eine politische Öffentlichkeit herausbilden konnte, die verschiedene Gruppen umfasste: Kaufleute, Landbesitzer, Religionsgelehrte, Beamte, Offiziere. Diese Eliten waren unterschiedlicher Abstammung, und ebenso unterschiedlich waren die Interessen, die sie verfolgten. Während des ʿUrābī-Aufstandes 1882 lieferte der Slogan «Ägypten den Ägyptern!» ein Motto, auf das sich große Teile von ihnen kurzzeitig einigen konnten. Die Idee von Ägypten, die hinter diesem Slogan stand, war jedoch sehr vage. In keinem Fall ging es um eine Abspaltung vom Osmanischen Reich, eher um den Protest gegen die Verdrängung von im weitesten Sinne «einheimischen» Entscheidungträgern durch Europäer. Die Koalition, die diese Interessen verfocht, war instabil, kurzlebig und umfasste ausschließlich Männer der Oberschicht.

Das änderte sich in den Jahrzehnten bis 1919 gründlich. Schulen, Medien, neue Transport- und Kommunikationswege sowie eine Schicht von Beamten, von denen Mobilität innerhalb des Landes erwartet wurde, trugen dazu bei, dass eine breite Öffentlichkeit überhaupt erst die Vorstellung entwickeln konnte, zu einer imaginären Gemeinschaft zu gehören, die von Assuan bis Alexandria, von den Oasen der Libyschen Wüste bis zum Sinai alle Ägypter umfasste. Die nationalistische Bewegung konnte nur deswegen Fuß fassen, weil große Teile der Bevölkerung eine Idee davon gewonnen hatten, was es hieß, «Ägypter» zu sein; welche Merkmale die Ägypter verbanden und welche sie von Ausländern unterschieden. Hinzu kam das koloniale Gebaren der Briten, das zum Widerstand einlud. Der europäische Imperialismus stellte ein Feindbild dar, auf das sich alle einigen konnten, und lieferte damit der nationalistischen Bewegung ein ideelles Ziel: die vollständige Unabhängigkeit des Landes von europäischer Militärpräsenz, Konsulargerichten und außenpolitischer Einflussnahme.

Es schien, dass dieses Ziel unter Nasser, spätestens nach der Nationalisierung des Sueskanals 1956, erreicht war. Ägypter zu sein, das war nun mit der Hoffnung auf materiellen und technischen Fortschritt sowie mit dem Anspruch auf außenpolitische Bedeutung verbunden. Der Begriff der Freiheit war ein zentrales Element des politischen Diskurses; doch bezeichnete er nicht die individuellen bürgerlichen Freiheiten, sondern die kollektive Freiheit von ausländischem Einfluss. Die Angst, vom Ausland gesteuert und ausgenutzt zu werden, war eng damit verbunden und konnte instrumentalisiert werden, um politische Gegner zu delegitimieren. Nasser und seine Nachfolger pflegten durchgehend eine politische Rhetorik, die das ägyptische Volk als Kollektiv mit einheitlichen Wünschen, Bedürfnissen und Zielen beschrieb, die am besten durch die Figur eines wohlwollenden Führers zu erreichen waren. Die Existenz von Minderheiten wurde abgestritten, die Artikulation von abweichenden Ansichten nicht als Ausdruck von Interessenkonflikten oder legitimem Dissens, sondern als Folge ausländischer Einflussnahme gedeutet.

Die Revolution von 2011 war auch Ausdruck einer tiefen Unzufriedenheit zivilgesellschaftlicher Aktivisten mit diesen Paradigmen des politischen Diskurses. Anders als die Aufstände von 1919 richtete sie sich nicht gegen eine ausländische Macht, sondern gegen das eigene Staatsoberhaupt. Mubarak war das zentrale Feindbild der Proteste; auf die Forderung nach seinem Rücktritt konnten sich die unterschiedlichsten Gruppen einigen. Damit war bei vielen Demonstrantinnen und Demonstranten auch der Wunsch nach einem politischen System verbunden, das individuelle Freiheiten und Bürgerrechte gewährleistete. «Brot, Freiheit und Menschenwürde» oder «Brot, Freiheit und soziale Gerechtigkeit» – das waren die zentralen Slogans der Aufständischen, und hier war nicht mehr die Freiheit von ausländischer Kontrolle gemeint, sondern die Freiheit von staatlicher Willkür und Bevormundung. Das Meer von ägyptischen Fahnen auf dem Tahrīr-Platz zeigte, dass in den Augen der Demonstrierenden die Würde Ägyptens mit der Würde jedes einzelnen seiner Bewohner untrennbar verknüpft war.

Die Forderungen nach einem Ende polizeilicher Willkür, nach sozialer Gerechtigkeit und einer Politik, die sich an der Würde des Einzelnen orientiert, fielen jedoch rasch einem politischen Klima zum Opfer, in dem trotz des tiefen Grabens zwischen den politischen Lagern – dem der Islamisten und dem ihrer Gegner – die kollektivistische Vorstellung vom einheitlichen Volkswohl und Volkswillen weiterhin das Denken und Handeln der meisten politischen Akteure bestimmt. In einem solchen Klima, in dem die Diskussion gesellschaftlicher Probleme und Konflikte vermie-

den wird, wird die ägyptische Identität umso öfter heraufbe-
schworen: Ägypten wird als «Mutter der Welt» und als «Wiege
der Zivilisation» verklärt, ist in der Realität aber auch ein Land,
das seine stetig wachsende Bevölkerung nur unzureichend ernähren kann.

Es ist dieser Widerspruch zwischen einer Rhetorik nationaler
Größe und den ungelösten sozialen Problemen, den der junge
oberägyptische Dichter Hesham al-Gakh 2009 in seinem Gedicht
Dschuhā verarbeitete, das sehr schnell berühmt wurde. Das liegt
unter anderem daran, dass al-Gakh in der Casting-Sendung «Der
Dichterfürst» eines Fernsehsenders aus den Vereinigten Arabischen Emiraten großen Erfolg beim Publikum hatte. Dieser Erfolg ging wiederum darauf zurück, dass er in seiner Dichtung das
Lebensgefühl vieler junger Ägypter widerspiegelte. Während der
Aufstände von 2011, an denen al-Gakh aktiv beteiligt war, wurde
sein Gedicht als Ausdruck genau derjenigen Missstände wahrgenommen, gegen die die Jugend protestierte. Im oberägyptischen
Dialekt seiner Heimatprovinz Qinā kritisiert al-Gakh die Situation seines Landes. Auf hohem sprachlichem Niveau hält er in
der Form einer *qasīda* – eines Gedichts mit musikalischer Beglei-
tung – Zwiesprache mit Ägypten.

«Ein hässliches Gefühl», heißt es dort, «wenn dir klar wird,
dein Land zählt nicht viel, deine Stimme nicht viel, deine Meinung nicht viel.» In der Folge greift al-Gakh nationalistische Stereotypen auf und kontrastiert sie mit der Lebenswirklichkeit der
Menschen im Land: Ägypten als Geschenk des Nils, das nicht
einmal seine Bevölkerung mit Trinkwasser versorgen kann! In einer Verarbeitung des Motivs enttäuschter Liebe klagt er Ägypten
an und verweist dabei auf Ereignisse aus der Geschichte Ägyptens, zurückreichend bis in die Zeit der Pharaonen, als Ramses
1274 v. Chr. bei Qadesh gegen die Hetither kämpfte:

Ich habe nie etwas von dir gefordert
und nie etwas verlangt.
Wo du dein Boot festmachst,

da ist mein Strand.
Ich war dein Heer, als wir von den Mamluken verkauft
    worden waren,
und Joseph war ich in den sieben mageren Jahren.
In der Schlacht von Qadesh wurde dein Herz geschützt von
    meinen Rippen;
nicht einen Tag zu rufen aufgehört haben meine Lippen.
Jeder Fuß deines Bodens trägt die Spuren meiner Arbeit,
und jeder Tag meines Lebens
war Qual und Leid.
Du weckst Hass in mir auf deine schwarzen Augen;
du hast mir jeden Tag meines Lebens verdorben.
Ab sofort bist du nicht mehr meine Geliebte.
Meine Geliebte ist gestorben.

Al-Gakh rühmt die Einigkeit zwischen Muslimen und Christen in Ägypten, beklagt aber die Dominanz der Sicherheitskräfte und Militärs. Polizeiliche Willkür, eine ungerechte Justiz und ein auf Erniedrigung beruhendes Bildungswesen unterzieht er scharfer Kritik. Unter diesen Umständen sei jeder Ägypter, der vorgebe, sein Vaterland zu lieben, ein Heuchler. «Liebe», schließt er sein Gedicht, indem er wieder Ägypten anspricht,

findet man nicht unter Leuten,
die für ihre Mahlzeiten den Müll durchwühlen.
Du kannst unmöglich zu uns Liebe fühlen.

Das Gedicht bringt auf den Punkt, was viele Ägypterinnen und Ägypter empfinden: An die Stelle der «nationalen Frage», die in der ersten Hälfte des 20. Jahrhunderts das Land bewegte, ist zu Beginn des 21. Jahrhunderts die «soziale Frage» getreten. Die Überlebensfähigkeit künftiger Regime dürfte auch von ihrer Fähigkeit und ihrem Willen abhängen, sie zu lösen.

«Das Wiedererwachen Ägyptens»: Die Skulptur des Bildhauers Maḥmūd Mukhtār, die 1928 auf dem Platz vor dem Hauptbahnhof eingeweiht wurde und heute am Kopf der Nilbrücke zur Universität Kairo steht, beschwört Ägyptens jahrtausendealte Vergangenheit herauf. Das Heben des Schleiers weist in die Zukunft.

Zur Aussprache
arabischer Namen und Begriffe

Dieses Buch verwendet eine vereinfachte Umschrift arabischer Namen und Begriffe, die zumindest eine annäherungsweise richtige Aussprache ermöglichen soll.

ā/ī/ū	kennzeichnen lange Vokale.
th	stimmloses englisches «th» wie in «three» oder «thick»
dh	stimmhaftes englisches «th» wie in «that» oder «there»
z	stimmhaftes «s» wie in «Sand»
kh	wie deutsches «ch» in «Bach»
gh	Zäpfchen-r wie im hochdeutschen «Rasen», im Unterschied zum «r», das stets als Zungenspitzen-r gesprochen wird
q	am hinteren Gaumen gebildetes «k», nicht wie deutsches «qu»
ʿ	ʿain – mit verengtem Kehlkopf gesprochener Kehlenpresslaut, der keine Entsprechung in gängigen europäischen Sprachen hat
ʾ	Verschlusslaut; Stimmabsatz wie in «beʾenden»
w	wie englisches «w»
y	wie deutsches «j»

Gängige Personen- und Ortsnamen sowie Begriffe werden in der im Deutschen üblichen Schreibweise verwendet: Nasser, Sues, Gizeh, Koran. Soweit sich für die Namen von Personen der jüngeren Geschichte eine von ihnen selbst präferierte Schreibweise ausmachen ließ, wie bei Gamal Mubarak, Zine El Abidine Ben Ali und Jehan Sadat, wurde diese verwendet. Gleiches gilt für den Satellitensender Aljazeera (al-Dschazīra). Bei einzelnen, spezifisch ägyptischen Bezeichnungen und zeitgeschichtlichen Namen wird statt des hocharabischen «dsch» das ägyptische «g» verwendet, weil sonst für eine nicht des Arabischen kundige Leserschaft eine Identifikation kaum möglich ist; das betrifft zum Beispiel die Gazīra, die Mogammaʿ und Scheich Gād al-Haqq.

Glossar

Aschura-Fest: Wichtiges schiitisches Fest, an dem des Martyriums von ʿAlīs Sohn al-Husain in Kerbela im Jahr 680 gedacht wird

aulād an-nās: Nachfahren von Mamluken

baraka: Segenskraft, die bedeutenden Sufimeistern zugeschrieben wird

dāʿī (Pl. *duʿāt*): Person, die *daʿwa* betreibt, also ein Missionar oder Propagandist; vor allem bei den Fatimiden eine institutionalisierte Tätigkeit

daʿwa: wörtlich «Ruf»; Mission für den Islam oder eine bestimmte Strömung des Islams, sowohl unter «Ungläubigen» als auch unter weniger stark religiös engagierten Muslimen

dhikr: Sufische Praxis der rituellen Anbetung Gottes durch Rezitation seines Namens oder kurzer religiöser Formeln

dhimmī, dhimma: Nichtmuslim mit dem Status eines «Schutzbefohlenen», der Christen und Juden zukam

Diwan: In frühislamischer Zeit Verzeichnis der ersten Generation muslimischer Eroberer und ihrer Nachfahren, denen spezielle Pensionen und Anteile an der Beute zukamen; später Bezeichnung für eine Verwaltungsbehörde oder ein Ressort der Regierung

Dschihad: wörtlich «Anstrengung» (auf dem Weg Gottes), auch in Form eines religiös legitimierten Krieges gegen nichtmuslimisch beherrschte Territorien

dschizya: Kopfsteuer, die Nichtmuslime bis ins 19. Jahrhundert zahlen mussten

Effendiyya: «Effendi» wurde im Ägypten des späten 19. Jahrhunderts zum Oberbegriff für einen Angehörigen der neuen Bildungsschicht, die die Behörden, das Bildungswesen, die Politik und das Offizierskorps dominierte. Die «Effendiyya» ist die soziale Schicht der Effendis.

Emir (arab. *amīr*): wörtlich «Befehlshaber»; Truppenführer, ab dem 9. Jahrhundert auch Bezeichnung für den unabhängigen Regenten eines Gebiets, der oft eine Dynastie etablierte

Fellache (arab. *fallāh*): Bauer, Angehöriger der Landbevölkerung

fulūl: Ägyptische Bezeichnung für die Anhänger oder Profiteure des Mubarak-Systems nach der Revolution von 2011

halqa: Während der Mamlukenzeit Bezeichnung für eine Truppeneinheit, die nicht aus Mamluken bestand

Hanafiten: Anhänger einer sunnitischen Rechtsschule. Die hanafitische

Rechtsschule war die offizielle Rechtsschule des Osmanischen Reiches und damit ab 1517 auch in Ägypten maßgeblich.

Hanbaliten: Anhänger einer sunnitischen Rechtsschule, die in Ägypten recht wenig verbreitet war

Harem: Bereich des Hauses, der nur für Frauen, Kinder und Haushaltsangehörige zugänglich war

iltizām: Steuerpachtsystem des späten Osmanischen Reiches

Imam: Im religiös-politischen Sinn das Oberhaupt der Gemeinschaft der Muslime; im rituellen Sinn der Vorbeter beim Gemeinschaftsgebet

iqtā': wörtlich «Zuteilung»; befristet zugewiesenes Militärlehen, aus dessen Erträgen der Inhaber (*muqti'*) sich selbst und seine Truppen finanzieren musste

Ismailiten: Richtung der Schia, der auch die Fatimidenkalifen angehörten

Janitscharen: Osmanische Elitetruppen, die aus Militärsklaven bestanden, überwiegend aus den christlichen Balkanprovinzen

Kadi (arab. *qādī*): Richter

Kalif (arab. *khalīfa*): wörtlich «Stellvertreter (des Propheten oder Gottes)»; in der Theorie religiöses und weltliches Oberhaupt der Muslime

khānqāh: Sufi-Konvent

Kharidschiten: Religiöse Bewegung im frühen Islam, die sich gegen die herrschenden Kalifen ebenso wie gegen die Ansprüche der Familie ʿAlīs auf das Kalifat wandte und radikale Forderungen an die Gläubigen stellte; nur der Frömmste sollte das Recht auf die Führung der Gemeinde haben.

Khedive: Titel des ägyptischen Vizekönigs, von Muhammad ʿAlī geführt; von den Osmanen erst 1867 (gegen erhebliche Erhöhung der Tributzahlung) anerkannt

khulʿ: Form der Scheidung, die im Gegensatz zum häufigeren Fall der Verstoßung (*talāq*) durch die Frau initiiert werden kann; sie entspricht einem Loskauf aus der Ehe.

kiswa: Der Behang der Kaʿba in Mekka während der Pilgerfahrt

Konkubine: Sklavin, mit der ihr Eigentümer legitimen Geschlechtsverkehr hat

kuttāb: Koranschule, durch einen Scheich betriebene Primarschule

Madrasa: In vormoderner Zeit: höhere Bildungseinrichtung, meist durch religiöse Stiftungen finanziert

mahdī: Messianische Figur, deren Kommen in vielen Richtungen der Schia, z. T. aber auch im schiitischen Volksglauben erwartet wird

Malikiten: Anhänger einer sunnitischen Rechtsschule, die in Ägypten wenig verbreitet war, überwiegend unter Einwanderern aus dem Maghreb und Spanien

Mamluk (arab. *mamlūk*): Militärsklave, der aus nichtmuslimischen Gebieten in die islamische Welt gebracht, zum Islam bekehrt, militärisch ausgebildet und schließlich freigelassen wurde

maulā (Pl. *mawālī*): Begriff für eine Person, die zu einer anderen Person in einer engen Klientel- oder Patronagebeziehung steht. In der islamischen Frühzeit waren dies vor allem freigelassene Sklaven, etwas später auch andere zum Islam konvertierte Nichtmuslime, die zu einem arabischen Muslim eine Klientelbeziehung hatten.

mazālim-Gericht: Vormoderne Instanz für Beschwerden über rechtswidriges obrigkeitliches Handeln

Mufti: Muslimischer Gelehrter, der Rechtsgutachten (*fatwā*) erstellt

mūlid: wörtlich «Geburtstagsfest»; Fest zu Ehren eines berühmten verstorbenen Sufi-Scheichs

murschid: wörtlich «Führer»; unter anderem Bezeichnung für das Oberhaupt der Muslimbruderschaft

Qarmaten: Messianistische ismailitische Gruppierung, die sich von den Fatimiden durch ihre Ablehnung des Glaubens an einen lebenden Imam abgrenzte

Rechtsschule (ar. *madhhab*): Islamische Rechtstradition, die sich zwischen dem 10. und 12. Jahrhundert fest etablierte und durch eine eigene Rechtsmethodik sowie spezifische materiell-rechtliche Regelungen auszeichnete

rīf: Ägyptische Bezeichnung für das Land im Gegensatz zur Stadt

Sassaniden: Herrscherdynastie des persischen Großreiches (224–642), das mit dem Byzantinischen Reich im Krieg lag und infolge der Expansion des muslimischen Reiches zerstört wurde

Saʿīd: Ägyptische Bezeichnung für Oberägypten

Schafiiten: Anhänger derjenigen sunnitischen Rechtsschule, die bis zum Beginn der Osmanenherrschaft in Ägypten am weitesten verbreitet war

Schiiten: Religiöse Bewegung, die sich gegen die sunnitischen Kalifen wandte und die Ansicht vertrat, nur ʿAlī ibn Abī Tālib (gest. 661), der Cousin des Propheten, und seine Nachfahren hätten Anspruch auf die Führung der Gemeinde (Imamat). Aufspaltung in verschiedene Richtungen, die unterschiedliche Vorstellungen vom Imamat hatten; in Ägypten traten vor allem die Ismailiten («Siebenerschia») hervor.

shaikh al-balad: Stadtoberhaupt Kairos, vor allem in osmanischer Zeit

Sufi: Praktizierender Anhänger der islamischen Mystik, normalerweise assoziiert mit einem oder mehreren Orden

Sultan: wörtlich «Herrschaft»; ab dem 10. Jahrhundert als Titel für unabhängige Herrscher gebräuchlich. In Ägypten trugen ihn die Ayyubiden- und Mamlukenherrscher.

Sunniten: Religiöse Bewegung, die den Konsens der Gemeinschaft als Grundprinzip der Bestimmung des legitimen Kalifen betrachtete und demzufolge die Ansprüche derjenigen Kalifen, die sich machtpolitisch durchsetzten, anerkannte.

Tarbūsch: Fes; Kopfbedeckung, die sich im 19. Jahrhundert als Kennzeichen einer europäisch orientierten Verwaltungselite etablierte

ʿulamāʾ: Muslimische Religionsgelehrte

umm walad: Sklavin, die ihrem Herrn ein Kind geboren hatte und dadurch einen privilegierten Status erlangte

wafd (Pl. *auqāf*): wörtlich «Delegation»; in Ägypten hieß so die in der Zwischenkriegszeit bedeutendste politische Partei. Sie war nach der Delegation benannt, die 1919 bei den Briten um die Unabhängigkeit des Landes ersuchte.

wālī: Gouverneur

waqf: Religiöse Stiftung

Wesir (arab. *wazīr*): Regierungsamt, das den obersten Beratern und Verwaltungsbeamten eines Herrschers vorbehalten war. In manchen Konstellationen gab es nur einen Wesir, der oft der eigentliche Regent war; manchmal gab es mehrere.

zakāt: Almosensteuer, deren Zahlung das islamische Recht allen Gläubigen vorschreibt

Zeittafel

656	Arabische Muslime aus Ägypten sind an der Ermordung des Kalifen ʿUthmān beteiligt.
658	Im Streit um das Kalifat erobert ʿAmr ibn al-ʿĀs Ägypten für die Umayyaden.
683	Machtübernahme durch den «Gegenkalifen» ʿAbdallāh ibn az-Zubair mit Unterstützung der Kharidschiten
684	Rückeroberung Ägyptens durch den Umayyaden Marwān
725	Koptischer Aufstand
750	Tötung des letzten Umayyadenkalifen Marwān II. in Unterägypten; Übernahme des Kalifats durch die Abbasiden
784/85	Revolte ägyptischer Muslime gegen die abbasidischen Gouverneure und ihre Besteuerungspolitik
809–826	Ein Bürgerkrieg um das Kalifat erfasst Ägypten; faktische Zweiteilung in Ober- und Unterägypten
ab 826	Regierung Ägyptens durch einen Obergouverneur aus dem Irak sowie nichtägyptische, meist auch nichtarabische Statthalter
831	Muslimisch-koptische Revolte
832	Besuch des Abbasidenkalifen al-Maʾmūn
862	Schiitische Revolte

Das Emirat der Tuluniden (868–905)

868	Machtergreifung durch den türkischen Truppenführer Ahmad ibn Tūlūn
877	Erlangung der Kontrolle über Syrien
884	Tod Ibn Tūlūns und Machtübergang an seinen Sohn Abū l-Dschaisch Khumārawaih (884–896)
896–905	Verfall der Tulunidenherrschaft
905	Rückeroberung Ägyptens durch abbasidische Truppen; das Land wird wieder zur Provinz, die – getrennt von Syrien – von Gouverneuren kontrolliert wird.
909	Die ismailitischen Fatimiden rufen in Ifrīqiyya ein Kalifat aus.
914/15	Erster fatimidischer Angriff auf Ägypten
919–921	Zweiter fatimidischer Angriff auf Ägypten

Das Emirat der Ikhschididen

935	Übernahme des Emirats durch Muhammad ibn Tughdsch al-Ikhschīd, der Syrien wieder unter ägyptische Kontrolle bringt
946	Tod al-Ikhschīds; seine Söhne übernehmen die Herrschaft,

doch die eigentliche Macht liegt bei dem Eunuchen Abū l-Misk Kāfūr.

966   Offizielle Übernahme der Herrschaft durch Kāfūr

968   Tod Kāfūrs

Das Kalifat der Fatimiden

969   Eroberung Ägyptens für die Fatimiden durch den General Dschauhar

969   Vertreibung einer qarmatischen Invasion durch Dschauhar

973   Ankunft des Kalifen al-Muʿizz in Ägypten, der in der neu gegründeten Stadt Kairo (al-Qāhira) residiert

974   Zurückschlagung eines weiteren qarmatischen Angriffs

975–996   Regierungszeit des Kalifen al-ʿAzīz

996–1021   Regierungszeit von al-Hākim bi-amrillāh

1074   Machtübernahme durch den Armenier Badr al-Dschamālī

1094   Tod Badr al-Dschamālīs; nizaritisches Schisma unter den Ismailiten

1099   Eroberung Jerusalems durch die Kreuzfahrer

1118   Versuch der Eroberung Ägyptens durch König Balduin von Jerusalem

1130   Ermordung des Kalifen al-Āmir durch einen Assassinen; Schisma zwischen Tayyibiten und Hafiziten

1163–1169   Ägypten wird zum Spielball der Rivalität zwischen dem Königreich Jerusalem und den Truppen der Zengiden unter Führung des kurdischen Kommandeurs Schirkūh.

1169   Übernahme des Wesirats durch Schirkūh; nach Schirkūhs Tod folgt ihm Saladin im Amt.

1171   Sturz des Fatimidenkalifats, Anerkennung des Abbasidenkalifats und Übernahme der Herrschaft durch Saladin

Das Sultanat der Ayyubiden

1174   Tod Nūr ad-Dīns von Aleppo und Amalrichs von Jerusalem; Saladin bringt in der Folge weite Teile Syriens unter seine Kontrolle.

1193   Tod Saladins, mehrjährige Nachfolgekämpfe

1200   Saladins Bruder al-ʿĀdil lässt sich zum Sultan ausrufen; in Ägypten regiert sein Sohn al-Kāmil.

1218   Belagerung Damiettes durch die Kreuzfahrer und Tod al-ʿĀdils

1221	Sieg al-Kāmils über die Kreuzfahrer
1238	Tod al-Kāmils, Thronfolgestreitigkeiten
1240	Machtübernahme durch as-Sālih Ayyūb, der umfangreiche Mamlukenregimenter kauft und auf der Nilinsel Roda stationiert
1249	Erneute Einnahme Damiettes durch die Kreuzfahrer, Tod as-Sālihs

Das Sultanat der Mamluken

1250	Ermordung des Ayyubidensultans Tūrānschāh durch as-Sālihs Mamluken
1260	Sieg des Mamlukenheers über die Mongolen bei ʿAin Dschālūt in Palästina, Thronbesteigung durch den Bahrī-Mamluken Baibars
1279	Thronbesteigung durch Qalāwūn (gest. 1290), dessen Nachfahren bis 1382 das Sultanat innehaben
1291	Fall Akkons und damit endgültige Zerschlagung der Kreuzfahrerstaaten durch die Mamluken
1347	Ausbruch der Pest in Ägypten
1382	Beseitigung der Qalāwūniden und des Regimes der Bahrī-Mamluken durch den Tscherkessen Barqūq; Beginn der Herrschaft der Burdschī-Mamluken
1399–1412	Innere Unruhen nach Barqūqs Tod, Kontrollverlust über Oberägypten
1422–1438	Erneute Konsolidierung des Mamlukensultanats unter Barsbāy
1483	Erste militärische Auseinandersetzungen mit den Osmanen
1496	Staatskrise nach dem Tod des Sultans Qāytbāy
1501	Thronbesteigung des vorletzten Mamlukensultans Qānsūh al-Ghaurī
1509	Niederlage einer Flotte der Mamluken und ihrer Verbündeten vor der indischen Küste
1516	Osmanische Eroberung Syriens; Tod al-Ghaurīs
1517	Eroberung Kairos durch die Osmanen; öffentliche Hinrichtung des letzten Mamlukensultans Tūmānbay

Ägypten nach der osmanischen Eroberung

| 1525 | Besuch des osmanischen Großwesirs Ibrāhīm Pascha und Niederlegung der Verwaltungsgesetze für die Provinz Ägypten |

1767	Versuch der Loslösung Ägyptens von den Osmanen durch ʿAlī Bey Bulut Kapan
1773	Tod ʿAlī Beys
1786	Osmanische Intervention zum Schutz europäischer Händler, Verdrängung der mamlukischen Eliten
1791	Rückkehr der mamlukischen Eliten an die Macht infolge des Abzugs osmanischer Truppen sowie des Machtvakuums nach einer Pestepidemie
1798	Invasion Napoleons in Ägypten
1801	Kapitulation und Abzug der Franzosen

Der Weg zur Nationalstaatlichkeit

1805	Der aus Albanien stammende osmanische Truppenkommandeur Muhammad ʿAlī erringt die Herrschaft über Ägypten.
1811	Massaker Muhammad ʿAlīs an den ägyptischen Mamluken
1831	Einmarsch von Muhammad ʿAlīs Sohn Ibrāhīm in Syrien und Sieg über die Osmanen
1840	Sieg einer Allianz europäischer Staaten über Muhammad ʿAlī, Vertreibung aus Syrien, Zwang zum Abbau der Armee und zur Annahme der Handelsverträge mit Europa
1841	Muhammad ʿAlī erhält die erbliche Vizeregentschaft über Ägypten; die osmanische Provinz wird offiziell autonom.
1848	Tod Muhammad ʿAlīs
1863	Thronbesteigung des Khediven Ismāʿīl, der die kulturelle Europäisierung anstrebt
1869	Eröffnung des Sueskanals
1876	Erklärung des Staatsbankrotts, britisch-französische Finanzaufsicht
1878	Einsetzung einer Regierung mit europäischen Ministern; «nationales Manifest»
1879	Exilierung Ismāʿīls auf britischen und französischen Druck hin
1882	ʿUrābī-Revolte, die von den Briten niedergeschlagen wird und in der britischen Besetzung Ägyptens resultiert
1902	Eröffnung des ersten Staudamms bei Assuan
1906	Der Vorfall von Dinschawāy, bei dem nach Auseinandersetzungen zwischen Bauern und britischen Offizieren drakonische Strafen gegen die Dorfbewohner verhängt werden, führt zum Aufflammen einer nationalistischen Bewegung.
1908	Gründung einer ägyptischen Universität

1910	Ermordung des Premierministers Butrus Ghālī
1918	Eine Delegation (*wafd*) ägyptischer Notabeln unter Führung Sa'd Zaghlūls fordert von den Briten die vollständige Unabhängigkeit.
1919	Volksaufstände gegen die Deportation Sa'd Zaghlūls und die fortdauernde britische Besatzung
1922	Einseitige Erklärung der Unabhängigkeit Ägyptens durch Großbritannien
1928	Gründung der Muslimbruderschaft durch Hasan al-Bannā in Ismā'īliyya
1936	Unterzeichnung des Anglo-Ägyptischen Vertrags, der Ägypten die vollständige Unabhängigkeit von Großbritannien einräumt
1939	Einführung des Kriegsrechts durch die Briten auf der Grundlage des Anglo-Ägyptischen Vertrags
1948	Gründung Israels, israelisch-arabischer Krieg
1949	Ermordung von Hasan al-Bannā
1952	Putsch der Freien Offiziere
1953	Abschaffung der Monarchie
1954	Machtergreifung durch Nasser
1956	Sueskrise und Beginn einer intensiven Nationalisierungspolitik
1958–1961	Union mit Syrien
1967	Niederlage im Sechs-Tage-Krieg und Verlust des Sinai sowie der Kontrolle über den Gazastreifen
1970	Tod Nassers und Amtsantritt Sadats
1973	Oktoberkrieg (Jom-Kippur-Krieg)
1979	Friedensvertrag mit Israel
1981	Ermordung Sadats durch ein Mitglied der Gruppe «Islamischer Dschihad»; Übernahme des Amtes durch Hosni Mubarak
2011	Sturz Mubaraks nach Massenprotesten aus der ägyptischen Bevölkerung
2012	Wahl Mohammed Mursis, der mit der Muslimbruderschaft affiliiert ist, zum Präsidenten Ägyptens
2013	Militärputsch und Absetzung Mursis
2014	Wahl des früheren Generalstabschefs 'Abd al-Fattāh Sisi zum Präsidenten

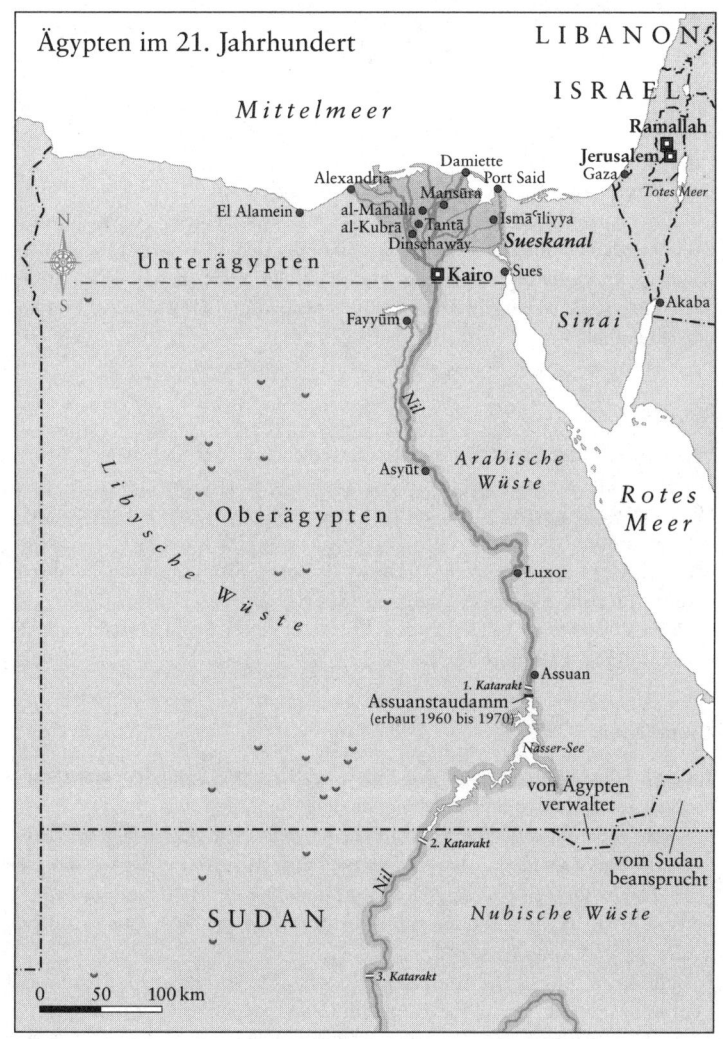

Ägypten im 21. Jahrhundert

LIBANON

ISRAEL

Mittelmeer

Ramallah

Jerusalem

Gaza

Totes Meer

Damiette

Alexandria

Port Said

El Alamein

Mansūra

al-Mahalla

al-Kubrā

Tantā

Ismāʿiliyya

Sueskanal

Dinschawāy

Kairo Sues

Sinai

Fayyūm

Akaba

Unterägypten

N

S

Nil

Arabische Wüste

Asyūt

Rotes Meer

L i b y s c h e W ü s t e

Oberägypten

Luxor

Assuan

1. Katarakt

Assuanstaudamm
(erbaut 1960 bis 1970)

Nasser-See

von Ägypten
verwaltet

2. Katarakt

vom Sudan
beansprucht

Nil

SUDAN

Nubische Wüste

3. Katarakt

0   50   100 km

Literatur

Die Literatur zu mehr als zweitausend Jahren ägyptischer Geschichte ist uferlos. Einen auch nur annähernd vollständigen Überblick bieten zu wollen wäre ein unmögliches Unterfangen. Stattdessen findet sich im Folgenden eine Auswahl an wichtigen Sammelwerken und Monographien in westlichen Sprachen, die jeweils weiterführende Literaturangaben und Hinweise auf Primärquellen enthalten.

Einführungen

Haarmann, Ulrich/Heinz Halm (Hg.): Geschichte der arabischen Welt, München 2004.

Holt, Peter M.: Egypt and the Fertile Crescent 1516 – 1922: A Political History, London 1966.

Marsot, Afaf Lutfi Al-Sayyid: A History of Egypt: From the Arab Conquest to the Present, 2. Auflage, Cambridge 2007.

Vatikiotis, Panayiotis J.: The Modern history of Egypt. From Muhammad Ali to Mubarak, Baltimore 1991.

Grundlegend

Jomard, Edmé François (Hg.): *Déscription de l'Egypte*, 6 Bände, Paris 1809–1828, http://digi.ub.uni-heidelberg.de/diglit/jomard1809ga.
Dieses monumentale Werk, das in der Folge des napoleonischen Feldzugs entstand und umfangreiches Bildmaterial über Ägypten um die Wende zum 19. Jahrhundert enthält, liegt in hoher Qualität komplett digitalisiert vor.

Petry, Carl F. (Hg.): The Cambridge History of Egypt, Bd 1: Islamic Egypt, 640–1517, Cambridge 1998.

Daly, M. W. (Hg.): The Cambridge History of Egypt, Bd 2: Modern Egypt from 1517 to the End of the Twentieth Century, Cambridge 1998.
Die beiden Bände der Cambridge History of Egypt enthalten jeweils ein ausführliches, wenn auch nicht mehr ganz aktuelles Literaturverzeichnis.

Goldschmidt, Arthur: Historical Dictionary of Egypt, Lanham 2013.

Römisches und byzantinisches Ägypten

Adams, Colin E. P.: Land Transport in Roman Egypt: A Study of Economics and Administration in a Roman Province, Oxford 2007.

Alston, Richard: Soldier and Society in Roman Egypt: A Social History, London 1995.

Alston, Richard: The City in Roman and Byzantine Egypt, London 2001.

Bagnall, Roger S. (Hg.): Egypt in the Byzantine World: 300–700, Cambridge 2010.

Butler, Alfred J.: The Arab Conquest of Egypt and the Last Thirty Years of the Roman Dominion, Oxford 1978.

Capponi, Livia: Roman Egypt, London 2011.

Gambetti, Sandra: The Alexandrian Riots of 38 C.E. and the Persecution of the Jews: A Historical Reconstruction, Leiden 2009.

Harker, Andrew: Loyalty and Dissidence in Roman Egypt: The Case of the Acta Alexandrinorum, New York 2008.

Johnson, Allan Chester/Louis C. West: Byzantine Egypt: Economic Studies, Princeton 1949.

Mojsov, Bojana: Alexandria Lost: From the Advent of Christianity to the Arab Conquest, London 2010.

Ruffini, Giovanni Roberto: Social Networks in Byzantine Egypt, Cambridge 2008.

Scheidel, Walter: Death on the Nile: Disease and the Demography of Roman Egypt, Leiden 2001.

Watts, Edward Jay: Riot in Alexandria: Tradition and Group Dynamics in Late Antique Pagan and Christian Communities, Berkeley 2010.

Das islamische Ägypten bis zur spätosmanischen Zeit

Abdarraziq, Ahmad: La femme au temps des mamlouks en Egypte, Kairo 1973.

Ayalon, David: Gunpowder and Firearms in the Mamlūk Kingdom, Jerusalem 1956.

Ayalon, David: The Mamlūk Military Society: Collected Studies, London 1979.

Ayalon, David: Studies on the Mamluks of Egypt, London 1997.

Bareket, Elinoar: Fustat on the Nile: The Jewish Elite in Medieval Egypt, Leiden 1999.

Behrens-Abouseif, Doris: Egypt's Adjustment to Ottoman Rule: Institutions, waqf and Architecture in Cairo (16th and 17th Centuries), Leiden 1994.

Berkey, Jonathan P.: The Transmission of Knowledge in Medieval Cairo: A Social History of Islamic Education, Princeton 1992.

Brett, Michael: The Rise of the Fatimids: The World of the Mediterranean and the Middle East in the Fourth Century of the Hijra, Tenth Century CE, Leiden 2001.

Cohen, Mark R.: Jewish Self-Government in Medieval Egypt: The Origins of the Office of Head of the Jews, ca. 1065–1126, Princeton 1980.

Crecelius, Daniel: The Roots of Modern Egypt: A Study in the Regimes of Ali Bey al-Kabir and Muhammad Bey al-Dhahab, 1760–1775, Minneapolis und Chicago 1980.

Creswell, Keppel A. C.: The Muslim Architecture of Egypt, Oxford 1952–1959.

Dadoyan, Seta B.: The Fatimid Armenians: Cultural and Political Interaction in the Near East, Leiden 1997.

Dahlmanns, Franz-Josef: Al-Malik al-ʿĀdil: Ägypten und der Vordere Orient in den Jahren 589/1193 bis 615/1218. Ein Beitrag zur aẏyūbidischen Geschichte, Gießen 1975.

Dols, Michael W.: The Black Death in the Middle East, Princeton 1977.

En-Nahal, Galal: The Judicial Administration of Ottoman Egypt, Minneapolis und Chicago 1979.

Escovitz, Joseph H.: The Office of *qāḍī al-quḍāt* in Cairo under the Baḥrī Mamlūks, Berlin 1984.

Fernandes, Leonor: The Evolution of the Sufi Institution in Mamluk Egypt: The Khanqah, Berlin 1988.

Frantz-Murphy, Gladys: The Agrarian Administration of Egypt from the Arabs to the Ottomans, Kairo 1986.

Garcin, Jean-Claude: Un centre musulman de la Haute-Égypte médiévale: Qūṣ, Paris 1976.

Garcin, Jean-Claude: Espaces, pouvoirs et idéologies de l'Égypte médiévale, London 1987.

Goitein, S. D.: A Mediterranean Society: The Jewish Communities of the Arab World as Portrayed in the Documents of the Cairo Geniza, 6 Bände, Berkeley 1967–1994.

Haarmann, Ulrich/Thomas Philipp (Hg.): The Mamluks in Egyptian Politics and Society, Cambridge 1998.

Halm, Heinz: Die Kalifen von Kairo: Die Fatimiden in Ägypten (973–1074), München 2003.

Halm, Heinz: Kalifen und Assassinen: Ägypten und der Vordere Orient zur Zeit der ersten Kreuzzüge, München 2014.

Hanna, Nelly: An Urban History of Būlāq in the Mamlūk and Ottoman Periods, Kairo 1983.

Hanna, Nelly: In Praise of Books: A Cultural History of Cairo's Middle Class, Sixteenth to the Eighteenth Century, Syracuse 2004.

Hathaway, Jane: The Politics of Households in Ottoman Egypt: The Rise of the Qazdağlis, Cambridge 1997.

Hathaway, Jane: A Tale of Two Factions: Myth, Memory, and Identity in Ottoman Egypt and Yemen, Albany 2003.

Irwin, Robert: The Middle East in the Middle Ages: The Early Mamlūk Sultanate 1250–1382, London 1986.

Kennedy, Hugh (Hg.): The Historiography of Islamic Egypt (c. 950–1800), Leiden 2001.

Kubiak, Władysław: Al-Fusṭāṭ: Its Foundation and Early Urban Development, Warschau 1982.

Labib, Subhi Y.: Handelsgeschichte Ägyptens im Spätmittelalter, 1171–1417, Wiesbaden 1965.

Lev, Yaacov: State and Society in Fatimid Egypt, Leiden 1991.

Lev, Yaacov: Saladin in Egypt, Leiden 1999.

Levanoni, Amalia: A Turning Point in Mamluk History: The Third Reign of al-Nāṣir Muḥammad Ibn-Qalāwūn (1310–1341), Leiden 1995.

Lewicka, Paulina B.: Food and Foodways of Medieval Cairenes: Aspects of Life in an Islamic Metropolis of the Eastern Mediterranean, Leiden 2011.

MacKenzie, Neil D.: Ayyubid Cairo: A Topographical Study, Kairo 1992.

Mann, Jacob: The Jews in Egypt and Palestine under the Fāṭimid Caliphs, New York 1970.

Marsot, Afaf Lutfi Al-Sayyid: Women and Men in Late Eighteenth-Century Egypt, Austin 1995.

Morimoto, Kosei: The Fiscal Administration of Egypt in the Early Islamic Period, Tokio 1981.

Müller-Wiener, Martina: Eine Stadtgeschichte Alexandrias von 564/1169 bis in die Mitte des 9./15. Jahrhunderts: Verwaltung und innerstädtische Organisationsformen, Berlin 1992.

Nielsen, Jørgen: Secular Justice in an Islamic State: Maẓālim under the Baḥrī Mamlūks, 662/1264–789/1387, Istanbul 1985.

Northrup, Linda S.: From Slave to Sultan: The Career of al-Manṣūr Qalāwūn and the Consolidation of Mamlūk Rule in Egypt and Syria (678–689 AH/1279–1290 AD), Stuttgart 1998.

Petry, Carl F.: The Civilian Elite of Cairo in the Later Middle Ages, Princeton 1981.

Petry, Carl F.: Twilight of Majesty: The Reigns of the Mamlūk Sultans al-Ashraf Qāytbāy and Qānṣūh al-Ghawrī in Egypt, Seattle 1993.

Petry, Carl F.: Protectors or Praetorians? The Last Mamluk Sultans and Egypt's Waning as Great Power, Albany 1994.

Powell, James M.: Anatomy of a Crusade, 1213–1221, Philadelphia 1986.

Rabbat, Nasser: Mamluk History through Architecture: Monuments, Culture and Politics in Medieval Egypt and Syria, London 2010.

Rabie, Hassanein: The Financial System of Egypt AH 564–741/AD 1169–1341, London 1972.

Raymond, André: Artisans et commerçants du Caire au XVIIIe siècle, Damaskus 1973.

Raymond, André: Le Caire des Janissaires: L'apogée de la ville ottomane sous ʿAbd al-Rahman Katkhuda, Paris 1995.

Rustow, Marina: Heresy and the Politics of Community: The Jews of the Fatimid Caliphate, Ithaca 2008.

Sabra, Adam: Poverty and Charity in Medieval Islam: Mamluk Egypt, 1250–1517, Cambridge 2000.

Sanders, Paula: Ritual, Politics, and the City in Fatimid Cairo, Albany 1994.

Schregle, Götz: Die Sultanin von Ägypten: Šağarat ad-Durr in der arabischen Geschichtsschreibung und Literatur, Wiesbaden 1961.

Shoshan, Boaz: Popular Culture in Medieval Cairo, Cambridge 1993.

Stilt, Kristen: Islamic Law in Action: Authority, Discretion and Everyday Experience in Mamluk Egypt, Oxford 2011.

Thorau, Peter: Sultan Baibars I. von Ägypten: Ein Beitrag zur Geschichte des Vorderen Orients im 13. Jh., Wiesbaden 1987.

Walker, Paul E.: Exploring an Islamic Empire: Fatimid History and Its Sources, London 2002.

Walker, Paul E.: Caliph of Cairo: Al-Hakim bi-Amr Allah, 996–1021, Kairo 2012.

Werthmuller, Kurt J.: Coptic identity and Ayyubid politics in Egypt, 1218–1250, Kairo 2010.

Winter, Michael: Society and Religion in Early Ottoman Egypt: Studies in the Writings of ʿAbd al-Wahhab al-Shaʿrani, New Brunswick 1982.

Winter, Michael: Egyptian Society under Ottoman Rule 1517–1798, London 1992.

Ägypten von Napoleon bis zum 21. Jahrhundert

Amin, Galal: Egypt in the Era of Hosni Mubarak: 1981–2010, Kairo 2011.

Amin, Galal: Whatever Happened to the Egyptians? Changes in Egyptian Society from 1950 to the Present, Kairo 2011.

Amin, Galal: Whatever happened to the Egyptian revolution? Kairo 2013.

Arafat, Alaa Al-Din: Hosni Mubarak and the Future of Democracy in Egypt, Basingstoke 2011.

Armbrust, Walter: Mass Culture and Modernism in Egypt, Cambridge 2001.

Ayubi, Nazih: Bureaucracy and Politics in Contemporary Egypt, London 1980.

Badran, Margot: Feminists, Islam and Nation: Gender and the Making of Modern Egypt, Princeton 1995.

Baer, Gabriel: Studies in the Social History of Modern Egypt, Chicago und London 1969.

Baron, Beth: The Women's Awakening in Egypt: Culture, Society and the Press, New Haven 1994.

Behrens-Abouseif, Doris: The Minarets of Cairo: Islamic Architecture from the Arab Conquest to the End of the Ottoman Empire, London 2010.

Beinin, Joel: The Dispersion of Egyptian Jewry: Culture, Politics, and the Formation of a Modern Diaspora, Berkeley 1998.

Beinin, Joel/Zachary Lockman: Workers on the Nile: Nationalism, Communism, Islam and the Egyptian Working Class, 1882–1954, Princeton 1987.

Berque, Jacques: Egypt: Imperialism and Revolution, London 1972.

Bianchi, Robert: Unruly Corporatism: Associational Life in Twentieth-century Egypt, New York 1990.

Blaydes, Lisa: Elections and Distributive Politics in Mubarak's Egypt, Cambridge 2011.

Brown, Nathan: Peasant Politics in Modern Egypt: The Struggle against the State, New Haven 1990.

Carré, Olivier/Gérard Michaud: Les frères musulmans, 1928–1982, Paris 1983.

Carter, Barbara Lynn: The Copts in Egyptian Politics, London 1986.

Cole, Juan Ricardo: Napoleon's Egypt: Invading the Middle East, New York 2007.

Cook, Steven A.: The Struggle for Egypt: From Nasser to Tahrir Square, Oxford 2012.

Dawisha, Adeed: Arab Nationalism in the Twentieth Century: From Triumph to Despair, Princeton 2005.

Deeb, Marius: Party Politics in Egypt: The Wafd and its Rivals, 1919–1939, London 1979.

Di-Capua, Yoav: Gatekeepers of the Arab Past: Historians and History Writing in Twentieth-Century Egypt, Berkeley 2009.

Dunn, John P.: Khedive Ismail's Army, London 2005.

Eccel, A. Chris: Egypt, Islam and Social Change: Al-Azhar in Conflict and Accomodation, Berlin 1984.

El Difraoui, Asiem: Ein neues Ägypten? Reise durch ein Land im Aufruhr, Hamburg 2013.

El-Gawhary, Karim: Tagebuch der arabischen Revolution, Wien 2011.

Fahmy, Khaled: Mehmed Ali, Oxford 2008.

Fahmy, Ziad: Ordinary Egyptians: Creating the Modern Nation through Popular Culture, Stanford 2011.

Faris, David M.: Dissent and Revolution in a Digital Age: Social Media, Blogging and Activism in Egypt, London 2013.

Flores, Alexander: Säkularismus und Islam in Ägypten: Die Debatte der 1980er Jahre. Münster 2012.

Gershoni, Israel: The Emergence of Pan-Arabism in Egypt, Tel Aviv 1982.

Gershoni, Israel/Götz Nordbruch: Sympathie und Schrecken. Begegnungen mit Faschismus und Nationalsozialismus in Ägypten 1922–1937, Berlin 2011.

Gershoni, Israel/James P. Jankowski: Egypt, Islam, and the Arabs: The Search for Egyptian Nationhood, 1900–1930, Oxford 1987.

Gershoni, Israel/James P. Jankowski: Redefining the Egyptian Nation, 1930–1945, Cambridge 1995.

Gesink, Indira Falk: Islamic Reform and Conservatism: Al-Azhar and the Evolution of Modern Sunni Islam, London 2010.

Goldschmidt, Arthur: Modern Egypt. The Formation of a Nation-State, Boulder 1988.

Goldschmidt, Arthur: Biographical Dictionary of Modern Egypt, Boulder 2000.

Gordon, Joel: Nasser: Hero of the Arab Nation, Oxford 2006.

Herold, J. Christopher: Bonaparte in Egypt, New York 1962.

Hunter, F. Robert: Egypt under the Khedives, 1805–1879: From Household Government to Modern Bureaucracy, Pittsburgh 1984.

Jacob, Wilson Chacko: Working out Egypt: Effendi Masculinity and Subject Formation in Colonial Modernity, 1870–1940, Durham 2011.

Jankowski, James: Nasser's Egypt, Arab Nationalism, and the United Arab Republic, Boulder 2002.

Kepel, Gilles: Der Prophet und der Pharao: Das Beispiel Ägypten. Die Entwicklung des muslimischen Extremismus, München 1995.

Konrad, Felix: Der Hof der Khediven von Ägypten: Herrscherhaushalt, Hofgesellschaft und Hofhaltung 1840–1880, Würzburg 2008.

Krämer, Gudrun: Minderheit, Millet, Nation? Die Juden in Ägypten 1914–1952, Wiesbaden 1982.

Krämer, Gudrun: Hasan al-Banna, Oxford 2010.

Lawson, Fred H.: The Social Origins of Egyptian Expansionism during the Muhammad 'Ali Period, New York 1992.

Lombardi, Clark B.: State Law as Islamic Law in modern Egypt: The Incorporation of the Sharī'a into Egyptian Constitutional Law, Leiden 2006.

Mak, Lanver: The British in Egypt: Community, Crime and Crises, 1882–1922, London 2012.

Marsot, Afaf Lutfi Al-Sayyid: Egypt and Cromer, New York 1969.

Marsot, Afaf Lutfi Al-Sayyid: Egypt's Liberal Experiment: 1922–1936, Berkeley 1977.

Marsot, Afaf Lutfi Al-Sayyid: Egypt in the Reign of Muhammad 'Ali, Cambridge 1984.

Mayer, Thomas: The Changing Past: Egyptian Historiography of the Urabi Revolt, 1882–1983, Gainesville 1988.

Mitchell, Richard P.: The Society of the Muslim Brothers, Nachdruck der Auflage von 1969, Oxford 1993.

Mitchell, Timothy: Colonising Egypt, Cambridge 1988.

Motzki, Harald: Dimma und Egalité: Die nichtmuslimischen Minderheiten Ägyptens in der zweiten Hälfte des 18. Jahrhunderts und die Expedition Bonapartes (1798–1801), Bonn 1979.

Osman, Tarek: Egypt on the Brink: From the Rise of Nasser to the Fall of Mubarak, La Vergne 2011.

Owen, E. R. J.: Cotton and the Egyptian Economy, 1820–1914: A Study in Trade and Development, Oxford 1969.

Perthes, Volker: Der Aufstand: Die arabische Revolution und ihre Folgen, München 2011.

Reid, Donald Malcolm: Cairo University and the Making of Modern Egypt, Kairo 1991.

Reid, Donald Malcolm: Whose Pharaos? Archaelogy, Museums, and Egyptian National Identity from Napoleon to World War I, Berkeley 2002.

Reimer, Michael J.: Colonial Bridgehead: Government and Society in Alexandria, 1807–1882, Boulder 1997.

Robinson, Warren C./Fatma H. El-Zanaty: The Demographic Revolution in Modern Egypt, Lanham 2005.

Rubin, Barry M.: The Muslim Brotherhood: The Organization and Policies of a Global Islamist Movement, New York 2010.

Sanders, Paula: Creating Medieval Cairo: Empire, Religion, and Architectural Preservation in Nineteenth-Century Egypt, Kairo 2008.

Schölch, Alexander (Hg.): Die ägyptische Gesellschaft im 20. Jahrhundert, Hamburg 1992.

Sedgwick, Mark: Muhammad 'Abduh, Oxford 2009.

Soliman, Samer: The Autumn of Dictatorship: Fiscal Crisis and Political Change in Egypt under Mubarak, Stanford 2011.

Stein, Ewan: Representing Israel in Modern Egypt: Ideas, Intellectuals and Foreign Policy from Nasser to Mubarak, London 2012.

Talhami, Ghada Hashem: Palestine and Egyptian National Identity, New York 1992.

Terry, Janice: The Wafd 1919–1952, London 1982.

Tignor, Robert L.: State, Private Enterprise, and Economic Change in Egypt, 1918–1952, Princeton 1984.

Toledano, Ehud R.: State and Society in Mid-nineteenth-century Egypt, Cambridge 1990.

Tucker, Judith: Women in Nineteenth-century Egypt, Cambridge 1985.

Vatikiotis, P. J.: Nasser and his Generation, London 1978.

Waterbury, John: The Egypt of Nasser and Sadat: The Political Economy of Two Regimes, Princeton 1983.

Wickham, Carrie Rosefsky: The Muslim Brotherhood: Evolution of an Islamist Movement, Princeton 2013.

Zollner, Barbara H.E.: The Muslim Brotherhood: Hasan al-Hudaybi and Ideology, London 2009.

Epochenübergreifende Einzelstudien

Behrens-Abouseif, Doris: Azbakiyya and its Environs: From Azbak to Ismāʿīl, 1476–1879, Kairo 1985.

Cuno, Kenneth M.: The Pasha's Peasants: Land, Society and Economy in Lower Egypt, 1740–1858, Cambridge 1992.

Hamilton, Alastair: The Copts and the West, 1439–1822: The European Discovery of the Egyptian Church, Oxford 2006.

Hanna, Nelly: The State and Its Servants: Administration in Egypt from Ottoman Times to the Present, Kairo 1995.

McGregor, Andrew: A Military History of Modern Egypt: From the Ottoman Conquest to the Ramadan War, Westport/Conn. 2006.

Raymond, André: Le Caire, Paris 1993.

Staffa, Susan Jane: Conquest and Fusion: The Social Evolution of Cairo, AD 642–1850, Leiden 1977.

Nachweis der Abbildungen und Karten

Personenregister

Personen sind in der Regel unter ihrem vollständigen Namen aufgeführt (z. B. «ʿAbd as-Salām Faradsch» statt «Faradsch, ʿAbd as-Salām»), es sei denn, sie sind unter einem bestimmten Namensbestandteil allgemein bekannt (z. B. Ibn Tūlūn, Saladin, ʿUrābī, Nasser, Mubarak). Der arabische Artikel «al-» wird bei der alphabetischen Sortierung nicht berücksichtigt.

Ortsregister

Sachregister

Soweit Ländernamen aufgeführt sind, sind damit Staaten oder politische Gebilde gemeint, nicht geographische Einheiten.